Intelligent Monitoring and Emergency Simulation in Comprehensive Transport Hubs

综合客运交通枢纽智能监控与应急仿真

陈艳艳　张广厚　著

人民交通出版社股份有限公司
China Communications Press Co.,Ltd.

内 容 提 要

本书是北京市科技计划项目"城市内部客运枢纽一体化衔接整合技术研究及示范"课题的主要研究成果。

本书针对综合客运交通枢纽密集行人交通特性及监控特点，对客流监测设备选型及优化布局、行人交通拥挤及服务水平评价、客流量短时预测、客流拥挤自动识别算法、应急预案制定及仿真等关键技术进行了研究。本书可为综合客运交通枢纽智能化监测系统的建设提供理论支持，同时也可为综合客运枢纽行人交通系统运行监测与应急管理提供重要的参考和借鉴。

本书适用于交通工程、智能交通、土木工程等专业的技术人员、管理人员、科研工作者、研究生、教师及高年级本科生。

图书在版编目(CIP)数据

综合客运交通枢纽智能监控与应急仿真 / 陈艳艳，张广厚著. —北京：人民交通出版社股份有限公司，2014.11
 ISBN 978-7-114-11716-9

Ⅰ.①综⋯　Ⅱ.①陈⋯②张⋯　Ⅲ.①交通运输中心—旅客运输—智能控制—监视控制②交通运输中心—旅客运输—系统仿真　Ⅳ.①U115

中国版本图书馆 CIP 数据核字(2014)第 215373 号

书　　名：	综合客运交通枢纽智能监控与应急仿真
著 作 者：	陈艳艳　张广厚
责任编辑：	戴慧莉
出版发行：	人民交通出版社股份有限公司
地　　址：	(100011)北京市朝阳区安定门外外馆斜街 3 号
网　　址：	http://www.ccpress.com.cn
销售电话：	(010)59757973
总 经 销：	人民交通出版社股份有限公司发行部
经　　销：	各地新华书店
印　　刷：	北京市密东印刷有限公司
开　　本：	787×980　1/16
印　　张：	16
字　　数：	290 千
版　　次：	2014 年 11 月　第 1 版
印　　次：	2014 年 11 月　第 1 次印刷
书　　号：	ISBN 978-7-114-11716-9
定　　价：	46.00 元

(有印刷、装订质量问题的图书由本公司负责调换)

前 言

综合客运交通枢纽是城市客运交通系统中的重要节点,建设综合交通枢纽是实现各种交通方式高效转换,使城市交通向公交优先和多式整体协调发展的最佳方式。随着社会经济不断发展,我国大城市综合客运枢纽已逐步突破以往简单、单一的模式,正在朝综合型和立体、集约化的方向发展。在综合客运交通枢纽内部,乘客的行走区域往往是有限而封闭的空间,乘客在枢纽中通过在不同线路以及不同交通方式之间换乘来完成出行过程。相对于开放式的道路行人交通系统,乘客对行走的连续性、舒适性要求更高,超强客流、异常及紧急事件对行人安全性的危害更大。因此,实时掌握综合客运交通枢纽内部乘客的交通状态、及时发现异常拥挤或事件,是综合客运交通枢纽高效、安全运行的重要保障。

客流监测设备是综合客运交通枢纽客流监控的硬件基础,客流监测设备的选型及布局与客流监控系统的精确性、实时性紧密相关。虽然大多数在建或已建的综合客运交通枢纽配备了大量的行人监控设备,但由于缺乏相关的理论支撑,设备布局随意性强,针对性不足。同时,由于缺乏成熟的行人交通拥挤或事件自动识别方法,监控设备利用效率偏低。本书依据不同客流监测设备精度测试,以视频监测为主要的客流数据采集手段,从客流分担率、时间分布、拥挤程度等方面构建了监测备选节点重要评价指标体系,基于灰色关联模型的节点重要度排序提出了监测设备优化配置方法,并构建了适用于评价综合客运交通枢纽整体或局部区域拥挤程度的客流拥挤指数,对综合客运交通枢纽的运行状态进行评价。

行人交通流参数短时预测技术是综合客运交通枢纽行人交通运行状态管理与控制及客流诱导的理论基础。由于行人交通的约束性小、行走环境复杂,相对于机动车交通,交通流参数的变化幅度更大,短时预测难度高。因此,本书在对比分析传统交通流参数短时预测方法的基础上,着重对卡尔曼滤波模型、支持向量机回归模型以及非参数回归模型的适用性进行了分析,并对非参数回归预测方法的数据库聚类方法及预测模型进行了改进,提高了短时客流量的预测精度。

行人交通拥挤自动识别算法是综合客运交通枢纽客流状态监测的关键支撑技术。本书针对综合客运交通枢纽客流拥挤特征及现有客流交通数据采集的可行性,构建了基于 McMaster 算法的行人拥挤自动识别算法,并采用仿真方法,对该方法的有效性进行了验证分析。

突发事件发生时,智能监控管理系统能及时预警并辅助应急处置是综合客运交通枢纽安全运营的重要保障。本书在对突发事件特性分析及分类的基础上,依据类型和严重程度的不同设置了相应的预警级别,详述了各类突发事件的预警、接警流程以及详细的应急预案措施。同时建立了一套完整的应急预案评价体系,并以火灾为例,利用仿真技术对评价预案进行评价和优化,以增强预案的实用性和有效性。

综合客运交通枢纽智能化的客流运行状态监测对运营效率及安全性的提升具有重要的意义。目前,国内外对于机动车交通流参数的实时采集与监控管理有较为深入的研究,但综合客运交通枢纽作为典型的密集行人环境系统,建筑体量大、空间封闭、客流时空分布不均衡,加之内部行人交通设施种类较多、行人行走路径复杂,客流智能监测、评估、异常识别及应急预警十分困难。本书以提升综合客运交通枢纽密集行人智能监测管理及应急水平,保障枢纽的安全、高效、便捷运行为目标,利用调查、仿真等手段,对行人拥挤的形成机理、行人交通特性及监测需求进行了重点剖析,对客流监测设备选型及优化布局、行人交通拥挤及服务水平评价、客流量短时预测、客流拥挤自动识别、应急预案制定及仿真等关键技术进行了系统研究,并将成果应用于北京宋家庄等枢纽。本书成果可为综合客运交通枢纽智能化监测系统的建设提供理论支持,同时也可为综合客运枢纽行人交通系统运行监测与应急管理提供重要的参考和借鉴。

在本书撰写过程中,博士生陈宁、硕士生李平谱、蔡熠文参与了部分章节的撰写及文稿整理,在此一并表示感谢。

尽管综合客运交通枢纽智能监控系统研究还不够成熟,本书亦尚存不乏纰漏之处,但望本书能抛砖引玉,吸引更多的科研人员致力于该领域研究,以促进其安全高效运行。

著　者
2014 年 3 月于北京

目 录

第1章 绪论 … 1
1.1 研究背景 … 1
1.2 研究问题的提出 … 2
1.3 主要研究内容及章节结构 … 3

第2章 行人交通流及行为特征 … 7
2.1 枢纽行人设施类型分析 … 7
2.2 行人速度特性分析 … 10
2.3 行人交通流密度—速度—流量关系分析 … 15
2.4 行人设施通行能力分析 … 17
2.5 综合枢纽行人交通行为特性 … 20
2.6 枢纽行人时空分布特征分析 … 24

第3章 动态交通信息采集设备选型 … 26
3.1 数据的需求分析 … 26
3.2 枢纽动态交通信息采集方法 … 27
3.3 客流检测设备采集能力测试及适用性分析 … 35
3.4 监控节点设备选型方案 … 38

第4章 客流监测设备优化布局方法 … 40
4.1 交通检测器布设方法概述 … 40
4.2 综合客运交通枢纽监测关键节点确定 … 42
4.3 基于关键节点的综合客运交通枢纽客流监测设备优化配置方法 … 52

第5章 枢纽拥挤及服务水平评价方法 … 62
5.1 交通系统运行状态评价现有研究概述 … 62
5.2 综合客运交通枢纽行人拥挤评价 … 66
5.3 基于多源监控信息的枢纽运行综合评价 … 75

第6章 客流量短时预测方法 … 79
6.1 交通流参数短时预测方法概述 … 79
6.2 客流量短时预测思路 … 82

6.3 客流量短时预测数据预处理 ································· 83
6.4 基于卡尔曼滤波的预测方法 ································· 87
6.5 基于支持向量机回归的预测方法 ······························ 94
6.6 基于非参数回归的预测方法 ································· 100

第7章 综合客运交通枢纽客流拥挤自动识别方法 ···················· 110
7.1 交通拥堵自动识别方法概述 ································· 110
7.2 客流拥挤自动识别算法设计 ································· 113
7.3 仿真验证 ·· 114

第8章 综合客运交通枢纽应急疏散预案编制方法 ···················· 121
8.1 突发事件定义及特性研究 ··································· 121
8.2 综合枢纽突发事件分类 ····································· 124
8.3 枢纽应急疏散预案定义 ····································· 132
8.4 枢纽应急预案编制原则 ····································· 133
8.5 枢纽突发事件应急处置流程 ································· 133
8.6 枢纽应急疏散客流量分析 ··································· 137
8.7 枢纽应急疏散流线组织原则 ································· 139
8.8 枢纽多种运输方式应急协调 ································· 140
8.9 枢纽工作人员岗位职责 ····································· 141

第9章 火灾对综合客运交通枢纽疏散的影响研究 ···················· 151
9.1 火灾状况下的行人心理与行为特性分析 ······················· 151
9.2 火灾产物对行人交通特性量化影响 ··························· 154
9.3 火灾状况下地铁烟气控制模型 ······························· 159
9.4 火灾状况下综合客运交通枢纽的安全疏散组织流程 ············ 163
9.5 火灾状况下地铁设施的影响 ································· 164

第10章 火灾疏散预案仿真评价方法 ································ 166
10.1 仿真模型搭建流程 ·· 166
10.2 火灾场景模型搭建 ·· 166
10.3 LEGION基础仿真模型搭建 ·································· 171
10.4 火灾环境影响行人行为的网格化标定 ······················· 172
10.5 综合客运交通枢纽火灾疏散综合评价体系研究 ··············· 173

第11章 宋家庄地铁站火灾疏散仿真评价 ···························· 182
11.1 宋家庄站火灾模拟计算 ···································· 182
11.2 综合客运交通枢纽疏散预案 ································ 195
11.3 仿真模型标定 ·· 196

11.4 仿真结果评价分析 ································ 196
第12章 客流监测系统设计 ································ 200
12.1 综合客运交通枢纽客流监测系统设计原则 ································ 200
12.2 综合客运交通枢纽客流监测系统总体要求 ································ 201
12.3 综合客运交通枢纽客流监测系统总体功能要求 ································ 201
12.4 综合客运交通枢纽客流监测系统技术方案 ································ 202
12.5 综合客运交通枢纽客流监测原型系统 ································ 205
附录 ································ 208
附录A 监测备选节点重要度计算程序(VBA) ································ 208
附录B 宋家庄综合客运交通枢纽监测备选节点重要度计算算例 ································ 218
附录C 宋家庄综合客运交通枢纽1小时不同监测节点客流拥挤指数(SC) ······ 227
附录D 卡尔曼滤波预测模型程序(MATLAB) ································ 229
附录E 非参数回归预测模型程序(VBA) ································ 230
参考文献 ································ 236

第1章 绪 论

1.1 研究背景

随着社会经济化、城市化和机动化的发展,我国机动车保有量日益增加,小汽车的出行比例也随之增加。由此造成的城市交通拥挤、群众出行不便等问题已经日显突出,严重影响了城市社会经济的发展和人民群众生活水平的提高。不仅如此,严重的交通拥堵甚至还会导致城市功能的瘫痪。因此,人们普遍关心如何缓解交通拥挤及由此引发的交通问题,希望从各个角度对交通问题进行分析,并通过一定的可行性方法来满足人们的交通需求。

优先发展公共交通,建立一个以轨道交通系统为骨架,以常规公交为主体,多种交通方式互相协调的综合客运交通体系,以提高城市的整体客运交通水平,是解决城市交通拥堵,构建可持续发展的城市交通系统的重要手段。

城市综合客运交通枢纽是城市交通网络中的重要节点,是连接人们各种交通出行的纽带,是交通出行链的重要环节。广义的城市综合客运交通枢纽是城市中所有供公众集散,进行交通方式或线路转换场所的总称。狭义的城市客运综合客运交通枢纽是组织和协调包括公交在内的各种客运交通方式和衔接不同层次交通网络,为乘客提供集中换乘服务,且具有必要的服务功能和控制设备的综合性市政设施。城市综合客运交通枢纽按服务范围可分为城市对外交通枢纽和城市内部交通枢纽,本书的研究对象为后者,即城市内部交通枢纽。

建设城市综合客运交通枢纽,构建一体化的城市交通,将多元化的交通方式有机衔接起来,以提升城市综合交通服务水平是城市交通发展的必然。作为城市公共交通网络中的重要节点,综合客运交通枢纽对城市公共交通发挥网络化效应和规模化效应起到重要的支撑作用。

随着城市公共交通系统网络程度不断深入,居民日公共交通出行量不断增加。为满足不断攀升的换乘客流需求,综合客运交通枢纽的建设规模、建筑体量也在不断提高,设施空间布局及客流组织日趋复杂,客流管理难度加大。在综合客运交通枢纽内部,乘客的行走区域往往是有限而封闭的空间。相对于开放的城市道路环境,综合客运交通枢纽内的客流拥挤对乘客行走舒适性、连续性的影响更严重,异常及紧急事件对安全性的危害更大。

建设智能化的综合客运交通枢纽客流监控系统,能够实时掌握枢纽内部乘客交通状态,及时发现异常事件,确保综合客运交通枢纽高效、安全地运行。虽然大多数在建或已建的综合客运交通枢纽都配备了大量的客流监测设备,但设备布局缺乏理论支持,随意性较强、针对性不足、设备利用率不高,以致检测精度难以保证。此外,现有视频监测系统的客流监测点布设主要为满足安防需求,设备布设位置及方式难以满足客流交通状态和整体运行状态数据采集要求。而目前已投入使用的综合客运交通枢纽数据采集系统,采集点布设强调对枢纽进出客流总量的监测,难以体现内部不同区域的客流拥挤状况,同时对异常事件、枢纽环境、机动车事件等信息采集不足。并且,由于目前尚无成熟的行人交通状态及异常事件自动识别方法,监控设备利用效率偏低,浪费严重。

因此,立足于满足综合客运交通枢纽客流监控系统智能化建设的实际需求,深入研究枢纽内行人交通流特征及行为,在此基础上开展客流检测设备布局方法、枢纽行人服务水平实时评估、行人拥挤状态自动识别、客流短时预测、突发事件监测及预警、应急预案制定及仿真评价等关键技术的研究,能够加强综合客运交通枢纽的管理者对枢纽整体运行状态的监测和控制,提升运营管理的智能化水平,减少乘客流拥挤、紊乱的发生,消除乘客拥挤及异常事件带来的安全隐患,进而实现综合客运交通枢纽的安全、高效、便捷运行。

1.2 研究问题的提出

行人行走环境复杂、行走规则多样,使行人交通系统运行状态的监测难度远大于道路机动车交通系统。而综合客运交通枢纽内部空间封闭、设施布局复杂、形式多样,国内外学者对综合客运交通枢纽内部客流监测的相关关键技术的研究更是少有涉猎。相比而言,支撑机动车交通系统状态监测的检测设备布局、运行状态评价、交通流参数短时预测、交通拥堵自动识别等关键理论与技术的研究相对较为成熟。但由于行人交通自身的复杂性,国内外学者对行人交通系统运行状态的监测研究较少,存在关键理论或技术的缺失。综合客运交通枢纽作为典型的密集行人环境系统,建筑体量大、空间封闭、客流时空分布不均衡,智能化的客流运行状态监测对运营效率及安全性的提升具有重要的意义。

为支撑综合客运交通枢纽智能化的监控系统的建设,需要着重解决以下关键问题:

(1) 如何科学、合理选择和布设客流监测设备,以能够精确、实时地提供综合客运交通枢纽内部行人交通系统运行状态数据?

(2) 如何定量化地描述综合客运交通枢纽内部的客流拥挤状态及服务水平,以使管理者能够精确掌握枢纽内的客流运行状态,为应急管理、信息发布以及效率评估、管理改善等决策提供依据?

(3) 如何预知未来一段时间,特别是短时段内的客流变化趋势,为提前识别客流超限拥挤并及时响应应提供支撑?

(4) 如何自动化地识别客流拥挤,并对突发事件进行分级预警,以使管理者及时、高效的应对,最大限度地减少各类事件对综合客运交通枢纽客流运行的影响?

(5) 针对火灾等突发事件,如何制定应急预案,并对不同突发事件的疏散预案进行评估及优化?

要解决上述问题,需要在相关研究的基础上,借鉴国内外机动车交通系统运行状态监测的已有研究成果,着力研究支撑综合客运交通枢纽客流智能化监控的五项关键技术,即:客流监测设备优化布局、行人交通拥挤挤服务水平评价、客流量短时预测、行人交通拥挤自动识别、异常事件预警及应急。在此基础上,形成一套较为完整的密集行人监控理论体系,从而为综合客运交通枢纽智能化行人监控的实现,提供必要的方法及理论支撑。

1.3 主要研究内容及章节结构

本书重点研究支撑综合客运交通枢纽行人监控智能化建设的关键基础理论与方法。

本书在第1章研究背景及问题阐述的基础上,围绕枢纽行人特性及监控信息需求分析,对客流监测设备优化布局方法、行人交通拥挤评价方法、短时客流预测方法以及行人交通拥挤自动识别方法、突发事件预警等展开研究,具体内容及章节结构如下。

1) 枢纽行人特性分析

行人交通流特性及行为特征是进行枢纽智能监控、行人设施及组织管理方案设计的重要基础与依据。

本书第2章在回顾国内外研究基础上,结合在北京市交通枢纽的实际调查数据,对枢纽内不同设施及环境条件下的密集行人交通流特性及行为特征进行了研究。具体包括枢纽行人设施的分类分析、行人速度特性分析、行人交通流特性分析、枢纽行人设施通行能力分析、行人交通行人分析以及枢纽行人时空分布特征分析等内容。

2）综合客运交通枢纽客流监测设备优化布局方法

客流监测设备是综合客运交通枢纽客流动态监控及交通信息服务的硬件基础，其设置合理与否关系到监控及服务系统能否提供全面、可靠的客流数据，同时又要保证系统建设的经济性和高效性。

本书第3章在枢纽行人特性分析基础上，根据综合客运交通枢纽客流监控的信息需求，及对市场上主流的客流监测设备的检测精度测试，建议了不同监测信息及地点要求下的设备选型。同时为科学、合理地确定监测关键区域，本书第4章从客流分担率、时间分布、拥挤程度等三个角度构建了客流监测备选节点重要评价指标体系，提出了基于灰色关联模型的综合客运交通枢纽监测节点重要度排序计算方法；最后以综合客运交通枢纽客流监测的实际需要为依据，明确了综合客运交通枢纽行人监测设备优化配置应遵循的基本原则，提出了适用于综合客运交通枢纽客流监测的设备优化配置方法，为客流监测设备的布设提供了理论支撑，并以宋家庄综合客运交通枢纽为例，验证了该方法的有效性。

3）综合客运交通枢纽客流拥挤评价及服务水平综合评价方法

对综合客运交通枢纽内行人交通拥挤状态的定量化评价，不仅能够为管理者提供精确的决策辅助信息，还能据此向乘客及时发布综合客运交通枢纽运行状态信息，引导乘客选择合理的出行路径，以实现交通需求合理的时空分布。因此，对行人交通拥挤状态的度量方法进行研究是十分必要的。

本书第5章在分析综合客运交通枢纽行人交通流特性及交通行为的基础上，分析了行人交通拥堵的形成机理，并对行人交通拥挤进行了分类界定；同时综合考虑拥挤环境下不同交通流参数变化的敏感性以及现有数据采集能力的限制，选择合理的交通流参数，构建了适用于实时评价综合客运交通枢纽行人拥挤状态的指标——客流拥挤指数，最后，利用采集的多源信息，从规模适应性、安全性、有效性、舒适性、经济性、环境质量多个方面出发，建立了交通枢纽服务水平的综合评价体系。

4）客流量短时预测方法

实时准确的客流量预测是实现综合客运交通枢纽客流拥挤识别的关键，短时客流量预测的结果直接关系到客流拥挤识别的精度。

本书第6章首先总结评述了现有的各类交通流参数预测模型，从预测时段划分、缺失及遗失数据识别及修复、动态客流数据稳定性处理、历史趋势数据更新等方面对客流量历史数据进行了预处理。结合客流量短时预测的需要，分别采用卡尔曼滤波模型、支持向量机回归模型、非参数回归模型对枢纽换乘客流量进行了短时预测，并对非参数回归模型的历史数据库聚类方法及预测模型进行了改进,提高了预测算法的计算效率。

5)客流拥挤自动识别算法

实时掌握枢纽内部乘客交通状态,及时发现客流拥挤是综合客运交通枢纽高效、安全运行的重要支撑。由于目前尚无成熟的行人交通状态及异常事件自动识别方法,人工监控设备捉襟见肘,监控设备利用效率偏低,浪费严重。为此,本书第7章在对机动车交通状态判别技术的发展历史和现状进行回顾的基础上,针对综合客运交通枢纽客流监控的实际应用需求及现阶段客流数据采集的特点,构建了基于McMaster算法的综合客运交通枢纽行人拥挤自动识别算法,并搭建行人仿真测试模型,对算法的精度和有效性进行了验证。

6)突发事件预警技术

对突发事件发生时,能及时报警、接警并采取有效的应急预案,是保证综合客运交通枢纽安全的重要内容。

本书第8章在对突然事件特性分析及分类的基础上,针对不同类型、严重程度的突然事件设置了不同的预警级别,并详述了各类突发事件的预警、接警流程以及详细的应急预案措施。

7)火灾疏散预案仿真评价技术

火灾突发事件的疏散预案是综合客运交通枢纽安全、高效运行的重要保障。

本书通过第9章对火灾产物对行人交通特性及行为定量化影响分析、火灾状况下综合客运交通枢纽的疏散流程和地体烟气控制流程分析以及地铁内部设施对火灾时疏散影响的分析,在第10章构建了LEGION行人火灾场景模型,并以该模型为基础,分析了火灾环境对行人行为影响的网格化标定方法及模型可输出参数指标。在考虑仿真模型可获取数据的基础上,以科学性、可比性、综合性、可靠性、协调性为依据,从逃生指数、安全隐患指数、有效指数、有序指数四个方面出发,建立了一套综合客运交通枢纽火灾疏散综合评价指标体系。

为检验评价方法的实际应用效果,本书第11章以宋家庄交通枢纽为例,对两套疏散方案进行了定量化评价。

8)客流监测系统设计

客运交通枢纽内部,行人设施布局复杂、设施组合类型多样,采用人工监测方法难以使监控设备得以充分利用,因此,结合客流监控各项关键技术的研究,开发客流运行监测系统,能够有效地提高枢纽管理者对乘客状态的监测和控制效率,提升运营管理的智能化水平。

本书第12章通过对枢纽客流监测系统设计原则、总体要求、功能要求的分析,构建了枢纽客流监测系统技术方案,并以此设计了客流监测原型系统。

本书的整体编撰思路及章节安排如图1-1所示。

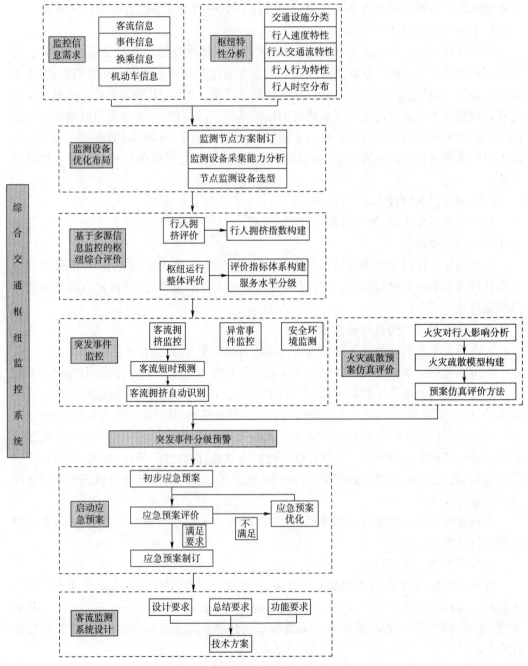

图1-1 本书的整体编撰思路及章节安排

第 2 章 行人交通流及行为特征

行人交通流特性及行为特征是进行枢纽智能监控、行人设施及组织管理方案设计的重要基础与依据。自 1971 年 Fruin 的经典著作《Pedestrian Planning and Design》问世以来，国内外学者对行人交通流特性展开了较深入的研究。研究成果集中于行人自由流速度、宏观交通流三参数关系及设施通行能力等方面。分析国内外不同环境下行人交通流特性方面的研究成果，可以发现，国外学者在行人交通特性的研究领域起步早、成果多，对行人宏、微观交通特性有较为深入的研究。而我国行人交通特性的研究基础薄弱，有关研究主要借鉴国外成果，相关研究尚不系统。

本章在回顾国内外研究基础上，结合在北京市交通枢纽的实际调查数据，对枢纽内不同设施及环境条件下的密集行人交通流特性及行为特征进行了研究。

2.1 枢纽行人设施类型分析

综合客运交通枢纽内的步行设施，是用于供行人步行使用的设施，属于枢纽内部的空间资源，充当联系交通枢纽内部不同交通方式的站台之间以及站台与枢纽外部空间之间纽带的作用。综合客运交通枢纽内步行设施配置类型、参数规模、通行能力以及布局方式会直接影响枢纽的运营效率，也直接影响设施提供给行人的服务质量。具体表现在：

（1）选取不同种类、不同规模参数的步行设施，以及不同设施之间的组合状态，能够

提供不同的集散能力与集散效果,行人感受到的服务水平也不一样;

(2)相同种类、相同规模参数的步行设施及其组合,针对不同时段的行人流,能够提供的服务水平也不相同。

因此,为了能精确地识别监测关键节点,有必要对综合客运交通枢纽内部的行人设施进行合理的分类。

区别于人行道、人行横道、过街天桥、地下通道等普通的行人交通设施,客运交通枢纽内的步行设施具有一些特殊性,行人所体现出的交通行为也有一定的差异。客运交通枢纽内的步行设施主要有以下主要特征:

1) 封闭性

城市客运交通枢纽是一个相对封闭的交通空间,乘客在封闭的空间内行走时速度较快。调查显示,中国乘客在封闭交通枢纽中以换乘为目的平均速度为 1.57m/s,快于信号交叉口人行横道步速,几乎与无信号交叉口人行横道步速相同。在快速的行进中,乘客之间更加容易发生相互作用如拥挤、碰撞等。

2) 串联性

综合客运交通枢纽内的所有设施相互串联,乘客在从出发点到目的地的过程中,需要经过一系列串联设施,并且选择性较少。就是说,对于目的相同的乘客(如换乘乘客),他们需要经过的步行设施无论从类型还是从顺序上都基本相同,因此,他们更容易出现 Herding 行为,即从众行为。

3) 设施种类多、布局复杂

综合客运交通枢纽内乘客活动类型种类较多,相应的提供服务的行人设施种类繁多,它们的服务状态伴随着客流的波动而变化,并且各种设备的规模、类型不仅受到客流水平的限制,还受到施工条件的影响。

4) 客流时空分布不均衡

综合客运交通枢纽是城市多模式交通方式的关键节点,客流在时间和空间上的分布都具有明显的不均衡性,大量的客流在枢纽内移动时不同于正常情况的交通行为,这些行为大多数呈现非线性动态特性,即通常所说的交通拥挤行为。

乘客在综合客运交通枢纽内的主要活动包括:进出站、售检票、线路换乘、上下列车及其他辅助性活动(如打电话、商铺购买货物、去洗手间等)。综合考虑不同类型行人设施的行人交通流特性以及行人活动目的,将综合客运交通枢纽内部的行人设施分为以下 4 类:行人步行类设施、衔接类设施或区域、交通服务类设施、辅助服务类设施。

2.1.1 行人步行类设施

行人步行类设施主要是为行人提供通行服务的设施,包括步道、自动步道、楼梯、自动扶梯、坡道、自动坡道等,如图 2-1 所示。行人步行类设施是综合客运交通枢纽内部的主要设施,几乎所有的行人活动都需要借助步行类设施才能完成,行人步行类设施承担了综合客运交通枢纽内部主要的客流压力。比如,换乘客流集中到达会对步道、自动扶梯、楼梯等换乘设施形成较为集中的客流冲击,较容易产生客流拥挤。因此,相对其他行人设施,行人步行设施客流压力大、安全隐患高,是综合客运交通枢纽客流监测最主要的设施。

图 2-1 典型行人步行类设施

2.1.2 衔接类设施

衔接类设施是连接两种不同类别或相同类别不同参数的设施,如综合客运交通枢纽的出入口、楼梯与自动扶梯的登降区等,如图 2-2 所示。由于不同设施的乘客交通流特性及通行能力的差异,衔接类设施多是瓶颈区域,行人在衔接类设施的行为活动特征与车辆通过不同车流密度路段的特征十分相似。同时,由于行人移动的灵活性较强,瓶颈区域客流集聚,存在"拉链"现象,进一步降低了瓶颈区域的通行能力,容易产生客流拥挤。特别是当上游客流需求持续大于瓶颈处通行能力时,或因设施故障及突发事件导致通行能力下降而产生瓶颈时,更易发生客流拥挤,存在较大的安全隐患。因此,衔接类设施也是综合客运交通枢纽客流监测的关键设施。

图 2-2 典型衔接类设施

2.1.2.1 交通服务类设施

交通服务类设施提供各种与交通活动相关的服务,提供售检票、问讯、安检以及等待等服务的设施或区域,包括人工及自动售票、多功能信息板、安检区域、站台区域、站厅交织区域等,如图 2-3 所示。交通服务类设施的服务水平与综合客运交通枢纽的整体服务水平紧密相关,是乘客能够直观感受到的服务。因此,为提升综合客运交通枢纽的服务水平,重要的交通服务类设施也应纳入客流监测范围。

图2-3 典型交通服务类设施

2.1.2.2 辅助服务类设施

辅助服务类设施是为客流在枢纽内提供辅助性活动的设施,主要包括洗手间、报亭、便利店、警务工作站、电话亭等设施,如图2-4所示。辅助设施的布置与其他三类设施的布置密切相关,其布置形式没有固定的模式。一般而言,需要使用辅助服务的乘客客流需求量小、波动性大,而且该类设施的设置基本上考虑了其对乘客流线组织的影响,其对乘客正常交通活动的影响较小,因此,辅助服务类设施可不作为客流监测区域来考虑。

图2-4 典型辅助服务类设施

对于综合客运交通枢纽内部区域按照交通特性可以分为行进类区域、排队区域、交织区域以及等候区域。行进类区域包括步行通道、楼梯、自动扶梯等设施,表征枢纽内部该类区域运行状况的参数主要是步行类设施的速度、流量、密度、密度—速度—流量关系以及通行能力。排队区域包括检票、问讯、安检、售票等设施,表征排队区域运行状况的主要参数是交通服务类设施的服务能力、排队长度。交织区域包括站厅交织区、换乘通道交织区等,表征交织区域运行状况的主要参数是行人密度、行走方向、流量、交通行为等。等候区域主要为站台等候上车区域,表征等候区域的参数主要是站台区域空间分布特征、区域密度等。下面就针对表征枢纽内部不同区域的交通参数分别进行详细的论述。

2.2 行人速度特性分析

速度是反映行人交通特性的主要参数,综合客运交通枢纽不同设施行人速度规律能够反映出该区域的整体运行状态和效率,是综合客运交通枢纽监控的重点,因此,对枢纽内部不同设施的速度特性进行分析显得十分必要。综合客运交通枢纽内行人的步行速度受到很多因素的影响,如步行者个人特征(年龄、性别、大小、健康状况等),行程特征(出行目的、路线熟悉程度、是否携带行李等),综合枢纽设施的特征(类型、等级、几何参数如通道宽度、坡度,隔离条件与方式等),以及交通环境特征(是否拥挤等)。

由于一些因素对行人速度影响非常小,或者影响效果很难测量出来,在研究行人速度时,主要针对那些对行人速度影响比较明显且在实践中方便测量的因素进行分析。

2.2.1 不同步行类设施的行人速度特性

结合行人密集场所的设施特点,针对步行通道、楼梯、自动扶梯三类主要行人步行类设施,本书通过抽样调查,得到各类设施自由流状态下的行人速度。

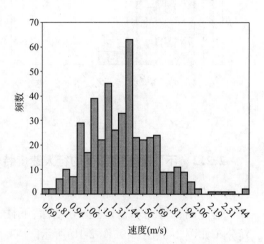

图2-5 交通枢纽步行通道行人速度分布

1)步行通道

调查得到步行通道行人速度统计见表2-1,其分布如图2-5所示。

步行通道行人速度 表2-1

样本量	速度平均值(m/s)	15%位速度(m/s)	85%位速度(m/s)	标准差
425	1.57	1.20	1.80	0.53

2)楼梯

调查得到行人上楼梯和下楼梯速度见表2-2、表2-3,其分布如图2-6、图2-7所示。

上楼梯行人速度 表2-2

样本量	速度平均值(m/s)	15%位速度(m/s)	85%位速度(m/s)	标准差
222	0.67	0.49	0.88	0.19

下楼梯行人速度 表2-3

样本量	速度平均值(m/s)	15%位速度(m/s)	85%位速度(m/s)	标准差
316	0.83	0.62	1.06	0.22

3)自动扶梯

自动扶梯及自动步道的运行速度需按照相关的规范进行设置。主要分为0.50m/s、0.65m/s、0.75m/s三种额定速度,其中地铁站宜采用0.65m/s。

与楼梯速度相比,步行通道速度较大,差异也较大。与上楼速度相比,下楼速度较大,差异也较大。

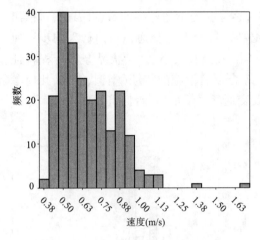

图2-6 上楼梯行人速度分布

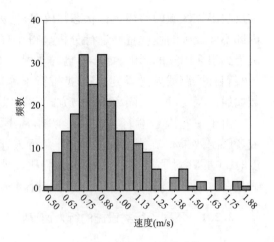

图2-7 下楼梯行人速度分布

2.2.2 不同个人特征下的行人速度特性

1）性别

通过调查得到步行通道、上楼梯、下楼梯男性和女性速度，见表2-4、表2-5、表2-6。其分布如图2-8、图2-9、图2-10所示。

步行通道男女性行人速度   表2-4

行人类别	样本量	速度平均值(m/s)	85%位速度(m/s)	标准差
男性	231	1.64	1.93	0.62
女性	194	1.48	1.68	0.40

上楼梯男女性行人速度   表2-5

行人类别	样本量	速度平均值(m/s)	85%位速度(m/s)	标准差
男性	111	0.71	0.889	0.20
女性	111	0.64	0.87	0.17

下楼梯男女性行人速度   表2-6

行人类别	样本量	速度平均值(m/s)	85%位速度(m/s)	标准差
男性	160	0.89	1.14	0.25
女性	156	0.75	0.93	0.15

由于生理条件差异，在大多数场所男性速度略高。但是在上楼梯时，步幅受到台阶宽度限制，男女速度差异变小。

2）年龄

HCM2000认为，人行道行人自由流速度为1.52m/s，同时又指出行人的步行速度依赖于老年人（超过65岁）的比例。当老年人比例小于20%时，行人步行速度为1.22m/s；

当老年人比例超过20%的时候,HCM推荐采用1.0m/s作为行人的步行速度。说明行人的年龄构成会直接影响行人的步行速度。

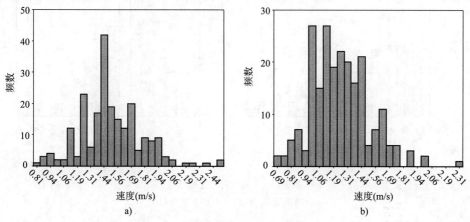

图2-8 交通枢纽步行通道行人速度分布
a)男性速度分布;b)女性速度分布

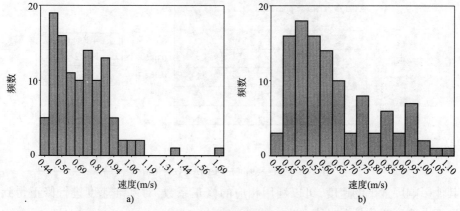

图2-9 上楼梯行人速度分布
a)男性速度分布;b)女性速度分布

3)出行结伴情况

在同一场地,行人构成相同条件下,结伴人数增多,速度会下降。当行人结伴数量过多时,由于行人行进交流和其他客流的冲击,自发的结伴组团会分解,形成两个或多个小规模的结伴组团。行人结伴而行,由于需要相互的协调,个性化因素的影响减弱。在统计特性上可用速度的标准差来反映,如图2-11所示。

2.2.3 枢纽行人速度修正

调查中发现,早高峰时段综合枢纽内部行人多为中青年人,老年人和小孩很少,因此,应用中建议以男女中青年行人速度为基准。其建议值见表2-7。

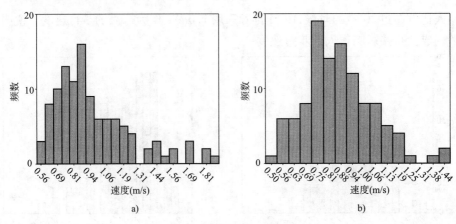

图 2-10 下楼梯行人速度分布
a) 男性速度分布；b) 女性速度分布

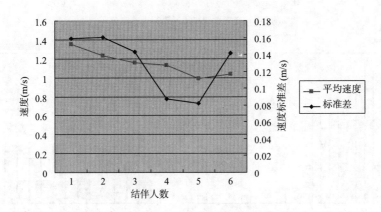

图 2-11 速度及标准差随结伴人数变化情况

其他影响因素下的速度，可以利用相应的修正系数，对基准速度进行修正得到。不同类型行人速度变化情况见表 2-8。

交通枢纽行人基准速度建议值　　　　　　　　　　　　　　　　　表 2-7

类别	通道	上楼	下楼
男性	1.64	0.71	0.89
女性	1.48	0.64	0.75

其他条件对行人速度影响的修正系数建议　　　　　　　　　　　　表 2-8

影响因素	类别	修正系数
结伴组成	1 人	1
	2 人	0.86
	3 人及以上	0.81

续上表

影响因素	类别	修正系数
年龄	小孩	0.95
	中青年	1
	老年人	0.80

2.3 行人交通流密度—速度—流量关系分析

高峰期间,枢纽内部大量行人集聚,因受到行进空间的限制,行人行走速度产生变化,流量也随之变化。行人密度、流量、速度作为枢纽监控的 3 个参数,在行人构成相同条件下,同一类型行人设施,三参数关系有一定的规律,通过研究枢纽内部在不同设施条件下行人 3 个参数的基本规律,为后面明确各个设施监控参数选择、评价枢运行状态和预测设施运行状态具有重大意义,本书用统计的方法对枢纽行人速度、流量和密度三者之间的关系进行了讨论。

2.3.1 步行通道

图 2-12 所示为步行通道行人速度—流量的散点图。从图中可以看到,随着流量的增加,行人速度逐渐降低。在流量较小时,速度降低的程度大,随着流量的增大,行人速度降低的程度也变小。

图 2-13 所示为步行通道行人速度—密度的散点图。从图中可以看到,随着密度的增加,行人速度逐渐降低。在密度较低时,速度降低的程度大,随着密度的提高,行人速度降低的程度也变小。

图 2-14 所示为步行通道行人流量—密度关系图。从图中可以看出,当密度较小时,流量随密度的提高而提高。当密度较高时,行人使用设施的效率降低,流量随密度的提高而降低。

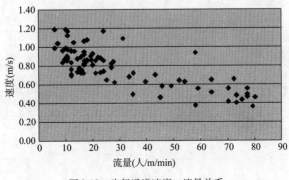

图 2-12 步行通道速度—流量关系

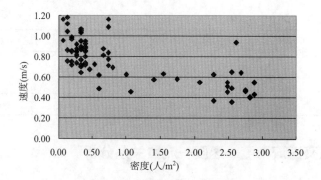

图 2-13　步行通道速度—密度关系

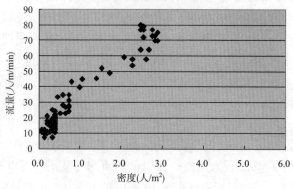

图 2-14　步行通道行人流量—密度关系图

2.3.2　楼梯

图 2-15、图 2-16、图 2-17 所示为行人在下楼梯时,速度、流量和密度之间的关系散点图。行人在楼梯上,速度变化受到行人流量、密度的影响较小,并且速度的分布也更为离散。随着密度和流量的增加,行人在楼梯的速度从 0.8m/s 降低,在 0.4~0.5m/s 范围内保持稳定。

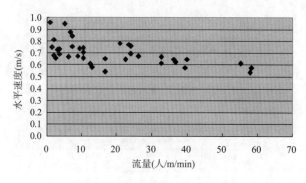

图 2-15　楼梯行人流量—速度关系图

第2章 行人交通流及行为特征

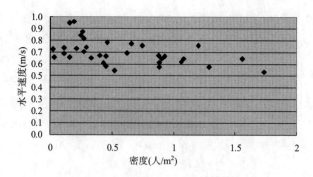

图 2-16 楼梯行人速度—密度关系图

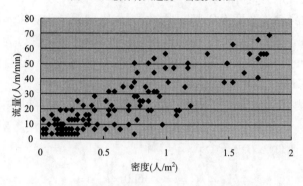

图 2-17 楼梯行人密度—流量关系图

2.4 行人设施通行能力分析

行人设施通行能力,是进行枢纽设施客流负荷评价的重要影响因素。在枢纽监控过程中,需要针对不同的设施通行能力来识别设施的拥挤程度和识别、预警枢纽应急状态。

2.4.1 行人步行类设施通行能力

行人步行类交通设施的通行能力,主要是以人行道的基本通行能力为基础,根据条件折减,确定相应的实际通行能力。在分析工作中,选择不同的标准,其结果差异很大。本书根据交通流模型或时空消耗原理分析,计算不同设施相应的基本通行能力及实际通行能力,并与观测值进行对比。

1) 步行通道

根据行人交通流流量—人均空间模型,确定行人行走时每个人所占空间的最小值,可以得到最大流量,以此确定行人设施的通行能力。

行人通过迈步完成行走过程。假设行人缓冲距离同最小步幅一致,确定中国行人缓冲距离为 0.48m,人体投影椭圆短轴长以 0.32m 计,则行人在运动方向占 0.80m。行人行进宽度由肩宽和心理修正量组成,以 0.60m 计。将行人动态空间简化为矩形,在此条件下行人人均空间为 0.48m²,如图 2-18 示。估计流量与密度模型,计算此时通道的行人流量为 109 人/(m·min)。考虑到行人行走需要摆动,宽度以 0.80m 计,计算步行通道的行人流量为 91 人/(m·min)。因此,认为步行通道基本通行能力为 109 人/(m·min),取整后为 110 人/(m·min)实际通行能力为 91 人/(m·min)。取整后为 90 人/(m·min)。

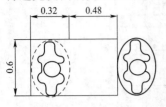

图 2-18　行人行走空间示意图
(单位:m)

2) 楼梯

行人在楼梯上行走时,前后间隔 1~2 个楼梯踏步,故认为行人占据纵向距离为 3 个踏步宽度。一般楼梯踏步宽度为 0.15m,因此,行人纵向距离为 0.45m。行人行走时横向宽度以 0.6~0.8m 计,则行人行走时所需人均空间(水平投影面积)为 0.27~0.36m²,通过楼梯流量—人均面积模型可以得到相应的基本通行能力为 91 人/(m·min),实际通行能力为 71 人/(m·min)。取整后为 70 人/(m·min)。

另外,根据实测,相比上楼梯,下楼梯的实际通行能力较大,与基本通行能力接近。

3) 自动扶梯

自动扶梯基本通行能力可按公式(2-1)计算:

$$C = \frac{v}{w} \times 3600 \times k \tag{2-1}$$

式中:C——理论输送能力,人/h;
　　　v——额定速度,m/s;
　　　k——修正系数;
　　　w——自动扶梯踏板宽度。

对不同的扶梯宽度 z,其 k 值为:

$z_1 = 0.6$m 时,$k = 1.0$;

$z_1 = 0.8$m 时,$k = 1.5$;

$z_1 = 1.0$m 时,$k = 2.0$。

例如,自动扶梯踏板宽度为 0.4m,运行速度 0.5m/s,宽度 1m,假设每个踏板可以站立两人,则该自动扶梯基本通行能力为 150 人/(m·min)。考虑到行人有与他人保持一定距离的心理,假设两个踏板站立三人,则自动扶梯实际通行能力为 112 人/(m·min)。取整后为 110 人/(m·min)。

另外,根据实测,相比上行,自动扶梯下行的实际通行能力较高,与基本通行能力接近,甚至稍高。

4) 交通流流向组成对通行能力的影响

非单向行人流对通行能力的影响,实质是对行人使用时空资源效率的折减,从而影响行人的流量、速度和密度的变化。

Navin & Wheeler(1969)指出,对向行人流会引起通行能力下降,在 1.1 人/m² 时,10% 对向人流,可以引起最大 15% 的损失。

Khisty(1982)研究表明,两队行人流在正交通过某一冲突区域时,在密度为 0.8~1.0 人/m² 的条件下,流量较大的行人流,其流量会有近 20% 的折减。

2.4.2 交通服务类设施通行能力

交通服务类设施是枢纽中的重要组成部分,其交通流特性与通道有显著区别,是受到管理干预条件密切影响所形成的交通系统。服务类设施的排队服务设施也是排队系统,因此可采用排队论来分析其服务时间及设施通行能力。排队论又叫作随机服务系统理论,是运筹学的一个分支。其研究目的是要回答如何改进服务机构或组织被服务的对象,使得某种指标达到最优的问题。一个排队系统一般有三个组成部分,即输入过程、排队规则和服务窗。在枢纽等密集行人场所的排队系统,主要是先到先服务、无损失制的排队系统。本书主要根据排队系统的服务时间特性,确定服务类设施的通行能力。

1)安检通道

枢纽的安检通道仅对行人携带的物品进行检查,并不对乘客进行身体检查,因此,可以将安检通道看作通过速度一定的连续流设施。对于传送带带速一定的安检通道,其通行能力与排队乘客的时距相关,见式(2-2):

$$C_g = \frac{60}{t_{in}} \quad (2\text{-}2)$$

式中:C_g——安检通道通行能力,人/min;

t_{in}——排队安检乘客时距,秒/人。

安检乘客时距调查样本 719 个,平均值为 1.882s,标准差 0.667s,利用平均时距计算安检通行能力,代入式(2-2),计算通行能力为 33 人/min。

2)检票匝机

目前北京综合客运交通枢纽或地铁检票匝机多为 AFC 系统,IC 卡乘客进出站各刷卡一次,购票乘客进站刷卡,出站将卡送回 AFC 机中。检票闸机的通行能力可参照式(2-2)计算,检票匝机共调查有效样本 565 个,平均值为 1.97s,可计算得到检票匝机的通行能力为 31 人/min。

3)人工售票窗口及自动售票机服务能力

人工售票窗口调查样本为 190 个,平均时距为 4.62s,参照上式计算可得人工售票窗口的通行能力为 13 人/min。自动售票窗口调查样本为 456 个,平均时距为 24.37s,计算可得人工售票窗口的通行能力为 2.4 人/min。

2.5 综合枢纽行人交通行为特性

行人交通行为是行人交通流特性的微观表现,对行人交通行为特性的研究,不仅可以更好地监测枢纽内部行人运行状态,同时也可对枢纽运行状态的预测和预警具有很大的帮助。本节主要对密集状态下行人交通行为展开研究,通过比较行人和车流的特性差异,对行人交通特性及行为作较深入的剖析。

2.5.1 行人交通行为的影响因素

一般来讲,行人运动具有以下特性。

(1)目标性。向前方或最终目的地前进,同时行人个体会按照效用最大化原则完成运动轨迹。

(2)机动性。倾向于保持个体最优的速度。

(3)个体性。行人个体是运动的指挥者,行人行走过程主要根据自身判断,不会为达到整体特征而行走;而且人群(不是队伍)中没有核心人物进行指挥;受到外界刺激,人员反应绝大部分受到个性影响,结伴组成影响较少,群体行为来自于个体之间的互动影响。

(4)约束性。人群受到场地条件及周边行人个体制约,产生个体交通变化,造成整体形态、交通特征发生变化。

(5)协调性。多个行人个体构成人群,具有一定的目的性和时空协调性,对环境变化能做出有效反应。

(6)结伴组团性。行人会有结伴的情况(认识或者不认识),在人群中形成次一级团组;结伴队伍以及人群中行人在相互作用下,会影响独立个体的运动轨迹或者行为。

(7)自组织性。在高密度条件下,人群有自组织现象。

行人在场所内的活动、移动目的、建筑与设施环境、拥挤程度、车辆运营及行人个人属性均对行人行为产生影响。典型的影响因素如下:

(1)步行以外的活动。人群在枢纽内的活动不仅是行走,还包括购票、检票、购物等行为,这些活动会阻碍其他行人的移动行为,如售票机前的排队现象。

(2)时间压力。时间紧迫的行人高速行走,并常强行通过人群。相反的,放松的行人多慢速行走,甚至处于闲荡状态,在一段时间内没有具体的目的地。

(3)拥挤程度及拥挤感受。不同的拥挤程度及不同人对拥挤感受的差异对行人行为都会产生影响,如路径选择行为。

(4)到发时间。对交通枢纽、地铁站等公共交通设施乘客到达和离开的时间分布基本上是由公共交通的时刻表来决定的。其中的一个特性是非连续的到发时间使得人流量的变化幅度很大,而流量变化带来的拥挤程度变化会对行人行为造成较大影响。如高峰时段的自组织行为形成。图 2-19 为东直门枢纽 2 号线与 13 号线换乘通道的早高峰 7 点到 9 点乘客流量变化情况。从图上可以看出，换乘通道的乘客流量与车辆的到达紧密相关，时间分布峰值明显。

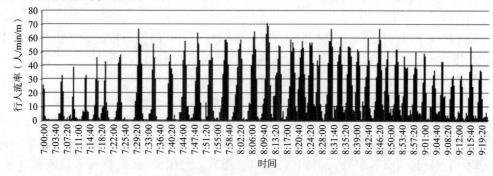

图 2-19　早高峰东直门枢纽换乘通道流量时间分布图

（5）建筑及周边行人环境。行人运动中对环境的反馈，有相应的逻辑规则，如避免冲撞、选择最小费用、条件判断、习惯行为、无意识（不注意）行为、遵守法则约束、遵循信息引导等。

（6）环境观察能力。行人往往通过潜意识的"扫描"过程对环境进行观察，以避开地面的一些小的障碍物，女性会比男性有更多的时间进行环境扫描。高度的合作关系是一种固有的行人的行为，行人期望与他人协作，而不是在完成步行任务中成为其他人的障碍。

（7）与行人对建筑或设施环境的观察类似，行人也会对周边的行人进行观察，观察范围并非一个圆圈，而是一个椭圆形，两边狭窄，前方最长，而且，该椭圆形的观察范围随交通密度的变化而变化。

（8）个人属性。乘客的个人属性对行为也会产生重要的影响。这些个人属性包括年龄、性别、个体大小、健康状况、体力、出行目的、情绪和意志等，当然，行人携带的物品也会对行人的行为产生影响。

2.5.2　枢纽行人典型行为分析

行人交通流中，可观测到几种典型的交通行为，包括瓶颈行为、自动渠化行为、徘徊行为、应急行为等，这些行为对枢纽的正常运行有着重要影响，也是枢纽监控中须重点关注的。

1）瓶颈行为

当上游行人到达流率大于下游设施通行能力时，就会形成瓶颈。按设施匹配情况，可以把枢纽可能形成瓶颈的地点分为三大类：

（1）同类设施。即因几何尺寸的不同而导致的通行能力不匹配。

(2) 不同种类设施。即因设施本身通行能力的差异而导致的通行能力不匹配。

(3) 上述两种情况共同形成的组合瓶颈。如站台与楼梯的衔接处,枢纽的出入口等。在瓶颈处,由于到达流率大于瓶颈通行能力,会导致行人的堆积,在瓶颈处形成扇形高密度区,如图 2-20 所示。

观察发现,瓶颈设施在最大通行能力或接近通行能力时的使用情况与自由流的状态下的使用很不相同。自由流状态下,行人多在瓶颈通道的中间部位行走,尽可能地拉大行人之间的距离。当行人流率到达或超过瓶颈通行能力时,后面的行人往往会跟随前面的行人,被迫减少行人之间的间隔,瓶颈的空间利用率达到最高。

瓶颈的存在改变了行人的步行状态,破坏了行人行走的连续性。特别是在紧急情况下,由于人们都有提前进入的心理,改变了平常状态下的自我调节的步态,产生越急越慢效应,容易导致行人在瓶颈处大量积聚,安全隐患较大。因此,在进行行人设施设计时,要充分考虑上、下游设施通行能力的匹配,尽量减少瓶颈的存在。

2) 自动渠化

众所周知,在拥挤行人群,前进方向相反的两组行人流在移动过程中,往往会趋向分开并自动形成类似"车道"的连续人流。在每个"车道"中行人移动的方向是一致的,这种常见的现象称为自动渠化(或称队列形成、成流)现象。

人流的空间结构与右手规则下的交通流形成类似,在中等宽度的人行通道,一般在道路右侧形成人流。在发生交织的交通流,也会出现类似的结果,即沿同一方向形成行人带或移动集群的形式呈现,如图 2-21 所示。

图 2-20 枢纽瓶颈行为

图 2-21 自动渠化现象

自动渠化形成也是双向交通流情况下相比单向交通流下通道通行能力有所损失的主要的原因(据调查,影响范围为 4% ~ 14.5%)。双向行人流量都比较大时,中间两条"车道"的行人交织在一起,通行能力锐减。当双向行人流量差异较大时,中间"车道"的交织对行人流量较低方向的通行能力的影响更为明显。

在有多向行人流的交织处,可利用自动渠化原理,类似机动车环形交叉口的做法,在相交处设置圆形障碍物形成绕行,可以减少步行效率的损失。

3)徘徊行为

密集行人场所的行人行走环境多为封闭的空间,大多数行人没有方向感,对环境不熟悉的行人在进行路径选择时基本上依赖枢纽内部的引导标志与标线,当标志、标线设置不合理时,容易导致行人在路径节点减速甚至驻足停留以做出判断,在这种情况下,就会产生徘徊行为,如图2-22所示。

图2-22 交通枢纽内的徘徊现象

因为大型综合枢纽的环境复杂,如果出行者无法及时得到准确的指路信息,不熟悉环境的行人将会放慢步速,甚至停下来寻找所需的指路信息,在客流密度较大时,必然影响人流的连续移动,造成人流阻塞。进而影响到行人设施的通过能力。

从本质上讲,大多数徘徊行为的产生是由于标志、标线的不合理设置造成的。因此,在设施布局不能改变的情况下,合理的标志、标线设置,对拥挤行人疏散能力的提高也是有显著作用的。

4)行人应急行为

正常运营情况下,枢纽行人表现出愉悦、平坦的心理。突发事件的发生,易导致整个群体尤其是未经历过灾难的人们心理负担突然加重,心理危机通常会以突发的、爆发的姿态呈现。表现在以下几个方面:

(1)恐慌

行人对突发事件最直接的反应即为恐慌,常出现肌肉紧张、过度警觉、过度自律性反射(如心悸、气促、口干、恶心)等征兆。导致反应迟钝、不知所措,甚至盲目拥挤。

(2)疲劳烦躁

突发事件通常伴有巨大的噪声,如车声、喊话声、作业声等。噪声会使人的生理机能发生变化,产生听觉障碍,造成心理疲劳、烦躁和易怒等。

(3)从众心理

由于认识和掌握知识的局限性,大多数人对突发事件的应对表现为束手无策,大多数人极易产生从众心理。

以上心理均容易使出行者产生做出错误的判断,甚至做出错误的行为,从而难以保持正常出行状态。然而,通过工作人员的统一指挥和正确的信息诱导,这些应急状态下的不良心理会转化为集体理性行为。

2.6 枢纽行人时空分布特征分析

2.6.1 连续行走空间断面交通密度—速度分布

行人穿越同一个拥挤区域的横断面时会出现不同的情况。有些人会提高步速,往两边走;因此在断面中心,观测结果呈现出高密度、低速度的情况。在拥挤区的边缘线上,行人几乎以自由流的状态行走。即在相同交通流密度水平下断面会呈现不同的速度。这也反映了人们在拥挤状态下往两侧走的行为倾向。

2.6.2 站台乘客空间分布特征分析

列车到达前,乘客陆续到达站台层的行人等待区,逐渐由少到多。由于列车到达车辆尚未进站,乘客会寻找合适的车门位置,但并不愿意过度花费体力与时间,仅在站台上进行短距离的步行,比较不同的车门位置,直到确定合适位置为止,乘客在站台上的流动在很大程度上调节了乘客在站台的分布。

当列车到达或进站停车后,乘客会挤到车门两侧集结,等待车门打开,让车内乘客下车。由于难以判断车辆停靠时间,后续进入站台的乘客一旦观察到车辆进站或停靠后,会快速选择可以上车的车门位置。当靠近车门的人数过多或车厢内人数已饱和时,乘客会在极短的时间内进行二次选择。

根据站台乘客分布调查,分析发现乘客在站台的分布有如下规律:

(1)乘客在站台分布是不均匀的,且不同车门位置间相差较大,车辆停靠期间的乘客分布比车辆到达前更不均匀。

(2)站台入口处形成乘客分布高峰,与车辆到达前的渐变峰值分布不同,车辆停靠期间会形成突变分布。

(3)车门位置吸引的乘客交通量与距入口距离高度有先关,呈非线性关系。

同时行人在路径选择中有求近心理,进站楼梯的设置会影响站台乘客空间分布。图2-23为东直门枢纽地铁2号线的站台乘客空间分布情况。从图中可以看出,靠近楼梯处,候车乘客较集中;靠近主要进口楼梯处,候车乘客最集中。当车进站时,上车的乘客会跟随车辆走动,使得乘客在站台上更均匀的分布。

当楼梯设在站台中部或站台一端时,候车及上车乘客空间分布也会集中在楼梯处,连接两个或多个楼梯的站台乘客空间分布比连接一个楼梯更均匀。

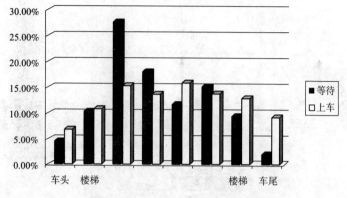

图 2-23 站台候车及上车乘客空间分布

第 3 章 动态交通信息采集设备选型

客流监测设备是综合客运交通枢纽行人监控系统的硬件基础,其选型合理与否关系到综合客运交通枢纽行人监控系统能否获得全面、准确的行人交通运行状态信息,同时也关系到系统建设的经济性和高效性。

本章首先对综合客运交通枢纽客流监控的信息需求进行分析;进而对目前枢纽动态交通信息采集方法和技术在原理和适应性方面进行的较为全面分析,并利用实际采集的数据对主流客流监测设备的检测精度进行测试;最后,结合第 2 章的枢纽行人交通特性分析,提出监控关键节点的设备选型方案。

3.1 数据的需求分析

实时交通信息是综合客运交通枢纽客流监控系统的最为重要的信息源,实时掌握交通信息才能有效地发挥诸如枢纽运行状态的评价、预警及交通诱导等智能化功能。枢纽实时交通信息包括很多方面,既有直接的行人交通流及换乘客流信息,也包括影响客流的各类事件信息及机动车信息,主要有 4 类:

(1)行人交通流信息:给定断面或区域的客流量、速度、密度等行人交通流信息。

(2)换乘信息:线路间或交通方式间换乘量、换乘时间、换乘路径选择等信息。

(3) 事件信息:乘客自身事件(异常积聚、徘徊、打架斗殴等)、环境事件(如火灾、地震等)及交通服务设施事件(扶梯故障、供电故障等)。这些事件均易导致客流异常。

(4) 机动车信息:车辆到站信息、离站信息、满载率信息等。这些信息是进行客流短时预测的基础。

枢纽交通需要采集的数据具有以下特点:

(1) 采集对象的特殊性。以往的数据采集通常都是在不同的交通设施下采集机动车的数据,很少是专门针对行人,尤其是拥挤行人进行数据采集,相比机动车,行人的数据采集难度更大,表现出采集对象的特殊性。

(2) 采集数据的多样性。需要采集密集场所的单个行人和行人流在不同区域或断面的速度、密度、客流量等数据及各类事件信息。

(3) 采集数据的应用性。数据采集是为了对枢纽进行实时监控并提前预警,这体现出了采集数据的应用性。

3.2 枢纽动态交通信息采集方法

目前枢纽交通信息的自动采集指利用传感、视频、射频(或短程通信)等技术进行行人交通流、到发车辆及其他事件检测的方法。传感器技术比较适合长时间计数调查。如出入口人数计数以及交通环境感知。由于枢纽监控需要采集不同区域行人的速度、行人个体占有空间、集散人数和行人交通组成等多个方面的微观特性,单位时间内采集的数据种类较多,视频技术的采集方法具有重现性的优点,对于同时采集多种数据比较适合,同时适应长时间的数据采集。射频技术则可实现移动物体身份识别及室内的空间定位。目前采用多种采集方式相结合实现对交通状态的全方位的感知是交通信息采集部分发展的趋势。

3.2.1 基于传感器的信息采集

新近发展起来的基于传感器的行人交通信息采集装置主要有激光探测和红外探测两大类,主要用于客流检测。

激光扫描设备、红外检测设备如图 3-1、图 3-2 所示。

激光检测技术属于非接触检测技术,是利用激光扫描成像的原理,通过对行人进行扫描,采集到行人的数量、速度和方向等数据。

基于激光扫描的客流检测设备是一款基于多传感器融和的系统,主要由激光扫描仪、嵌入式工控机、监测中心管理软件等部分组成,利用多台激光扫描仪及摄像头构成分布式多模态传感器网络,可实现对大范围环境的无缝覆盖及多层次数据采集,以及对每个客流个体运动轨迹的精确检测与跟踪,同时适用于宽度可达 10m 的通道的客流量统计。垂直激光扫描的客流统计系统,在通道或出入口上方设置,当行人通过激光帘时,当前帧的激光扫描数据中会出现凸包,反映出行人的外轮廓,峰包数代表当前通过激光扫描面行人的个数,每个峰包的高度代表在该垂直扫描切面的行人高度。通过网络与数据处理服务器进行数据通信,从而形成对被检测客流的全方位多层次的覆盖。激光检测设备原理如图3-3所示。

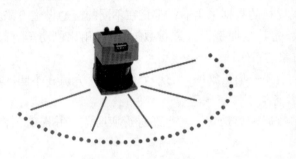
图3-1 激光扫描客流检测设备

图3-2 红外客流检测设备

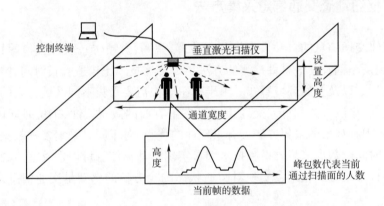
图3-3 激光检测设备原理示意图

红外检测器是利用被检测物对红外线光束的遮挡或反射,通过同步回路电路检测物体的存在。被测物体不局限于金属,所有能反射光线的物体均可被检测。检测中,光电开关将输入电流在发射器上转换为光信号射出,接收器再根据接收到的光线的强弱或有无对目标物体进行探测。

红外客流检测设备主要由计数传感器、数据记录器、数据传输设备、分析软件4部分构成。红外客流统计系统包括红外光电发射器阵列和光电接收器阵列、控制/判断单元,两个阵列的发射器和接收器之间具有一一对应的关系;控制/判断单元由微处理器及其外围电路构成,控制所述红外光电发射器阵列发射信号,并对通过光电接收器阵列所采集到的信号进行处理,判断是否有人通过,并将客流数据通过无线传输模块传送到接收器端,将数据上传到客流分析服务器。红外检测设备原理如图3-4所示。

红外客流统计系统安装简单,不需要繁琐的布线施工。维护也较方便,但检测精度较低,误检率较高。

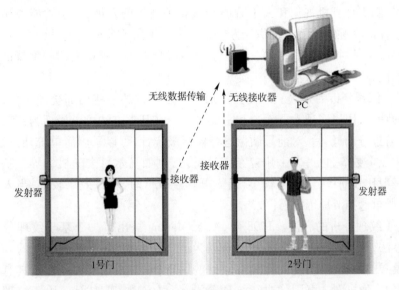

图 3-4　红外监测设备原理示意图

3.2.2　基于视频的信息采集

视频采集属非接触式的检测方法,是利用视频、计算机以及现代通信等技术,实现对交通动态信息的采集。视频检测技术是目前发展较快的一种检测方式,该检测方式的检测功能较强大,可以实现多参数检测。

视频客流监测设备(图 3-5)是通过摄像头采集视频,并通过自身的分析软件实时判别通过人员数量。该种设备由前端编码器和视频分析软件组成。前端编码可以同时编制两路码流,一路码流用于录像,另一路码流用于实时视频传输。视频分析是指利用现代计算机视觉的方法,通过对摄像机拍摄的视频序列进行实时自动分析,实现对视频场景中所关注目标的定位、识别和跟踪。其工作原理主要是通过摄像头采集视频,并通过自身的分析软件实时判别通过人员数量。该种设备具有坚固、轻便、可靠、安装便捷、低功耗、宽温运行等特点,能够适应各种环境。

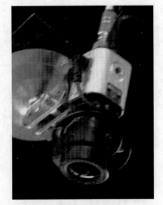

图 3-5　视频客流监测设备

视频采集技术是指通过计算机技术,采用数学方法,对图像进行适当处理,从而将所需要的目标对象从背景图像中识别出来的技术。图像识别技术在交通枢纽中主要用于对行人交通特征的识别,包括人流密度检测、流量检测和异常事件检测三大类。

1）人流密度检测

近年来，随着计算机视觉和人工智能领域相关技术的发展，基于智能视频分析的人群密度估计算法将逐渐代替人工估计方法成为客运枢纽人流密度统计的主流检测方法。目前已有许多文献对其进行了研究，提出了一些可行方法。根据人群密度特征提取与表征方法的不同，可将这些方法分为三类。

(1)基于像素分析的方法。该类方法通过获取图像的一些局部统计信息，作为表征人群密度的特征，用以实现人群人数和密度估计。其基本方法可以概括为：首先，对图像进行背景、前景分割；然后，对前景图像进行像素级统计，可以采用简单统计方法，例如统计前景像素点个数等，也可以采用复杂统计方法，例如马尔科夫随机场等。基于像素分析的方法一般比较简单，计算量较小，当人群密度较低时，估计效果较好，当人群密度较高时，由于严重遮挡等原因，估计效果较差。

(2)基于纹理分析的方法。1998年，A. N. Marana提出了一个基于纹理分析的人群密度估计算法，其基本思想是将人群图像作为纹理来处理，认为不同密度的人群图像对应着不同模式的纹理，高密度人群具有较细的纹理模式，而低密度人群则具有较粗的纹理模式。因此，通过对人群图像进行纹理分类，便可实现密度估计。由于纹理特征是图像的整体特征，是对图像全局信息的描述，因此，该类特征具有较好的类别区分能力。基于纹理分析的人群密度估计方法，一般由纹理分析、特征提取、纹理分类、人群密度识别几个步骤组成。基于纹理分析的方法对高密度和低密度情况均有较好的效果，但是其计算量较大，并且，当背景比较复杂时，对中密度人群估计误差较大。

(3)基于目标分析的方法。该类方法通过更为精确的估计个体人数，来实现人群密度估计。具有代表性的有S. F. Lin和V. Rabaud等人的工作。就目前计算机视觉和模式识别技术的发展水平而言，该类方法不适用于人群密度较高情况，因为它们无法处理严重遮挡等问题对目标分割所带来的困难。对于中高人群密度情况，该类方法所面临的问题在近阶段内也很难解。

交通枢纽是多种交通运输方式的集结点，其客流量大，服务水平低，因此，要求基于视频的客流统计方法必须具有检测精度高、处理速度快的特点。采用像素分析结合纹理分析的视频客流密度检测方法可以保证不同密度情况下的检测精度和图像处理速度，实现交通枢纽的实时客流密度统计和决策预警。

2）行人流量检测

目前，基于视频的行人流量统计大致有两种方法。

(1)采用检测加跟踪相结合的方法。该类方法通常都有一个预处理过程，在预处理过程中，提取出运动区域，然后在运动区域上检测行人。常用的检测方法有基于投影直方图的分割方法，基于模板匹配的方法和基于统计分类（训练一个分类器）的方法。基于投影直方图的方法,首先采用背景建模提取出前景区域,进一步阈值化得到前景二值图像,然后对此图像进行竖直方向投影,得到一个关于图像宽度和像素累积值的直方图,然后根据直方图的极值点来分割行人。这种分割方法的优点是简单快速,但缺点也很明显,在人群较为密集的情况下,得到的结果可信度不高;基于模板匹配的方法,如由 Gavrila 等人基于轮廓的分层匹配算法,为了解决行人姿态问题,构造了接近 2500 个轮廓模板对行人进行匹配,采用由粗到细的匹配策略来提高速度;基于统计分类的方法通过对训练数据的学习,得到一个分类器,检测就转化为一个分类问题。总结起来,该方法可分为两个步骤,第一步是运用背景差分、帧间差分、光流或统计学习等方法从图像中检测出人体,第二步是卡尔曼滤波、Mean-shift 或 Condensation 等方法跟踪检测出的人体,实现行人流量的统计。该方法目前的应用较广,当前的行人检测热门方法几乎都属于此类,但是由于该方法是基于行人个体检测的基础上统计行人流量,因此,当行人密度较大、遮挡严重时,该方法的识别和统计能力较差。

(2)基于特征点跟踪的方法。首先识别出图像中的特征点,并对特征点进行跟踪,得到点的路径信息,然后根据路径信息对点聚类,识别出不同的目标,最终实现行人流量的统计。基于特征点跟踪的方法是当前一种较为新颖的方法,它的优点是在人流密集情况下依然有较好的检测精度。基于特征点跟踪的方法鉴于交通枢纽人流密度大、遮挡严重的特点,采用特征点跟踪的方法可以保证对行人流量统计高精度的要求。因此,基于特征点跟踪检测行人流量的方法是进行交通枢纽流量统计的发展方向。

3)异常事件检测

交通枢纽除了担负引导疏散客流的职责,也担负着保证乘客人身财产安全的重要责任,因此,加强对枢纽内的安全监控,特别是关键区域的安全监控是十分必要的。采用智能化的视频分析手段,可以对枢纽内行人的异常行为及异常物件进行识别,实现保证交通枢纽运营安全的目的。

在交通枢纽内,异常事件可分为两类:一类是枢纽内行人的异常行为,包括徘徊、越界、跌倒等,另一类是枢纽内出现的各种异常物件(如爆炸物等)。前者易造成人员拥挤、踩踏等安全事故,后者则可能会直接对枢纽内乘客的人身安全造成威胁。对于行人异常行为的识别一般借助于行人流量检测中的特征点追踪的方法,而对于异常物件的识别则借助于行人密度检测中的背景建模及背景差分的方法。

借助于行人流量检测中的特征点追踪的方法,可对枢纽内各个行人的运动轨迹进行追踪和记录。行人异常行为检测算法主要研究如何通过运动轨迹判断行人的徘徊、越界、跌倒等异常行为,异常行为的识别采用无监督的学习方法,即自动对当前视频进行学习和总结,建立相关模型和准则,区分正常行为(正常行走)和异常行为(徘徊、越界、跌倒)的差别。

借助于行人密度检测中的背景建模及背景差分的方法,可对枢纽内的异常物件进行识别。异常物件检测算法是指如何从背景图像出检测异常物件,异常物件的识别采用监督学习方法,即人为对异常物件的属性进行预定义,当异常物件的放置时间或地点符合预定义标准时便进行报警。

4) 对机动车的信息采集

通过视频识别技术,在枢纽合适位置安装摄像机,利用视频检测公交车在枢纽的运行状态,包括进出、车速、加减速、轨迹等信息,对公交车的安全运行状况进行检测预警,同时利用机动车内安装摄像机,对机动车(公交、地铁)的满载率情况进行检测,得到车内剩余运能和拥挤状况等信息。

3.2.3 基于射频技术的信息采集

3.2.3.1 射频识别技术介绍

RFID(Radio Frequency ID)射频识别是一种非接触式的自动识别技术,它通过射频信号自动识别目标对象并获取相关数据,识别工作无须人工干预,可工作于各种恶劣环境。RFID技术可识别高速运动物体并可同时识别多个标签,操作快捷方便。

对于RFID目前存在两种不同的认识,广义认为RFID为低频RFID,作为身份识别使用,而对于中高频RFID,则归类于短程通信范畴。

射频识别技术主要特点:

(1) 操作方便,工作距离长,较低功耗,可以实现对移动目标的识别;

(2) 无硬件接触,避免了因机械接触而产生的各种故障,使用寿命长;

(3) 射频识别卡无外露金属触点,整个卡片完全密封,具有良好的防水、防尘、防污损、防磁、防静电性能,适合恶劣环境条件下工作;

(4) 无线传输的数据都经过随机序列的加密,并有完善、保密的通信协议,卡内序列号是唯一的,在卡出厂前可将此序号固化,安全性高;

(5) 设置防碰撞机制,可实现同时对多个移动目标的识别。

最基本的RFID系统由三部分组成:

(1) 标签(Tag)由耦合元件及芯片组成,每个标签具有唯一的电子编码,附着在物体上标识目标对象;

(2) 阅读器(Reader)用于读取(有时还可以写入)标签信息的设备,可设计为手持式或固定式;

(3) 天线(Antenna),即在标签和读取器间传递射频信号。

目前,RFID技术也正被RFID产业界大力推入交通运输领域,并试图扩展该技术在交通运输领域的应用。而且交通运输领域对自动识别和数据采集技术有需求的部门、单位对RFID技术也产生了兴趣,并且想对这项技术进行应用尝试。作为物联网的一项基础性技术,RFID技术在交通领域中的应用方向很多,除了一些已经明确的方向外(如运输工具管理、客货运场站管理、港口管理、城市公共交通、货物与集装箱跟踪、海事管理、从业人员管理、高速公路多路径识别)外,还有很多有待研究和确定的应用方向。换言之,RFID技术在交通领域从交通运输部、省市交通管理部门到企业,都有着广泛的应用潜能,包括电子政务领域、智能交通领域、运输/物流领域等。

3.2.3.2 基于射频识别技术的枢纽交通信息采集

(1)行人定位:利用RIFD可以追踪行人运动轨迹信息,记录人员到达指定位置的时间,综合分析这些轨迹数据,可以定量描述人员在区域活动的多种规律,如:路径选择、滞留时间、通过主要交通设施的时间和行走速度等。

(2)身份识别:通过RIFD技术可以进行身份识别,在枢纽内部部分禁止行人进入或者指定工作人员进入的场所,可利用RIFD门禁系统,每个人都有独一无二的个人身份识别门禁标签,允许门禁控制系统快速确认或拒绝人员的进入。

(3)换乘信息感知:通过将RIFD芯片内置于公交IC卡中,可快速定位枢纽乘客行走轨迹,感知枢纽换乘乘客运行轨迹,流量等信息。

(4)列车定位和到发车感知:通过RIFD技术实现对枢纽内部车辆定位与跟踪,准确、及时、可靠地获得列车的位置信息,以判断其距前方列车尾部或者枢纽站的距离,从而提前感知列车的到发站时间,通过控制技术来实现枢纽内部协同换乘等。

(5)枢纽环境信息感知:通过RIFD技术实现对环境、气候和通风条件等因素的变化的实时感知,通过设置温度、湿度、通风等无线感知标签,采集和传送相应的数据至枢纽控制中心,达到实时的监控。

3.2.4 其他信息采集技术

3.2.4.1 基于蓝牙技术的交通信息采集技术

蓝牙技术是一种无线数据与语音通信的开放性全球规范,它以低成本的近距离无线连接为基础,为固定与移动设备通信环境建立一个特别连接的短程无线电技术。其实质是要建立通用的无线电空中接口及其控制软件的公开标准,使不同厂家生产的便携式设备在没有电线或电缆相互连接的情况下,能在近距离范围内具有互用、互操作的性能,代替固定与移动通信设备之间的电缆,实现相互之间的连接。

1)蓝牙系统的构成

(1)蓝牙芯片。

蓝牙技术的核心是一个8mm×8mm的蓝牙芯片,由一组微晶片构成,晶片内嵌入无线通信协定,可进行简单的数码信息处理,让不同的蓝牙产品交换资料。整个蓝牙系统分为无线射频单元、链路控制单元、链路管理单元和软件协议单元4个功能组块。

(2)无线通信技术。

蓝牙技术使用了多项关键的无线通信技术。跳频扩谱技术是蓝牙使用的关键技术之一,其目的是为了避免使用同一频段的其他通信设备的干扰,它将2.4GHzISM频段划分为79个子频段。蓝牙系统既可以实现点对点连接也可以实现一点对多点连接。在一点对多点连接的情况下,信道由几个蓝牙设备分享蓝牙技术结合了电路交换与分组交换的特点,使用时分多址(TDMA)的调制技术。

2)蓝牙技术在枢纽中的应用

蓝牙技术通过点对点的点位技术,对枢纽内部的行人进行实时定位,可以保证较高的数据传输速率,同时也可以降低其他无线通信设备的干扰。蓝牙技术同时也以轻、小、薄为目标,能将蓝牙技术整合在单芯片中,达到低功耗、低成本的目的。

3.2.4.2 基于手机SIM卡信息采集技术

利用手机被动定位(Cell-ID定位法)产生的信令数据,通过分析地铁乘客在地铁系统内部的手机信令数据,研究乘客出行规律,实现乘客出行路径及换乘的精确识别。

1)无线通信位置信息产生原理

处于待机状态的手机通过基站(Base Station BS)与无线通信网络保持联系,无线通信网络对手机所处的位置区(Location Area)信息进行记录,在用户拨打电话和接听电话时根据所记录的位置区信息可通过呼叫路由选择找到手机,建立通话连接,位置信息都以数据库的形式存储在来访用户位置寄存器(VRL)中,在正常情况下,当移动台(MS)发生以下事件时:

(1)需要使用网络通信时,如主叫、被叫、发短信、收短信、开、关机;

(2)周期性位置更新,即长时间没有上报位置信息时;

(3)小区切换,即在移动中打电话切换了所使用的基站时;

(4)正常位置更新,即在待机状态下跨越了位置区时。

会向寄存器上传信息(包括上传的时间、事件编号、所用的基站编号即Cell-ID),称为位置点信息,若没有发生以上事件,移动平台(MS)会以一定的时间间隔自动上报信息置寄存器(VRL)中。

2)乘客换乘路径辨识流程

基于手机定位信息的枢纽地铁出行乘客换乘路径辨识算法流程主要包括数据过滤预处理、基站与地铁站点匹配、路径有效性判别等步骤。

(1)数据过滤。数据过滤包括两部分内容:一是无效数据过滤,初始手机信令数据可能包含一些错误的无效数据,进行分析之前应进行剔除处理;二是地铁出行用户数据过滤,结合地铁基站数据库,将出行用户中不包含地铁出行的过户提前过滤,减少后期计算工作量。

(2)基站与地铁站点匹配。基站与地铁站点匹配是出行路径辨识的核心算法,主要包括进地铁站点辨别、换乘站点辨别、出地铁站点辨别。

(3)地铁路径有效性判别。经基站与地铁站点匹配后,可初步得到地铁出行进入地铁站点(起点)、换乘站点、离开地铁站点(迄点)。但在实际数据条件下,由于无线通信网络数据采集不稳定等因素,可能存在信令数据丢失,导致无法匹配合适站点作为进入地铁、线路换乘、离开地铁的站点,因此,需对匹配站点进行有效性检验。检验方法包括两种:

①出行进、出站点(起迄点)完整性检验;

②换乘站点合理性检验。

3)应用的局限性

基于手机 SIM 卡的数据采集技术的运用也面临不少问题,在数据来源方面,公众对手机数据隐私性的担忧是一个很重要的问题;在使用过程中,因为数据过滤而造成的抽样率差异,这些是以后在研究过程中需要解决的问题。

3.3 客流检测设备采集能力测试及适用性分析

客流检测设备是枢纽动态信息采集系统的重要构成,目前,基于图像识别、红外、雷达等技术的客流检测产品已广泛应用于商场、公园、体育场馆等人群集聚场所,为密集人群的交通组织及应急管理提供了有力的数据支撑。但是,综合客运交通枢纽客流密度大,现有的客流检测设备在高密度环境下的检测精度能否满足客流监测的需要还有待检验。因此,为了选取适用性强、精度高的客流监测设备,科学监测高密度、多方向的密集客流,本书选取了西单、大望路、国贸等重要轨道交通换乘站,对市场上较为主流的客流监测设备的精度进行了测试。

测试目的是在枢纽站密集行人环境下,检测市场上主流的客流检测设备的检测精度。通过对测试结果的对比分析,对市场主流客流检测设备在轨道交通密集客流环境的适用性进行分析,为综合客运交通枢纽密集客流检测设备的选型提供依据。

本次测试使用的客流检测设备分别为视频分析设备、激光扫描设备、红外检测设备和图像融合设备。

3.3.1 测试地点

测试共选取西单、大望路、国贸三个轨道交通站进行测试:其中,西单站以 1 号换乘 4 号线的换乘通道内客流量为检测对象;大望路站以 B 口出站闸机处的客流为检测对象;国贸站以 1 号线换乘 10 号线的换乘通道内的客流为检测对象。

3.3.2 测试方法

本次测试将各设备的检测数据与标准数据进行对比,进而分析各设备不同统计指标下的检测精度。

本次测试的标准数据主要有两类。

(1)AFC 闸机统计数据。AFC 闸机能够准确记录刷卡乘客的交易时间,从而能够获取任意时段的客流统计数据。大望路站对比测试使用的是标准数据位 AFC 闸机统计数据。

(2)视频统计数据。利用视频客流检测设备采集到的视频数据,采用人工统计的方法获取标准数据。该类标准数据用于西单、国贸站的对比测试。

3.3.3 测试指标

检测客流密度大、通道宽、客流方向多样的情况下,各类客流监测设备在不同时段尤其是高峰时段的客流监测精度。具体测试指标如下:

(1)长时段精度。包括全天客流总量、早晚高峰 3 个小时客流总量、早晚高峰 1 小时统计间隔等指标的检测精度。其中早高峰 3 个小时为:6:00~9:00,晚高峰为:17:00~20:00。

(2)短时段精度。包括 15min 统计间隔、2min 统计间隔或 1min 间隔等指标的检测精度。

(3)数据稳定性。对各类设备的统计误差进行方差分析,判断误差数据的稳定性。

3.3.4 测试结论

1)测试精度排序

表 3-1 为国贸站统计精度排序。在高密度客流量情况下,各种时段的客流统计精度均是激光扫描设备最高,视频分析设备次之,图像融合设备精度最低。

国贸站检测客流统计精度排序　　　　表 3-1

设备类型 时段统计	图像融合设备	激光扫描设备	视频分析设备
3h 客流总量	3	1	2
1h 统计间隔	3	1	2
15min 统计间隔	3	1	2
2min 统计间隔	3	1	2
误差稳定性	1	2	3

表 3-2 为西单站统计精度排序。在中等客流量情况下,各种时段的客流统计精度均是视频分析设备最高,激光扫描设备次之,红外检测设备精度最低。

表 3-3 为大望路站统计精度排序。在中等客流量情况下,各种时段的客流统计精度均是激光扫描设备最高,视频分析设备次之,红外检测设备精度最低。

第3章 动态交通信息采集设备选型

西单站检测客流统计精度排序 表3-2

时段统计 \ 设备类型	红外检测设备	激光扫描设备	视频分析设备
3h 客流总量	3	2	1
1h 统计间隔	3	2	1
15min 统计间隔	3	2	1
2min 统计间隔	无数据	2	1
误差稳定性	3	2	1

大望路站检测客流统计精度排序 表3-3

时段统计 \ 设备类型	红外检测设备	激光扫描设备	视频分析设备
3h 客流总量	3	1	2
1h 统计间隔	3	1	2
15min 统计间隔	3	1	2
2min 统计间隔	无数据	1	2
误差稳定性	2	1	3

综合分析以上测试结果,将各类设备检测精度进行排序,如表3-4所示。

各类设备检测精度排序 表3-4

设备类型	站点	检测精度	检测精度排序	误差稳定性	排序
图像融合	国贸	-70.40%	3	1	
红外检测	西单	-33.81%	3	3	3
	大望路	-25.72%	3	2	
激光扫描	国贸	-0.67%	1	2	
	西单	6.34%	2	2	1
	大望路	2.98%	1	1	
视频分析	国贸	-11.84%	2	2	
	西单	4.28%	1	1	2
	大望路	6.58%	2	3	

2)测试结论

通过上述测试结果可知:

(1)激光扫描设备精度较高,能够达到近95%的客流量检测精度,视频分析设备精度次之,低密度客流量检测误差相对较大,超过10%,高密度客流量检测精度较高,接近95%,图像融合及红外检测设备误差较大,基本不适用于综合客运交通枢纽密集行人环

境下的客流检测;

(2)在考虑客流量检测精度的前提下,还要重点考虑检测设备的检测误差稳定性,可以看出,检测精度较高的激光扫描和视频分析设备均具有较高的误差稳定性,但视频检测设备低密度客流量情况下误差稳定性偏低;

(3)相对于其他检测设备,视频分析设备不仅能够得到客流量数据,还能够获取直观的客流运行状态影像,并可分析得到检测区域的客流密度,具有更强的适用性。

3.4 监控节点设备选型方案

不同节点的设施种类、客流特性不同,所需要检测的信息种类不同,因此,采集设备的布局方法和种类不尽相同。

如前文所述,枢纽实时交通信息包括很多方面,不仅包括直接的行人交通流及换乘客流信息,还应包括影响客流的各类事件信息及机动车信息。另外,还可对客流密集场所的环境进行监测。因不同地点、不同设施种类的客流特性不同,其监控的客流及事件信息侧重有所不同。下面结合不同种类交通设施分析其监测信息需求和采集设备选择。

行人步行类设施是提供客流步行的最主要场所,各个设施都有相应的最大通行能力,易受到大客流的冲击而产生常发性拥挤,监测该类设施的主要信息种类为交通流三要素:密度、流量、速度。步行类设施的行人事件多为异常奔跑、非法逆行,打架斗殴等,突发交通拥挤,可采取视频自动识别技术采集相关事件信息。对于起换乘作用的步行类设施,还需要采集乘客换乘信息,建议可采取射频技术与IC卡结合或手机SIM信息采集技术采集换乘信息。

衔接类设施为综合客运交通枢纽的出入口、楼梯与自动扶梯的登降区等,由于不同设施的乘客交通流特性及通行能力的差异,多是瓶颈区域,易发生常发性拥挤,因此,衔接类设施的通行能力对该类设施安全影响大,同时衔接类设施处的客流量是枢纽自身客流量统计的重点,此类设施采取信息除了密度外,更需精确地采集客流量信息,因此根据本书前面采集设备能力测试的结论,建议选择视频和激光设备相结合的设备布设方法。

交通服务类设施多为提供枢纽行人服务的地点,行人基于处于排队或者等待状态,排队长度、等待时间、等待区域密度等决定了枢纽内部的服务效率,是该类节点需要采集的重点信息,同时在该类设施易发生徘徊、非法插队、打架斗殴等事件行为,建议可采取视频检测设备采集排队长度、排队区域密度及各类异常事件等信息,同时可通过射频技术或者蓝牙技术采集行人定位、检测等待时间、行人轨迹等信息。

对于机动车到发车信息感知监测建议可采取射频技术,通过RIFD技术实现对枢纽内部车辆定位与跟踪,准确、及时、可靠地获得列车的位置信息,以判断其距前方列车尾部或者枢纽站的距离,从而提前感知列车的到发站时间。

行人交通服务环境的监测可通过 RIFD 技术,设置温度、适度、通风等无线感知标签,采集和传送相应的数据至枢纽控制中心,达到实时的监控。

枢纽内部不同监测关键节点的多源信息采集需求和设备选型如表 3-5 所示。

基于多源信息需求的不同关键节点设备选型　　　　表 3-5

关键节点分类	监控地点	监控信息需求	监控设备选取
行人步行类设施	步道、自动步道	密度、流量、事件	视频
行人步行类设施	楼梯、自动扶梯	密度、流量、事件	视频
行人步行类设施	换乘通道	密度、流量、事件、行人轨迹、换乘量	视频、RFID 与 IC 卡结合、手机 SIM 技术
衔接类设施	枢纽的出入口	流量	激光或视频
衔接类设施	楼梯与自动扶梯的登降区	密度、流量	视频
衔接类设施	列车登降口	流量	激光或视频
交通服务类设施	人工及自动售票	排队长度、服务时间	视频、RFID、蓝牙
交通服务类设施	安检区域	排队长度、服务时间	视频、RFID、蓝牙
交通服务类设施	站台区域、站厅交织区	密度、等待时间、等候人数、事件信息	视频
机动车	地铁	到发时间、满载率	RFID、视频
机动车	公交	到发时间、满载率、加减速、停车区域	RFID、视频
环境的监测	枢纽供暖通风设施	温度、湿度、通风、空气质量	传感器
环境的监测	空气	温度、湿度、通风、空气质量	传感器

第4章 客流监测设备优化布局方法

4.1 交通检测器布设方法概述

由于定量化、智能化采集行人交通流参数的检测设备应用较少，国内外学者对于综合客运交通枢纽等密集行人环境下的交通检测器布局方法的研究也相对较少。现有研究主要针对高铁枢纽等人流量较大的公共设施，研究对象多是视频监控系统，布设方法以定性化的经验布设为主，主要用于人流密集区域的安防控制，对枢纽交通检测器的布设借鉴意义较少。

高速公路、城市道路机动车检测器布设方法多用于推算路网OD或路段交通流参数，研究对象多为基本路段，交通流参数关系相对稳定，但交通枢纽内部空间布局复杂，行人交通流特性复杂、多变。现有的检测设备布设方法不适用于密集环境下的行人交通流参数的检测。因此，借鉴已有的机动车检测设备布设，针对综合客运交通枢纽内设施种类多样、行人密集的特点，构建枢纽交通检测设备的布设方法，具有十分重要的应用价值。

在机动车交通信息采集系统中，针对不同的应用目的存在不同的检测器布设方法，下面分别介绍几种机动车检测器布设方法，并将其进行分析比较。由于目前行人交通流参数的采集设备仅能够进行固定地点的交通流参数采集,因此本章以总结回顾现有的固定型交通检测器布设方法为主。

4.1.1 经验布设法

目前,经验布设法仍是较为常用的检测器配置方法。在道路监测和事件检测系统中一般从以下几个方面依靠常规经验定性地考虑检测器的空间布置问题:

(1)道路车道数。一般来说应在检测点的每一个车道上都装上检测器,有几条车道就应该装几个检测器。

(2)检测算法所要求的检测参数也会影响检测器的布置。如果仅要检测交通量、占有率这两个交通参数,每条车道安装单行环形检测器即可,如果要求速度这个参数,就要每条车道安装双环形线圈检测器。

(3)检测器的布置与交通事件发生的频率有关。如果某一路段经常发生交通事件,安装的检测器密度就应该大一些,甚至要安装视频检测器。在正常平直的高速路段上,一般每隔500~1000m安装一个检测器即可。

(4)检测器经常和视频监测相互配合使用。在交通事件多发地点,需要用摄像机进行监视作为交通事件的验证手段。

经验布设仅对检测器的空间布置进行了定性的规定,没有定量分析检测器布置的密度对准确地体现道路交通网络交通流运行特征的影响。因此,一般而言,需要借助仿真分析的方法对布设方案进行定量化的评估。

4.1.2 仿真分析法

仿真分析法通过建立实际道路网的仿真模型,通过仿真结果评估来确定检测器的布置方案。研究思想是首先提出多种检测器的布置方案,然后通过大量的仿真模拟试验,得到不同检测器布置方案下交通参数估计及预测的精度或其他交通模型的效果,最后根据交通系统的应用需求来确定检测器的布置方案。

4.1.3 基于行程时间检测的布设方法

在实际的道路网络中,路段的行程时间参数能够真实、直观地反映交通流的运行特征。由于检测器提供的是地点交通流参数数据,如果能够建立起地点交通流参数数据、检测器间距与路段行程时间之间的相关关系,则可以通过调整检测器之间的距离来提高路段行程时间估计的精度。因此,检测器空间设置密度优化的基本思想是:先给定若干种检测器空间布设的方案,运用检测器采集到的地点交通流参数数据估计路段的区间平均车速,进而估计出路段的平均行程时间,然后分析行程时间的估计值和行程时间实际值之间的差异,当估计误差不超过预定的误差标准时,可以认为这类检测器的空间布置方案能够满足行程时间估计精度的要求。其中检测器设置间距最大的方案就是最合理的方案。

4.1.4 相似性分析法

此类方法主要是通过对路网中各路段交通流量参数之间的相似性分析,得出各路段交通流量之间的对应关系,然后确定布置固定检测器的关键路段。常用的分析方法包括聚类分析、主成分分析、线性规划和多目标优化等。

4.1.5 基于 OD 估计的布设方法

利用数学优化模型及启发式算法确定检测器的数目,一般用于推算整体或局部路网的 OD 量。周晶等分析了 OD 矩阵估计效果与检测点分布之间的关系,并且归纳出了选择检测点需要遵循的原则,在已知 OD 对间有效出行路径的条件下,建立了确定最佳检测点的数学规划模型,提出了有效的启发式算法;Yang 等提出了基于 Screen-line 方法的检测器布设模型及运算法则,分析了在给定检测器数量条件下如何布设能覆盖最多的 OD 对以及能覆盖所有 OD 对的检测器最佳数量及布设位置;Minguez 等提出了不同情况下用于推算 OD 信息的检测器最佳布设方法;张琦在描述交通流的时变特性,静态、动态路网中 OD 矩阵与路段交通流量之间的关系及由路段交通流量观测值进行 OD 估计方法的基础上,提出了基于 DTA 的动态 OD 估计方法的交通检测器布置原则,并建立了相应的数学模型,最后对数学模型的求解方法进行了研究,采用遗传算法对模型进行求解。

4.2 综合客运交通枢纽监测关键节点确定

综合客运交通枢纽内部客流监测的主要目的是及时、准确的发现客流拥挤或异常事件,为相应的应对措施的实施提供决策支撑。一般而言,客流监测设备应主要布设于可能发生客流拥挤的设施或区域处,可称之为客流监测的关键节点。但大多数的综合客运交通枢纽内部空间布局复杂、设施类型多样,大范围的布设客流监测设备既不经济也不现实。而且,目前依靠监控人员人工识别客流拥挤或异常事件仍是综合客运交通枢纽客流状态监控的主要手段,面对数量众多的监测设备,如何确定一个合理的监测顺序(如视频画面切换顺序)也是一个比较棘手的问题。因此,综合考虑综合客运交通枢纽设施布局、客流时空分布规律以及客流组织方案的影响,结合客流监测的实际需要,确定客流监测的关键设施或区域是进行客流监测设施优化布局及日常监控工作的关键环节。

本节在综合考虑不同类型行人设施的行人交通流特性以及行人活动目的的基础上,依据不同类型设施的客流需求及其对综合客运交通枢纽交通运行的影响,明确需要重点监测的设施类型,提出了综合客运交通枢纽监测备选节点简图的构建方法;进而从客流分担率、时间分布、拥挤程度等三个角度构建了监测备选节点重要度评价指标体系,并基于灰色关联、TOPSIS 及变权理论,构建基于灰色关联模型的综合客运交通枢纽监测节点重要度排序计算方法。

4.2.1 监测备选节点简图构建

通过前面的分析可知,综合客运交通枢纽内需重点监测的行人区域或设施为:行人步行类设施、衔接类设施以及交通服务类设施,也可统称为监测备选节点。对于不同的综合客运交通枢纽,可以依据设施布局和客流流线组织,将综合客运交通枢纽几何空间内的行人设施抽象为监测备选节点简图,步骤如下:

(1)依据行人设施分类,分别采用不同的符号代表不同的行人设施,如行人步行类设施(◊)、衔接类设施(⊗)、交通服务类设施(□)。

(2)依据客流流线组织,采用交通流线将不同类别的行人设施进行关联,形成监测备选节点简图。

4.2.2 基于仿真分析的监测备选节点重要度评价体系

监测备选节点重要度评价是综合客运交通枢纽客流监测关键节点识别的重要内容,节点重要度评价指标的选取要遵循直观性、便利性、敏感性及可靠性等原则,尽可能地选取定量化的评价指标,以便能够以较为灵活的时间颗粒度,精确地体现不同备选节点的客流状态及其对综合客运交通枢纽整体运行状态的影响。但综合客运交通枢纽内部布局复杂,设施种类及数量众多,全面、系统的采集客流及相关信息既不经济也不现实。特别是对于处在规划、在建、改扩建阶段的综合客运交通枢纽,设施布局、客流需求及客流组织方案等关键的约束条件仍未确定,实际的客流运行状态数据无法获取,难以直接以实际客流量进行节点重要度排序。

仿真方法是通过计算机辅助技术模拟复杂的交通现象,在预测的基础上将实际交通状况重现,进而进行分析、评价和优化等工作。通过仿真模型分析,能够直观地发现交通系统中可能存在的问题,对服务水平和通行能力进行定量化的评价,进而通过优化改善,提出能够满足需求的交通规划或交通组织方案,为决策者提供决策依据。

行人交通仿真技术作为一种分析工具,已经在综合客运交通枢纽、客运交通枢纽的设施规划与设计、客流组织、运营管理等领域得到了广泛的应用。基于合理的参数标定,成熟的行人仿真软件不仅能够直观地展现交通运行状况,而且能够精确记录行人的速度、加速度、坐标等个体交通行为数据,为行人交通系统运行状况的定量化评价提供有力的数据支撑。因此,本书以 LEGION 行人交通仿真软件为基础,结合综合客运交通枢纽客流监测关键节点识别的实际应用需求,以行人仿真工具输出结果为基础数据,构建了基于行人仿真分析的综合客运交通枢纽监测关键节点重要度指标体系,为监测关键节点的识别提供支撑。

4.2.2.1 LEGION STUDIO 2006 行人仿真平台简介

LEGION 人流模拟软件被业内认为是目前最有效的行人仿真与分析工具,广泛用于综合客运交通枢纽、比赛场馆、机场和大型活动等人流聚集区域的步行人流模拟。该软件在 2000 年悉尼奥运会、2004 年雅典奥运会、2008 年北京奥运会、伦敦申奥、纽约地铁规划和香港地铁站规划等项目中得到广泛的应用,收到了非常好的效果。同时,LEGION 公司在北京、上海等城市采集了大量的步行人流数据,提供了针对中国地区的步行人流行为特性,因此更能够真实地反应中国行人特别是通勤交通行人的交通行为。

LEGION 行人仿真软件以 Agent 模型为基础,采用连续化仿真空间,以"最小费用"为移动决策的基本原则,行人移动受到行人自身交通行为参数、目的地、行走设施环境及周边行人行为的影响,每一步决策综合考虑路径、速度、舒适度等因素,以达到"最小费用"。LEGION 2006 是以 Agent(行为者)为核心技术的行人仿真平台,是基础模型最前沿的应用。

LEGION 软件能够详细记录行人个体的移动轨迹,可以精确计算单个行人的交通行为参数及人群的宏观交通流特性,进而以图、表等直观、翔实的方式输出结果,并通过对一些重要输出参数进行统计进行服务水平的评价。其中舒适度指标是由行人行走过程中周围人群的拥挤程度所决定的;不方便度指标是由乘客的行走连续性决定;沮丧度是指乘客行走路径与理想路径的差异性大小即路径的弯曲程度决定。其主要输出参数如表 4-1 所示。

LEGION 参数输出表　　　　　　　　　　　表 4-1

输出形式	输出参数	服务水平指标
分布图(Map) 图表(Chart) 表(Table)	进、出流量 瞬时客流量 断面流率 速度 个体、空间密度 旅行时间 广义费用 行走距离	平均步行时间 最大排队长度 平均密度分布 最大密度分布 舒适度 平均步行速度 不方便度 沮丧度

4.2.2.2 节点重要度评价指标体系

客流监测备选节点的重要度评价指标不仅要能够反映行人设施自身的客流运行状态,还要能够反映行人设施的客流拥挤对综合客运交通枢纽整体运行的影响。因此,依据综合客运交通枢纽客流监控的实际需求,应从以下三个方面评价监测备选节点的重要度。

①客流分担率。

客流分担率能够直观体现监测备选节点的客流状态对综合客运交通枢纽整体运行状态的影响。监测备选节点的客流分担率越高,发生客流拥挤时,其对综合客运交通枢纽整体运行状态的影响越大。因此,备选监测节点的客流分担率与其重要度成正比,客流分担率越高,节点重要度也就越高。

②客流时间分布均匀度。

综合客运交通枢纽内部,不同行人设施客流需求的时间分布有明显的差异性。乘客所采用的交通工具的到达规律直接决定了客流需求的时间分布规律。例如,采用步行或小汽车出行的乘客,其到达综合客运交通枢纽的时间规律随机性较强,无明显的波动。但是,采用公共交通出行的乘客,其到达综合客运交通枢纽的规律与公共交通工具的运行时刻表紧密相关,因此,采用公共交通工具换乘的客流会出现集中到达的现象,客流需求也具备明显的波动性。在总量相同的情况下,客流需求的波动性越高,短时间内对行人设施的冲击压力也越大,相应地形成客流拥挤的概率也就越高。即备选监测节点的客流时间分布均匀程度与其重要度成反比,均匀性程度越低,节点重要度也就越高。

③客流拥挤程度。

客流拥挤程度是行人设施运行状态最直观的体现。客流拥挤程度越高,设施安全隐患越大,必然也是综合客运交通枢纽客流监控的重点。因此,备选监测节点的客流拥挤程度与其重要度成正比,拥挤程度越高,节点重要度也就越高。但是,由于综合客运交通枢纽内的行人设施特别是换乘设施客流需求波动性较大,行人设施的客流拥挤程度也具备明显的波动性,因此,如何确定合理的最小拥挤程度间隔以及采用何种方法得到给定统计时段的设施拥挤程度,是构建客流拥挤相关评价指标时需要解决的关键问题。

因此,根据系统性、直观性、敏感性、可靠性等原则,本书以 LEGION 行人仿真软件的输出参数为基础,在客流分担率、客流时间分布均匀度、客流拥挤程度等三个方面构建了客流监测备选节点重要度评价指标体系,而时间分布均匀度又由客流时间不均衡度及客流高密度分布比例来共同反映。该评价指标体系如图 4-1 所示。

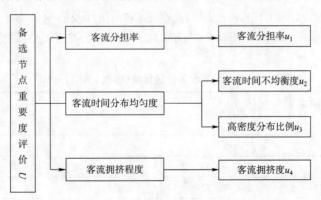

图 4-1 综合客运交通枢纽监测备选节点重要度评价指标体系

1) 客流分担率 u_1

客流分担率是指监测备选节点客流量占综合客运交通枢纽客流总量的比例,其值越

高,表明该监测备选节点的重要度越高,计算公式如下:

$$u_{1(i)} = \frac{q_i}{Q_i} \tag{4-1}$$

式中:q_i——统计期内监测备选节点 i 的客流量;

Q_i——统计期内,监测备选节点 i 的总客流量。

2) 客流时间不均衡度 u_2

该指标反映了监测备选节点客流需求时间分布的均匀程度。客流分布越不均匀,该监测备选节点发生客流拥挤的概率越高,安全隐患越大,相应的重要度也越高。为克服时段划分数量对均匀程度评价的影响,采用 Gini 集中指数这种概括指标来衡量客流时间分布的均匀程度,即通过同均匀分布的比较得到均匀程度指标。根据 Gini 集中指数的定义,最小值为 0,表示监测备选节点的客流分布集中程度最小,均匀程度最大;最大值为 1,表示监测备选节点的客流分布集中程度最大,均匀程度最小,节点 i 的客流时间不均衡度计算公式如下:

$$u_{2(i)} = \sum_{j=1}^{n-1} |f_j - p_j| \bigg/ \sum_{j=1}^{n-1} f_j \tag{4-2}$$

式中:n——统计期内,单位统计时段个数,若统计期为 1h,单位统计时段为 1min 时,$n=60$;

f_j——假设节点 i 的客流随时间均匀分布情况下,前 j 个统计间隔的累积分布比例,$f_j = j/n$;

p_j——实际的前 j 个统计间隔的累积分布比例,$p_j = \sum_{k=1}^{j} q_k \bigg/ \sum_{j=1}^{n} q_j$,计算时需要将统计时段内所有统计间隔的客流量由大到小进行排序。

3) 客流高密度分布比例 u_3

该指标反映了监测备选节点处,受高密度影响的客流占该节点客流总量的比例。可认为处于 D 级服务水平以下的密度即为高密度,本书所涉及的服务水平分级均采用美国《Transit Capacity and Quality of Service Manual-2nd Edition》中给定的设施服务水平分级,如表 4-2 所示。

不同区域行人服务水平分级标准(密度,单位:人/m²)　　　表 4-2

服务水平	适用区域	步行通道	楼梯、电梯	等待区
A		<0.31	<0.54	<0.83
B		0.31~0.43	0.54~0.72	0.83~1.08
C		0.43~0.72	0.72~1.08	1.08~1.54
D		0.72~1.08	1.08~1.54	1.54~3.59
E		1.08~2.17	1.54~2.69	3.59~5.38
F		>2.17	>2.69	>5.38

则节点 i 的客流高密度分布比例指标计算公式为:

$$u_{3(i)} = k_i / q_i \tag{4-3}$$

式中: q_i——统计期内,节点 i 处的客流量;

　　　k_i——统计期内,节点 i 处低于 D 级服务水平的客流量。

4) 客流拥挤度 u_4

区域密度是服务水平分级的主要依据,它也直接体现了拥挤的程度。高密度区域人群集聚是综合客运交通枢纽安全运营的重要隐患。本书将不同服务水平对应的拥挤度进行了划分,如表 4-3 所示。

不同行人服务水平拥挤度对照表 表 4-3

服务水平	拥挤度
A	1
B	2
C	4
D	6
E	8
F	10

考虑不同服务水平对应密度的持续时间及其所影响的客流量,节点 i 的客流拥挤度计算如下:

$$u_{4(i)} = \sum_{j=1}^{n} s_{ij} \cdot q_{ij} / Q_i \tag{4-4}$$

式中: n——统计期内,单位统计时段个数。若统计时段为 1h,单位统计时段为 1min 时, $n = 60$;

　　　s_{ij}——监测备选节点 i 内第 j 个单位统计时段的客流拥挤度;

　　　q_{ij}——监测备选节点 i 内第 j 个单位统计时段的客流量;

　　　Q_i——统计期内,监测备选节点 i 的总客流量。

4.2.3 基于灰色关联决策的节点重要度排序

依据监测备选节点重要度评价指标体系,结合行人仿真计算,可计算出不同备选节点的各类重要度评价指标。但是,由于备选节点的重要度评价包含多种指标,节点重要度的计算或排序实际上是典型的多属性决策问题。

因此,本小节在借鉴多属性决策理论及常用决策方法的基础上,针对原有方法的不足,基于 TOPSIS 和变权理论,提出了适用于综合客运交通枢纽客流监测备选节点重要度排序的灰色关联决策模型。

4.2.3.1 常用的多属性决策方法

1) 简单线性加权法

简单线性加权法是一种常用的多属性决策方法,这种方法根据实际情况,先确定决策属性权重,再对决策矩阵进行标准化处理,求出各方案的线性加权指标平均值,并以此作为各个可行方案排序的判断依据。应该注意的是,简单线性加权法对决策矩阵进行标准化处理时应当使所有的属性正向化。简单线性加权法适用于处理的数据类型为精确数值类型,而且构造的属性集需满足各元素的线性无关性。

2) 层次分析法

层次分析法作为一种系统评价方法,是1973年由美国学者T. L. Saaty最早提出的,它是对非定量因素进行定量化分析的一种简便有效的方法。其基本思路是将复杂的系统问题分解为若干要素和层次,并对同一层次的要素以上一层次的要素为准则进行两两比较、判断和计算,从而获得不同层次要素的重要度,最后得出评价值。这种方法由于涉及的主观成分比较多,因此也存在着一定的局限性。

3) 多元统计法

这种评价方法主要包括主成分分析方法和因子分析法,他们都是将多个相关变量(指标)转化为几个不相关变量的一种多元统计分析方法,其目的是在高维空间中研究样本分布规律问题,通过降维进行简化,并尽量保留原来变量的信息量。不同之处在于,主成分分析法是通过变量变换,关注具有最大变差的那些主成分上,视变差不变的主成分为常数予以舍弃。因子分析法是通过模型把注意力集中在少数不可观测的公共因子上,舍弃特殊因子。这两种分析方法在多指标的综合评价中应用也比较广泛。

4) 数据包络分析法

数据包络分析法(Data Envelopment Analysis,简记为DEA)是一类多投入产出问题方法,它是美国运筹学家A. Chames和W. W. Cooper等人以相对效率概念为基础发展起来的效率评价方法,是运筹学的一个新的研究领域。具体来说,DEA是使用数学规划模型比较决策单元之间的相对效率,对决策单元做出评价。它是研究具有相同类型的部门(或单位)间相对有效性的一种十分有效的方法。DEA特别适用于具有多输入、多输出的复杂系统,近年来其应用范围也比较广泛。

5) 模糊综合评价方法

模糊综合评价是以模糊数学为基础,用模糊关系合成的原理,将一些边界不清、不易定量的因素定量化并进行综合评价的一种方法。它与传统基于概率、统计的评价方法不同,它主要是针对事物对象本身不明确的一类问题而进行综合评价的一种集定性分析与定量分析为一体的常用评价方法。该方法在工程技术、经济管理和社会生活中得到广泛的应用。

6) TOPSIS法

TOPSIS(Technique for Order Preference by Similarity to Ideal Solution)法是由Hwang和Yoon提出的是一种逼近理想解的排序方法。该方法的求解过程符合多属性决策的普遍

规律,也是在构建初始决策矩阵后对其进行规范化处理,其特殊性在于,参照规范化的决策矩阵,找出两个方案,这两个方案分别为最优方案和最劣方案,定义它们为正理想方案和负理想方案,它们的属性值是对各个方案的最极端的组合,也就是将每个方案的最优属性值和最差属性值分别集中到正理想解和负理想解中去,在完成这一关键步骤后,分别计算每个方案离正理想解和负理想解的几何距离,并得到相应的评价值,作为排序的依据。

7) 灰色关联度评价方法

灰色系统理论,是20世纪80年代初期由中国学者邓聚龙教授创立的一门新的系统科学,是近年来产生的一种研究和处理复杂系统的理论,它从信息是否完备的角度出发,将系统分为白色系统、黑色系统和灰色系统,把一般系统论、信息论和控制论的观点和方法延伸到社会、经济、生态等抽象系统,并结合运用数学方法,发展了一套解决信息不完备系统的理论和方法,它不是从系统内部特殊规律出发去研究系统,而是通过对系统某一层次观测资料的数学处理,达到在更高层次上了解系统内部变化趋势、相互关系、控制过程等机制。

灰色理论应用最广泛的是灰色关联度分析,其基本思想是依据关联度对系统排序,就是在确定系统评价对象的评价指标的基础上,运用灰色系统理论的关联分析,计算被评价对象与由各被评价对象的最优和最劣指标构成的参考对象的关联度,根据关联度,对待评价对象进行排序。灰色关联分析评价方法的实质就是比较若干数列所构成的曲线到理想(标准)数列所构成的曲线几何形状的接近程度,几何形状越接近,相应序列之间的关联就越大,反之就越小,序列曲线的相似程度用灰色关联度来衡量。

灰色关联度评价方法是根据灰色理论的关联分析方法改造后提出的一种综合评价方法。灰色关联理论提出的关联分析法是一种因素分析法,是对发展变化着的系统进行发展态势的量化比较分析。目前这种新方法在许多领域都得到了成功的应用。这种方法比较符合监测备选节点重要度评价的特点,因此本书提出了基于灰色关联决策的监测节点重要度计算方法。

4.2.3.2 监测节点重要度排序计算

传统灰色关联决策理论认为,与正理想方案间关联度(正灰色关联度)越大或与负理想方案间关联度(负灰色关联度)越小的方案越优。然而,某个方案的正、负灰色关联度之间并不具有严格的负相关性,也即正灰色关联度的方案,其负灰色关联度未必小。

另外,指标权重往往被设计为常权形式,即权重不随指标值的变化而变化。这样,在由各指标灰色关联系数线性加权得到方案灰色关联度的过程,个别表现较差(与理想值灰色关联较低)的指标,其消极影响很有可能被其他指标所中和或掩盖而不能在方案的灰色关联度中得到客观反映,因此指标间表现极为不均衡(如同时存在最优指标与最劣指标)的方案可能被作为优秀方案选出,造成评价或决策失误。

因此，为全面评价各候选方案的优劣性，必须同时考察其与正、负理想方案间的关联关系，方可得出审慎、可靠的决策结论。TOPSIS 方法给出了可资借鉴的思想，该方法通过构造相对贴近度指标，综合考量各方案与正、负理想方案间的欧氏距离，完成优选决策。基于该思想，将各方案与正、负理想方案间的灰色关联度集成为灰色关联——贴近度，并将变权理论引入模型指标权重设定和正、负灰色关联度计算，以全面反映方案真实状况和人们的均衡决策要求。下面具体介绍基于变权和 TOPSIS 方法的灰色关联决策模型的建模与实施步骤。

1) 构造多属性决策矩阵

设多属性决策问题有 m 个候选方案或评价对象组成方案集 $N = \{N_1, N_2, \cdots, N_m\}$，$n$ 个决策属性或评价指标组成指标集 $U = \{U_1, U_2, \cdots, U_n\}$。

对于客流监测节点重要度排序计算问题而言，候选方案即为不同的备选监测节点，m 即为综合客运交通枢纽内部备选监测节点的个数。依据 4.2.2.2 可知，监测节点重要度评价指标体系中，每个监测节点有 4 项评价指标，因此此处 $n = 4$。假设方案 N_i 对指标集 U_j 的决策样本值为 $P_{ij}(i = 1, 2, \cdots, m; j = 1, 2, \cdots, 4)$，则决策属性矩阵 P 为：

$$P = (p_{ij})_{m \times 4} = \begin{bmatrix} p_{11} & p_{12} & p_{13} & p_{14} \\ p_{21} & p_{22} & p_{23} & p_{24} \\ \cdots & \cdots & \cdots & \cdots \\ p_{m1} & p_{m2} & p_{m3} & p_{m4} \end{bmatrix}$$

2) 数据同向无量纲化处理

由于各指标量纲、数量级和对决策目标的影响方向不同，不能直接进行分析，需要对决策矩阵 P 做同向无量纲化处理，构造标准化决策矩阵 $A_i = (a_{ij})_{m \times 4}$，为降低灰色关联模型计算复杂度，采用极差法处理：

越大越好型指标：

$$a_{ij} = (p_{ij} - \min_{1 \leq i \leq n} p_{ij}) / (\max_{1 \leq i \leq n} p_{ij} - \min_{1 \leq i \leq n} p_{ij})$$

越小越好型指标：

$$a_{ij} = (\max_{1 \leq i \leq n} p_{ij} - p_{ij}) / (\max_{1 \leq i \leq n} p_{ij} - \min_{1 \leq i \leq n} p_{ij})$$

经上述处理得到的是灰色关联分析和变权运算的基础数据：其值越大，指标越优。这与人们的思维习惯相符，经指标标准化后，可得到标准化决策矩阵 A：

$$A_i = (a_{ij})_{m \times 4} = \begin{bmatrix} A_1 \\ A_2 \\ \cdots \\ A_m \end{bmatrix} = \begin{bmatrix} a_{11} & a_{12} & a_{13} & a_{14} \\ a_{21} & a_{22} & a_{23} & a_{24} \\ \cdots & \cdots & \cdots & \cdots \\ a_{m1} & a_{m2} & a_{m3} & a_{m4} \end{bmatrix}$$

3) 确定正、负理想方案

定义 $a_j^+ = \max\limits_{1 \leq i \leq n} a_{ij}$ 为属性 j 的最大值,同样定义 $a_j^- = \min\limits_{1 \leq i \leq n} a_{ij}$ 为属性 j 的最小值,基于 TOPSIS 理论,正理想方案(A^+)、负理想方案(A^-)可定义为:

$$A^+ = \{a_1^+, a_2^+, a_3^+, a_4^+\}$$
$$A^- = \{a_1^-, a_2^-, a_3^-, a_4^-\}$$

4)计算灰色关联系数

为全面考察方案的优劣性,借鉴 TOPSIS 方法思想,选取正理想方案与负理想方案,作为灰色关联分析的两个参考点,同时计算各候选方案与正、负理想方案在所有指标上的关联系数。根据灰色关联理论,方案 A_i 与正、负理想方案 A^+ 和 A^- 第 j 个指标的灰色关联系数 r_{ij}^+、r_{ij}^- 分别为:

$$r_{ij}^+ = \frac{\min\limits_{1 \leq i \leq m} \min\limits_{1 \leq j \leq 4} |a_{ij} - a_j^+| + \rho \max\limits_{1 \leq i \leq m} \max\limits_{1 \leq j \leq 4} |a_{ij} - a_j^+|}{|a_{ij} - a_j^+| + \rho \max\limits_{1 \leq i \leq m} \max\limits_{1 \leq j \leq 4} |a_{ij} - a_j^+|}$$

$$r_{ij}^- = \frac{\min\limits_{1 \leq i \leq m} \min\limits_{1 \leq j \leq 4} |a_{ij} - a_j^-| + \rho \max\limits_{1 \leq i \leq m} \max\limits_{1 \leq j \leq 4} |a_{ij} - a_j^-|}{|a_{ij} - a_j^-| + \rho \max\limits_{1 \leq i \leq m} \max\limits_{1 \leq j \leq 4} |a_{ij} - a_j^-|}$$

式中,$\rho \in [0,1]$,称为分辨系数,这里参考已有研究,取为 0.5。所有 r_{ij}^+、r_{ij}^-($i = 1, 2, \cdots, m; j = 1, 2, \cdots, 4$)构成各方案的正、负灰色关联系数矩阵 $R^+ = (r_{ij}^+)_{m \times 4}$、$R^- = (r_{ij}^-)_{m \times 4}$。

5)基于变权理论确定指标权重

为解决加权求和(亦称常权综合)因权重保持不变而导致决策结果不科学的问题,汪培庄教授首先提出了变权思想。李洪兴教授基于因素空间理论给出了变权和状态变权向量的公理化定义,构建了变权综合决策的一整套公理化体系。之后学者们相继研究了状态变权向量或均衡函数的构造、基于变权效果的状态变权向量选取、多层次变权决策等问题,得到了和型与积型均衡函数、指数型状态变权向量等成果,并将变权理论应用于供应链合作伙伴选择、山区道路安全评价、土地生态安全预警等方面,收到了良好效果。

为使排序结果更好地反映各监测节点重要度的真实状况,并且充分体现排序决策对评价指标体系均衡性的要求,本书在因素权重设定上引入惩罚变权方法。具体步骤如下:

(1)确定各评价指标的基础权重(常权)。常权是进行变权的基础,主要反映决策者对于指标重要性的主观偏好或要求。确定常权的方法有很多,如 Delphi、AHP 法、熵、变异系数等主、客观的赋权法,本书采用变异系数方法计算基础权重,因此类方法的相关研究较多,具体不再赘述,假设得到不同评价指标基础权重向量 $W = \{w_1, w_2, \cdots, w_4\}$。

(2)为各候选方案构造适宜的状态变权向量。实施变权的核心是状态变权向量的选取与构造,应充分考虑现有各类状态变权向量的特点和决策问题对均衡的要求。因指数型状态变权向量具有决策要求体现明显、参数设置灵活、模型扩展能力强等优点,因此,本书借鉴变权理论有关研究成果,为方案 $A_i(i=1,2,\cdots,m)$ 构造状态变权向量 $S(A_i) = \{S_1(A_i), S_2(A_i), \cdots, S_4(A_i)\}$,则:

$$S_j(A_i) = e^{\delta(a_{ij}-1)} \quad (4-5)$$

$S_j(A_i)$ 为方案 A_i 中,属性 j 状态变权。δ 为惩罚水平,直接体现决策对因素均衡性的要求强弱;δ 越大,惩罚效果越明显,优选结果越偏向指标间表现均衡的方案,根据已有研究成果,此处取 $\delta = 2$。

(3)计算各候选方案指标的变权向量。利用指标常权向量 W 和方案 A_i 指标的状态变权向量 $S(A_i)$,计算得到方案 A_i 指标的变权向量 $W(A_i) = \{w_1(A_i), w_2(A_i), \cdots, w_4(A_i)\}$,即:

$$w_j(A_i) = \frac{w_j S_j(A_i)}{\sum_{j=1}^{4} w_j S_j(A_i)} \quad (4-6)$$

上式即为实施变权后,方案 A_i 的第 j 项指标的最终权重。不难看出,该权重综合集成了决策者对指标重要度的主观偏好、对指标间均衡性的决策要求和各候选方案的客观信息,并随着方案指标值的变化而变化。

6)计算正、负灰色关联度

依据各方案可变权重和 TOPSIS 思想,分别计算不同方案的正、负灰色关联度 r_i^+、r_i^-,即:

$$r_i^+ = \sum_{j=1}^{n} w_j(A_i) r_{ij}^+ \quad (4-7)$$

$$r_i^- = \sum_{j=1}^{n} w_j(A_i) r_{ij}^- \quad (4-8)$$

7)计算灰色关联相对贴近度并排序

候选方案 A_i 的灰色关联相对贴近度 e_i 可定义为:

$$e_i = \frac{r_i^+}{r_i^+ + r_i^-} \quad (4-9)$$

e_i 是将 TOPSIS 方法里相对贴近度的概念拓展到灰色关联决策,用以综合考察候选方案相似于正理想方案且不同于负理想方案的程度。e_i 越大,方案越优,依照 e_i 的排序结果便可确定方案集的优劣排序。因此,可利用不同客流监测备选节点的灰色关联贴近度对其进行排序,排序越靠前,客流监测备选节点的重要度就越高。

4.3 基于关键节点的综合客运交通枢纽客流监测设备优化配置方法

科学、合理的综合客运交通枢纽行人监测设备配置是提高综合客运交通枢纽管理者对乘客状态监测效率,提升运营管理的智能化水平,实现综合客运交通枢纽安全、高效、便捷运行的关键。除重点监测综合客运交通枢纽内的关键节点外,还应通过合理的监测设备设置实现对综合客运交通枢纽整体交通运行状态的监测。如通过监测综合客运交通枢纽的出入口实时掌握枢纽内部的进、出客流量以及总客流量,为紧急或突发事件下应急策略的制定和实施提供相应的数据支撑。

因此,本节以综合客运交通枢纽客流监测的实际需要为出发点,提出了监测设备优化配置的原则,构建了适用于客流监测的设备优化配置方法,并结合实例说明具体的分析过程。

4.3.1 优化配置原则

综合客运交通枢纽客流监测的主要目的是及时、准确地发现客流拥挤,尽可能减少拥挤对枢纽正常交通运行的影响。因此,易发生客流拥挤的关键节点是客流监测的重点对象。而当突发或紧急事件发生时,科学、合理的应急方案的制定与实施还需要全面掌握枢纽客流总量、进出客流量变化趋势等,所以枢纽内部与外界联系的出入口也是客流监测的主要对象。另外,监测设备的配置还应考虑未来综合客运交通枢纽可能的设施布局或交通流线组织方案的改变及各种成本的约束。因此,综合客运交通枢纽行人监测设备的优化配置应遵循以下原则:

1)以监测关键节点为重心

对于客流比较集中、易出现拥堵的设施或区域实行重点监测,以便能够快速、准确地发现客流拥挤,为相关缓解措施的实施赢得时间。监测关键节点的选取可以依据备选节点的重要度排序,综合考虑监测精度的要求及成本约束后确定。

2)监测覆盖范围全面

为应对突发或紧急事件下的应急指挥,需要对综合客运交通枢纽内部的运行状态有较为精确的掌握。因此,除了监测重点设施或区域外,还需要监测综合客运交通枢纽与外界联系的出入口。此类设施称为必选节点,是进行综合客运交通枢纽客流监测时,必须考虑和监测的节点,包括各类出入口、轨道、公交等交通方式的到发站台等,以了解综合客运交通枢纽内部整体的客流量以及未来客流的变化趋势,为制定科学、合理的应急指挥方案提供数据支撑。

3)前瞻性

在进行监测设备配置时,应考虑到未来的客流增长及可能设施布局的更改以及交通流线组织方案的变化,充分利用行人仿真手段论证不同情境下综合客运交通枢纽内部潜在的客流拥挤点,确定不同客流压力、设施布局及客流流线组织方案下客流监测备选节点的重要度排序,并在可能的条件下,对部分节点进行提前的监测设备配置或预留,确保监测系统整体的连续性和系统性。

4)经济性

在不影响客流监测精度的前提下,应依据综合客运交通枢纽内部布局和枢纽内客流流线分析，定出经济实用的配置方案，以最少的资金实现枢纽全方位的监测。

4.3.2 优化配置方法

依据综合客运交通枢纽监测设备优化配置原则，客流监测设备优化配置方案设计流程如图4-2所示。

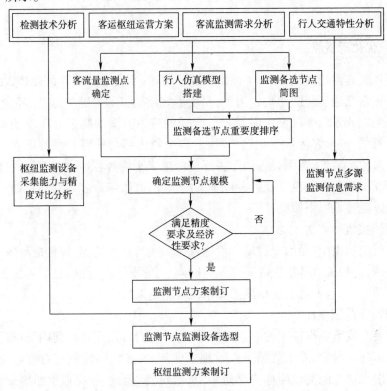

图4-2 综合客运交通枢纽客流监测设备优化配置步骤

1）构建客流监测备选节点简图

依据综合客运交通枢纽内部设施布局及客流运营组织方案，构建客流监测备选节点简图。

2）搭建行人仿真模型

依据客流预测及综合客运交通枢纽运行方案，搭建行人仿真模型，依据监测备选节点简图设置模型分析区，通过仿真计算获得不同监测备选的评价指标值。

3）监测备选节点重要度排序

依据仿真得到的监测备选节点的评价指标值，采用灰色关联决策模型对监测备选节点的重要度进行排序。为避免复杂的计算、提高决策效率，本书已将该步骤进行了程序化，开发了基于Excel的VBA计算程序，程序代码及说明见附录A。

4）确定客流监测必选节点

依据综合客运交通枢纽内部设施布局及客流运营组织方案,确定必选的监测节点。一般而言,必须节点包括综合客运交通枢纽与外界联系的出入口以及轨道、公交等交通方式的到、发站台等。

5）明确最终监测节点方案

综合考虑监测备选节点的重要度排序及监测必选节点,确定监测节点总规模,形成最终监测节点方案。

6）监测节点监测需求分析

根据行人交通特性,包括监测节点的设施类型、行人速度特性、交通流特性、交通行为特性等,确定不同的监测节点的监测需求。

7）监测设备对比分析

对比分析现行主流的综合客运交通枢纽信息监测采集技术及成熟的信息监测设备,确定不同的监测设备的信息采集能力及采集精度。

8）监测节点设备选型方案

综合考虑节点的信息监测需求和监测设备采集能力和精度,对不同的监测节点类型,选取相对而言最适合的监测设备,形成一套监测节点设备选型方案。

9）明确最终监测方案

综合考虑最终监测节点方案以及监测节点设备选型方案,对不同的监测节点选择监测设备,制定最优化的客流监测设备布局方案。

4.3.3 应用实例

为验证优化配置方法的有效性,以北京宋家庄综合客运交通枢纽为例,依据枢纽客流需求预测、设施布局方案及客流组织方案,构建行人仿真模型,对综合客运交通枢纽行人运行状态进行仿真测试。结合仿真结果,参照监测备选节点重要度评价体系计算相关评价指标,对监测备选节点进行重要度排序,并根据实际客流监测需要及明确监测的必选节点,最终依据工程应用条件,提出建议性的客流监测设备优化布局方案。

4.3.3.1 宋家庄综合客运交通枢纽概述

北京宋家庄客运交通枢纽是一座集轨道交通、长途客运、市区公交于一体,包括出租车、自行车、步行、小汽车等7种交通方式相互衔接的综合客运交通枢纽,是以换乘功能为主的大型综合客运交通枢纽。枢纽总建设用地约4.89公顷,总建筑面积将达5.1万 m^2。预计到2016年,枢纽全日总客运量约为79.2万人次,其中高峰小时客运量约为11.32万人次。枢纽建成后将成为国内乃至亚洲地区最为繁忙的交通枢纽之一。

枢纽内承担交通换乘功能的区域主要为地下二层至地上二层。其中地下二层为地铁站台层,地下一层为主换乘大厅层,地上一层为公交到、发站台以及长途到车站台、地上二层为长途发车区。各层平面图如图4-3所示。

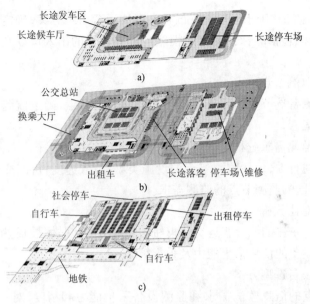

图 4-3 宋家庄枢纽各层平面图
a)地上二层;b)地面层;c)地下一层

枢纽站内客流组织方案如图 4-4 所示,地铁换乘公交、长途、出租车、社会车辆主要通过枢纽换乘大厅实现。乘客可以在地下一层(换乘大厅)换乘出租车、社会车辆,在首层换乘公交,在地上二层换乘长途汽车。

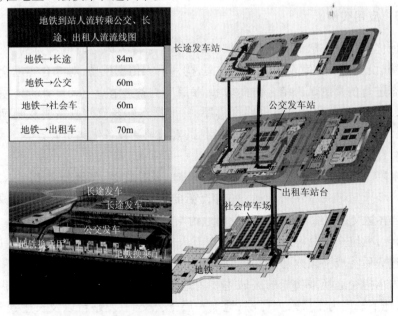

地铁到站人流转乘公交、长途、出租人流流线图	
地铁→长途	84m
地铁→公交	60m
地铁→社会车	60m
地铁→出租车	70m

图 4-4 地铁换乘其他交通方式示意图

根据客流预测,高峰小时客运量约为 11.32 万人次,高峰小时系数为 14.3%。各交通方式之间的换乘预测量如表 4-4 所示。

2016 年宋家庄枢纽各种交通方式高峰小时换乘集散量预测　　表 4-4

交通方式	地铁	公交车	长途车	出租车	自行车	小汽车	步行	合计
地铁	24863 22722	6842	2520	288	2521	—	1109	38142
公交车	7306	1826 1710	1050	—	139	—	554	10875
长途车	1440	600	—	240	—	120	—	2400
出租车	306	—	420	—	—	—	—	726
自行车	2678	208	—	—	—	—	—	2885
小汽车	—	—	210	—	—	—	—	210
步行	1663	832	—	—	—	—	—	2495
合计	36115	10192	4200	528	2659	120	1663	113211

4.3.3.2　枢纽行人仿真模型构建

利用宋家庄枢纽设计 CAD 图作为仿真底图,清图完成后,即可导入仿真模型构建平台 LEGION model builder 作为底图,结合宋家庄枢纽相关的设计指标,对仿真模型进行参数标定,构建早高峰 7:30~8:30 期间的枢纽仿真模型。主要标定参数如表 4-5 所示。标定参数后行人仿真模型构建完毕,LEGION Model Builder 仿真模型搭建界面如图 4-5 所示。

仿真模型参数标定内容表　　表 4-5

参数名称	具体内容
基础设施配置	电梯、楼梯、出入口、售票口、检票口、安检设施等配置
乘客特性	类别、组成比例、速度分布、是否携带行李、单位时间价值
乘客流量	仿真时间内各类交通方式换乘乘客集散流量及时间分布
车辆	地铁、公交、长途车辆进站/出站时间、停靠站时间、发车间隔
服务时间	售票服务时间、检票时间、安检时间分布
交通流线组织	各类人员换乘流线
运营组织方案	公交、地铁、长途运营组织方案

4.3.3.3　监测备选节点简图构建

依据宋家庄综合客运交通枢纽设施布局规划、设施设计及客流流线组织方案,将宋家庄综合客运交通枢纽几何空间内的行人设施抽象为监测备选节点简图,步骤如下:

(1)采用不同的符号代表不同的行人设施,如行人步行类设施(◇)、衔接类设施(⊗)、交通服务类设施(□);

综合客运交通枢纽智能监控与应急仿真

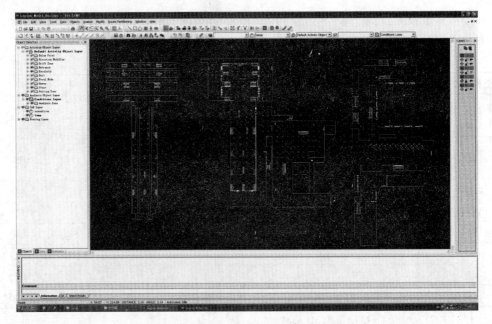

图 4-5　LEGION Model Builder 仿真模型搭建界面

（2）采用交通流线将不同类别的行人设施进行关联，形成监测备选节点简图。

该枢纽共有备选节点 137 处，其中行人步行类设施 48 处、衔接设施类 61 处、其余节点为服务类设施。为方便计算备选节点重要度，对监测备选节点进行编号，如图 4-6、图 4-7 所示。

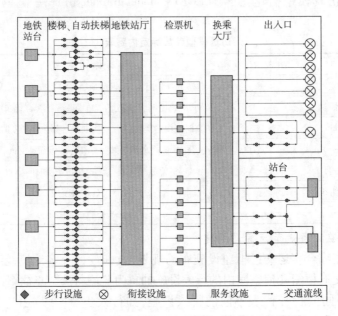

图 4-6　宋家庄综合客运交通枢纽客流监测备选节点简图

· 58 ·

第4章 客流监测设备优化布局方法

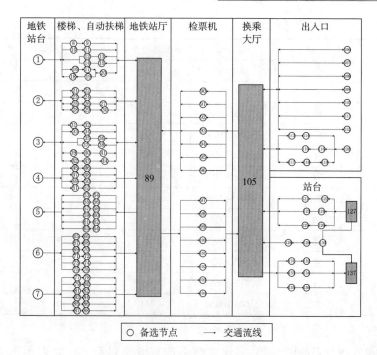

图4-7 宋家庄综合客运交通枢纽客流监测备选节点编号图

4.3.3.4 监测备选节点重要度计算

依据仿真计算结果计算不同监测备选节点的评价指标值;采用灰色关联分析计算不同监测备选节点的重要度值,并根据贴近度进行排序,计算结果及计算步骤见附录B。

表4-6为部分监测节点重要度排序表。由表中可以看出,第40位以后的备选节点重要度(贴近度)小于0.5,因此初步选定前40个节点作为监测关键节点。

前40位节点重要度排序表 表4-6

重要度排序	节点编号	贴近度	重要度排序	节点编号	贴近度
1	88	0.711232185	11	80	0.658711255
2	84	0.710741937	12	66	0.642659903
3	74	0.706031501	13	19	0.641587615
4	76	0.704130471	14	17	0.641587615
5	72	0.692884862	15	89	0.630971193
6	11	0.691773891	16	32	0.628465891
7	70	0.679884195	17	34	0.619231284
8	86	0.676336288	18	22	0.605957866
9	9	0.66712904	19	52	0.605730951
10	82	0.66020453	20	24	0.594508588

续上表

重要度排序	节点编号	贴近度	重要度排序	节点编号	贴近度
21	48	0.584016681	33	79	0.539503336
22	6	0.559380174	34	65	0.53607893
23	68	0.556248307	35	31	0.531081378
24	83	0.556032658	36	77	0.529419005
25	7	0.553719163	37	33	0.52837038
26	71	0.553463101	38	67	0.525336027
27	75	0.551542521	39	4	0.52484268
28	69	0.551379323	40	87	0.51850152
29	78	0.54398483	41	134	0.490613639
30	85	0.54336226	42	136	0.477047652
31	81	0.542582631	43	46	0.466178834
32	73	0.540104151	44	104	0.46029073

4.3.3.5 客流监测设备优化布局方案

依据监测备选节点简图可知,客流监测必选节点共有52处,见表4-7。由表中可以看出,既是监测关键节点又是必选节点的设施主要是轨道交通站台与站厅之间的衔接设施或步行设施。另外,虽然各出入口及公交站台等区域备选节点的重要度不高,但为精确掌握综合客运交通枢纽内客流运行的整体情况,需要统计此类设施的客流量,因此仍建议增设行人监测设备。

宋家庄综合客运交通枢纽客流监测必选节点表　　　　表4-7

必选节点类型	节 点 编 号
出入口	106、107、108、109、110、111、112
轨道交通站台通道	9、11、12、14、17、19、22、24、26、29、32、34、35、37、40、43、46、48、50、52、53、55、57、59、61、63、66、68、70、72、74、76、78、80、82、84、86、88
公交站台通道	121、126、125、129、132、134、136

综上考虑,最终确定宋家庄综合客运交通枢纽监测设备布局方案见表4-8,共含监测节点73处。实际工程应用中可根据枢纽建设完成情况及成本约束进行适当的调整。

宋家庄综合客运交通枢纽客流监测设备布局方案　　　　表4-8

序号	重要度排序	节点编号	贴近度	序号	重要度排序	节点编号	贴近度
1	1	88	0.711232185	4	4	76	0.704130471
2	2	84	0.710741937	5	5	72	0.692884862
3	3	74	0.706031501	6	6	11	0.691773891

续上表

序号	重要度排序	节点编号	贴近度	序号	重要度排序	节点编号	贴近度
7	7	70	0.679884195	41	41	134	0.4906
8	8	86	0.676336288	42	42	136	0.477
9	9	9	0.66712904	43	43	46	0.4662
10	10	82	0.66020453	44	45	29	0.4592
11	11	80	0.658711255	45	46	37	0.4543
12	12	66	0.642659903	46	47	35	0.4532
13	13	19	0.641587615	47	48	50	0.448
14	14	17	0.641587615	48	50	105	0.4222
15	15	89	0.630971193	49	51	132	0.4146
16	16	32	0.628465891	50	53	121	0.4134
17	17	34	0.619231284	51	57	26	0.4089
18	18	22	0.605957866	52	63	125	0.3897
19	19	52	0.605730951	53	64	14	0.3818
20	20	24	0.594508588	54	70	12	0.3555
21	21	48	0.584016681	55	72	43	0.3535
22	22	6	0.559380174	56	76	40	0.324
23	23	68	0.556248307	57	81	126	0.307
24	24	83	0.556032658	58	84	114	0.2951
25	25	7	0.553719163	59	86	38	0.2929
26	26	71	0.553463101	60	88	44	0.2922
27	27	75	0.551542521	61	96	59	0.2848
28	28	69	0.551379323	62	98	129	0.2835
29	29	78	0.54398483	63	107	55	0.2799
30	30	85	0.54336226	64	108	63	0.2797
31	31	81	0.542582631	65	116	53	0.2768
32	32	73	0.540104151	66	117	57	0.2766
33	33	79	0.539503336	67	120	112	0.275
34	34	65	0.53607893	68	122	111	0.2737
35	35	31	0.531081378	69	123	107	0.273
36	36	77	0.529419005	70	124	109	0.2725
37	37	33	0.52837038	71	126	108	0.2713
38	38	67	0.5253	72	127	110	0.2701
39	39	4	0.5248	73	135	106	0.267
40	40	87	0.5185				

第 5 章 枢纽拥挤及服务水平评价方法

对综合客运交通枢纽内行人交通拥挤状态的定量化评价不仅能够为综合客运交通枢纽管理者提供精确的决策辅助信息,还能以此向乘客及时发布综合客运交通枢纽运行状态信息,引导乘客选择合理的出行路径。因此,对行人交通拥挤状态的度量方法进行研究是十分必要的。本章在分析综合客运交通枢纽行人交通流特性及交通行为的基础上,分析行人交通拥堵的形成机理,结合现阶段成熟的行人交通数据检测手段,提出适用于综合客运交通枢纽客流拥挤评价的行人交通拥挤指数指标。此外,提高交通枢纽运输服务水平、服务质量是运营单位的主要目标,本书并从安全性、舒适性、有效性、经济性等方面建立了交通枢纽服务水平的综合评价体系及方法,为相关服务措施的制定提供决策支撑。

5.1 交通系统运行状态评价现有研究概述

5.1.1 行人交通系统

目前,已有的行人交通系统运行状态评价方法主要用于行人设施布局规划、行人交通组织与管理等方面,按评价方法的不同可以分为服务水平评价法和系统评价法。

5.1.1.1 服务水平评价法

服务水平评价法主要是依据行人设施的行人交通流特性或考虑行人主观感受,确定不同等级的服务水平分级阈值,评价行人设施的交通系统状态。

Fruin 于 20 世纪 70 年代初开始进行行人交通行为的研究,针对公共场所行人聚集状态的变化,将密度速度关系作为舒适和安全的指标,并提出有关服务水平的划分方法,这一方法得到普遍认同,能为有关规划设计提供分析依据。

HCM2000 是结合了很多研究成果,在 HCM1994 版本基础上修订完成的。HCM2000 的行人分类指标,是在此基础上根据行人的交通特性和空间交通行为,进行分类以便于调查和研究。手册提出了行人在行进服务水平下的标准和在排队等待服务水平下的标准,研究了行人在相对非自由的条件下,行人的聚集状态及形成队列的交通行为。该手册针对交通枢纽行人特性,给出了步行道行人交通服务水平分级的调整值,主要是考虑了队列对服务水平的影响,如图 5-1 所示。

美国《公共交通通行能力及服务水平手册(第二版)》中对交通枢纽各类行人设施的通行能力做了详细的研究,在大量数据分析的基础上,给出了各类设施的行人交通流特性,并以此为依据给出了步行道、楼梯、自动扶梯、坡道、电梯、候车区等行人设施的服务水平分级及设计建议采用值。该手册采用交通流方程和时空分布方程两种方法进行了典型设施的设计及评估,实用性较强,较为系统地阐述了公共交通特

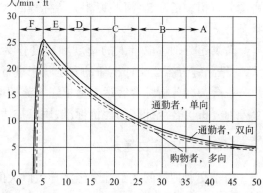

图 5-1 HCM2000 人行道服务水平分级方法图示

别是轨道交通系统中各类行人设施的服务水平分级及相应的运行状态评价方法。

美国《Public Transportation(第二版)》枢纽行人交通特性研究的基础上,分别采用交通流方程和时空分析的方法,给出了各类枢纽行人设施的设计、评价方法。

服务水平分级方法,是随着研究的深入不断发展变化的,以适应科研工作和工程实践的需要。许多学者从行人主观感受及行走环境等因素着手,划分行人设施的服务水平分级。台湾交通大学交通运输研究所的黎伟利通过行人拥挤和满意度对不同等级服务水平的隶属度关系,采用模糊数学方法,对行人设施的服务水平分级进行了研究,指出 HCM 服务水平分级在不同的场地、交通条件下,其准确性会有一定差异,并且由于东方人、西方人的个人空间要求的不同,西方的服务水平分级的指标会更苛刻一些。当行人逐渐习惯拥挤环境时,个人的容忍程度提高,满意度也会提高。

5.1.1.2 系统评价法

现有的服务水平评价法主要是将密度速度关系作为舒适(拥挤)和安全的表征参数,

来评价单个行人设施的运行状态。由于行人行走环境较为复杂,行人交通系统可能包含多种类型的行人设施。另外,影响舒适和安全性的因素也不仅限于密度与速度的绝对值,因此,部分学者尝试采用系统分析的方法,通过直接或间接的评价指标,对行人系统的运行状态进行整体性的评价。

系统评价法就是依据行人交通流参数、行人个体特征统计或服务水平分级阈值,构建行人交通系统状态评价指标体系,采用模糊评价、熵等方法综合评估行人交通系统的拥挤性、安全性或有序性等。

史建港针对大型活动背景条件下的人群系统特性,选取相应的评价指标来反映人群的有秩序的程度,称为有序度。他采用系统熵方法计算人群系统的有序度,用以评价大型活动的行人交通组织与管理方案。

张霖依据北京市城市轨道交通客流特征,提出了客流群体特征、行人个体特征、客流密度分布相关指标、客流冲突相关指标等四大类13项指标,用以评价轨道交通客流安全状态。

黄洪超分别选取行人的速度和密度作为客流安全的评价指标,采用模糊评价的方法,对铁路综合客运交通枢纽的安全状态进行了评估。

王会会在分析综合客运交通枢纽客流拥堵机理的基础上,从拥堵强度和拥堵时间两个方面分析了客流拥挤的评价标准,用以描述综合客运交通枢纽内的客流交通状态。

5.1.2 机动车交通系统

由于交通拥堵问题给社会经济导致巨大的负面影响,国内外专家和学者在机动车交通拥堵评价领域开展了大量研究工作,对于机动车交通系统运行状态评价的相关理论及方法的研究也较为深入。因此在此梳理国内外机动车交通运行状态评价的相关研究成果,为行人交通系统评价的研究提供借鉴。

5.1.2.1 直接测量法

直接测量法的原理是将交通流参数直接用于判定微观交通设施的交通拥堵程度,依据交通设施、地理因素和车辆使用等客观条件的差异,设定拥堵的评价准则。由于不同地区存在客观条件的差异,拥堵的评价准则往往根据当地的实际情况设定。最常用的直接测量交通拥堵的参数包括:平均行程速度、负荷度、车流密度和占有率、排队长度和时间以及出行时间和延误。

1)平均行程速度

速度是指车辆在单位时间内通过的距离。通常速度指标包括平均行程速度和平均行驶速度。平均行程速度即区间平均车速,基于平均行程时间,平均行程速度是指行驶于道路某一特定长度内全部车辆车速分布的平均值,包括因停车造成的延误。平均行驶速度基于平均行驶时间,行驶时间为车辆通过既定路段时处于动态行驶状态所花费的总时间,不包括停车延误。因此,行程速度能够更好地体现车辆在特定路段、特定时间段内的运行状态,常被直接用于评价道路的拥堵。

2) 负荷度

利用道路负荷度或流量比通行能力(V/C Ratio)可以反映道路的利用强度,用于判定交通拥堵。但由于相同的交通流量水平可以对应两种截然不同的交通状态,因此,通常需要和其他拥堵判别参数共同使用,或者使用长时期的流量来评价交通拥堵,如:年平均日交通量比通行能力(AADT/C)。

3) 车流密度和占有率

车流密度是指一条车道上车辆的密集程度,即在某一瞬时内单位长度一条车道上的车辆数。

占有率包括空间占有率和时间占有率。空间占有率表示某一时刻车辆占用路段的比例,即:在道路一定路段的某车道内,某一瞬时内车辆总长度与车道总长度之比,直接反映了车流密度的大小,并表明道路被实际占用的情况。与车流密度类似,空间占有率数据同样很难直接获取,因此,在实际应用中也并不常见。时间占有率从车辆行驶时间占用方面来反映道路的拥堵情况,即:在道路任意路段的某车道内,车辆通过时间的累计值与观测总时间的比值,反映了某路段上车辆排队时间。时间占有率这一指标能够体现交通运行状态:在流量小的情况下,车速快、车辆数少,因此,时间占有率低;随着交通量增加,车辆数增加,车速随之降低,时间占有率随之增加。当交通拥堵出现时,虽然交通流量会有所降低,但是由于车速下降会导致时间占有率仍处于较高水平。

4) 排队长度和时间

排队长度指在交通间断点(交叉口、事故发生点等)处排队车辆所占的路段长度,一般情况下,拥堵越严重,排队长度越长,因此排队长度可以作为衡量交通拥堵程度的最直观的指标;而排队时间指车辆在排队时的等待时间。

5) 出行时间和延误

出行时间是指出行者实际完成一次出行所消耗的时间,延误是指行驶在路段上的车辆由于受到道路环境、交通管理与控制及其他车辆的干扰等因素的影响而损失的时间。拥堵评价中广泛应用的是出行时间延误,指一辆车通过道路设施的某一部分所用的实际时间与无延误时间的差值。

5.1.2.2 间接评价法

全面的拥堵评价指标需要包含出行者所关心的多维拥堵特性,在 1990 年 5 月美国召开城市交通拥堵监控会议后,Pisarski 总结了交通拥堵所包含的多维特征,分别是:拥堵程度(Congestion Extent)、拥堵强度(Congestion Intensity)、拥堵持续(Congestion Duration)、拥堵范围(Congestion Breadth)。综合交通拥堵评价指标是指在一个指标的计算过程中同时涉及多个交通拥堵特征,反映交通拥堵多维特征的综合性指标。在实际的研究中,这些指标通常涉及两个或三个交通拥堵特征,例如,路网平均行程速度、车辆行驶时间的总延误等,这些指标既涉及拥堵程度或拥堵持续时间,也涉及拥堵强度或拥堵影响空间。常用的综合交通拥堵有以下评价指标。

1)交通拥堵指数(Roadway Congestion Index,RCI)

交通拥堵指数是能够综合反映一日内不同时段城市道路网或区域道路网整体运行状况的指标。交通拥堵指数是交通拥堵评价较为常用的指标,研究成果丰富。不同学者分别采用行程时间、日均行驶里程、车流密度、负荷度等直接指标计算交通拥堵指数。

2)出行率指数(Travel Rate Index,TRI)

出行率指数是指高峰时段出行所花时间与自由流条件下出行时间的比值。该指标反映了道路交通拥堵造成的出行者一次出行所需要额外增加的时间。

3)出行时间指数(Travel Time Index,TTI)

出行时间指数通过对比拥堵条件下的出行时间和自由流条件下的出行时间来揭示拥堵的程度和影响,是评价拥堵强度和程度的常用指标之一。

5.2 综合客运交通枢纽行人拥挤评价

枢纽内行人拥挤程度直接影响乘客的舒适性及安全性,从而也是监控的重点。因此,本书重点介绍拥挤状态的评价方法。

5.2.1 综合客运交通枢纽行人拥挤机理分析

5.2.1.1 行人交通拥挤的含义及其分类

机动车道路交通拥堵是指交通需求(一定时间内想要通过道路的车辆数)超过道路通行能力时,超过通行能力的那部分车辆滞留在道路上形成排队的交通现象。然而,在综合客运交通枢纽内部,由于行人活动类型多样、路径复杂,除需要通过一些设施外,还要接受不同的服务,如安检、购票、检票、登车等。因此,参照机动车交通拥堵的定义,综合客运交通枢纽行人交通拥挤是指客流需求(一定时间内想要接受某种服务的客流量)超过设施服务能力时,超过设施服务能力的那部分客流因滞留而形成的集聚现象。与机动车交通拥堵类似,行人交通拥挤的本质也是行人交通系统存在着低服务能力的组成部分,即瓶颈区域。当瓶颈上游的客流需求大于瓶颈处的通行能力时,拥挤就不可避免。在客运交通枢纽内部,瓶颈区域的形成主要有以下诱因:

1)综合客运交通枢纽内部各种设施的服务能力匹配差

综合客运交通枢纽内部设施包括闸道、站台、通道、大厅、楼梯(扶梯)等,由于在建设初期考虑不周、设施布局缺乏前瞻性等原因,造成各个设施相互之间的通过能力和容纳能力存在较大差别,相衔接的两个或多个设施之间,因能力不匹配就会在客流高峰期或者客流量较大时导致拥堵,因此枢纽内部制约枢纽客流集散能力的瓶颈地点多分布在设施的衔接处。研究表明,枢纽内部的乘客流在不同的设施上所需要的平均个人空间从大到小的排序为"单向换乘通道 > 进站通道 > 出站通道 > 进站楼梯 > 出站楼梯"。例如楼梯形成排队的一个重要原因就是当楼梯的通过能力低于与之相接的通道时就极易形成拥堵,因此在枢纽内部各个瓶颈地点的通过能力设计的不匹配也是造成拥堵的重要因素之一。

2) 不同交通方式之间的协调调度差

协调调度是指为提高综合客运交通枢纽的运能匹配能力,方便乘客换乘、缓解换乘压力而对枢纽内各种交通方式或相同路线进行的科学统筹调度。与国外相比,我国对协调调度的研究尚处于起步阶段,应用不成熟,导致进入综合客运交通枢纽内的客流呈现出高峰期性、周期性和瞬时性,大大增加了枢纽内部拥堵形成的可能性。

3) 枢纽内部导向系统的不合理性

综合客运交通枢纽内部的客流根据出行目的可分为通勤客流和一般出行客流。通勤客流对枢纽内部的静态环境和动态环境很熟悉,而且具有明确的换乘流线,因此在枢纽内部的行走路径基本不受行为习惯的影响,不需要外界导向系统的引导;一般出行客流是指对出行目的地和出行方向不熟悉,对枢纽内部结构缺少足够的经验和认知,必须要依赖于内部导向系统和现场工作人员的协助才能有效地实现换乘。由于行人在陌生的密封空间易迷失方向,其行走的路径的选择主要依靠导向标识,如果导向系统不能有效发挥其功能,使行人在枢纽内部驻足徘徊,就会增加枢纽内部的滞留乘客数,一旦超过枢纽的容纳能力和集散能力,拥堵便不可避免,从而限制了枢纽的集散功能。

4) 异常及突发事件降低设施服务能力

设施故障、逆行、打架斗殴、异常集聚等均可以导致设施服务能力下降从而引发行人交通拥挤。另外,因大型活动或异常天气而产生的异常大客流短时内对综合客运交通枢纽形成强冲击,也极易诱发行人交通拥挤。

一般而言,因综合客运交通枢纽内通行能力不匹配、不同交通方式运能不协调以及导向系统不完善等原因形成的瓶颈区域,其诱发的行人交通拥挤与机动车交通常发性拥堵类似,此类行人交通拥挤具有比较明显的时空规律性,通过长期的观察、分析可以比较准确地掌握其发生位置、发生时间、持续时间等基本特征,因此,称之为常发性行人交通拥挤。

相对于因固定瓶颈产生的交通拥堵,综合客运交通枢纽内亦存在因设施服务能力临时下降而产生的随机性交通瓶颈。正常情况下,此类瓶颈处的服务能力能够满足客流需求,但是由于某些突发的交通事件,导致其服务能力临时下降,当折减后的服务能力不能满足上游客流需求时,也就不可避免地会发生行人拥挤。由于这种临时性的瓶颈区域引发的交通拥挤在时间和空间都具有高度的随机性,因此称之为偶发性行人交通拥挤。

综合客运交通枢纽内部客流监测的主要目的是及时、准确的发现客流拥挤或异常事件,为相应的应对措施的实施提供决策支撑。由于随机性交通瓶颈的发生具备明显的不可预测性,因随机性交通瓶颈造成的客流拥挤的时间、地点也有较强的随机性,因此综合客运交通枢纽客流监测的主要对象是常发性行人交通拥挤。

5.2.1.2 常发性行人交通拥挤点分布

常发性拥挤分布点是指综合客运交通枢纽内部易发生客流拥堵的区域分布点。根据拥挤形成原因,常发性行人交通拥挤点主要分布于以下三类区域:

(1)人流交织区域:人流交织导致的拥堵一般发生在站台、进站口等处。以站台为例,其人流类型复杂,包括从通道等各处进来的人流和下车后以离开为目的的人流,车门处上下客流易发生冲突。

(2)设施不匹配区域:枢纽设施不匹配导致的拥堵形成,发生的地点较多,是枢纽内部拥堵形成的主要原因之一,分布也较广泛。简言之就是人流从相对宽阔的地方进入到相对狭窄的地方时,由于衔接的两个设施的容纳能力不同,致使容纳能力较小的设施产生拥堵。一般发生在通道与通道之间、通道和楼梯之间、站台与通道之间。

(3)混合型区域:混合型包括人流交织和枢纽设施匹配,一般是发生在闸道、售票等处。以综合客运交通枢纽的进站闸机为例,其售票处离闸机相对较近,人流路线一般是分为两类,一类是进入枢纽后,排队买票,然后去闸机处排队通过;一类进入枢纽后直接去往闸道处排队通过;若售票处排队较长,将会和直接去往闸道的人流交织,互相干扰。

事实上,可以采用第4章中基于仿真分析的客流监测关键节点识别方法,依据综合客运交通枢纽客流需求及客流运营组织方案,构建仿真模型,进而实现常发性行人交通拥挤点的识别。相关具体步骤请参见第4章,此处不再赘述。

5.2.2 数据采集可行性分析及交通参数选择

行人交通流参数是评价综合客运交通枢纽运行状态的基础,也是进行客流拥挤自动识别的基础。为了更为精确、及时地反映综合客运交通枢纽内的拥挤状态,科学计算客流拥挤指数,并为客流拥挤状态的自动识别提供可靠的数据支撑,本章在对行人客流数据采集技术的可行性和合理性分析的基础上,选择用于客流拥挤指数计算和拥挤自动识别的交通流参数。

1)选择原则

为使客流拥挤指数及客流拥挤自动识别算法具有较强的有效性和可移植性,对参数的选择应遵循以下原则:

(1)直观性原则。所采用的交通参数应该易于理解。

(2)便利性原则。所采用的交通参数应该是常规交通信息采集技术或成熟的交通采集技术能够提供的。

(3) 敏感性原则。所采用的交通参数在交通拥挤发生时应该具有明显的变化。

(4) 经济性原则。所采用的交通参数在获取时应该尽可能节约成本。

(5) 可靠性原则。所采用交通参数的采集技术必须具有很好的可靠性。

2) 数据采集可行性分析

行人交通流参数的采集依赖于精确、稳定的客流监测设备。通过对客流监测设备测试精度结果的分析可知,目前市场上主流的客流监测设备均可以采集客流量数据,其中激光扫描设备精度较高,能够达到近95%的客流量检测精度,视频分析设备精度次之。但相对于其他检测设备,视频分析设备不仅能够得到客流量数据,还能够获取直观的客流运行状态影像,并可分析得到检测区域的客流密度。因此,从行人交通流参数采集的可行性上来看,客流量及客流密度均可以作为行人交通拥挤指数及拥挤自动识别算法的基础数据。

3) 交通参数选择

综合客运交通枢纽内常发性行人拥挤节点主要分布于各类瓶颈区域处,因此,在已知现有采集数据可行性的基础上,还需要对瓶颈区域处各类行人交通流参数的敏感性及稳定性进行分析,以最终确定合适的交通参数。

由于综合客运交通枢纽内空间有限、设施布局及组合种类繁多,难以直接采集到理想的瓶颈区域交通流参数变化规律,因此,本节采用行人仿真模型搭建理想状态的瓶颈区域模型,分析相应的行人交通流参数变化规律。

(1) 测试模型搭建。

仿真测试的主要目的是在瓶颈区域上游客流量不断增加直至超过下游通行能力时,瓶颈区域上下游流量及密度等交通流参数的变化情况。

仿真模型搭建场景如图5-2所示,模拟瓶颈区域的上游宽度为10m,下游宽度为2m。为分析瓶颈区域上下游客流交通流参数的变化情况,增设两处分析区 AZ_2、AZ_1。上游客流需求以及不同时间段瓶颈下游区域负荷度参见表5-1,通道通行能力取值参照《Transit Capacity and Quality of Service Manual – 2nd Edition》。

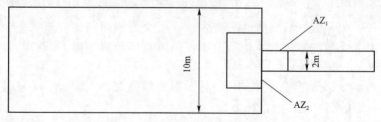

图5-2 瓶颈区域仿真测试几何尺寸图

(2) 测试结果。

图5-3 为不同时刻瓶颈区域客流集聚图,从中可以看出,9min 之前瓶颈处通行能力大于上游客流需求,瓶颈区域无明显客流集聚,随着客流量逐渐增加,9min 后瓶颈区域出现明显的集聚现象。

拥挤测试模型客流需求及理论负荷度计算　　　　　　　表 5-1

时刻(min)	上游客流需求(人)	瓶颈下游计算负荷度	时刻(min)	上游客流需求(人)	瓶颈下游计算负荷度
1	20	0.12	9	180	1.10
2	40	0.24	10	200	1.22
3	60	0.37	11	220	1.34
4	80	0.49	12	240	1.46
5	100	0.61	13	260	1.59
6	120	0.73	14	280	1.71
7	140	0.85	15	300	1.83
8	160	0.98			

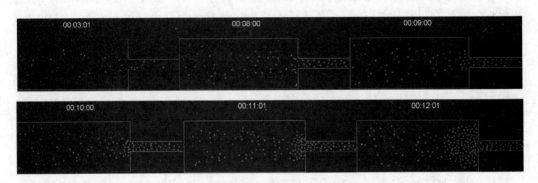

图 5-3　不同时刻瓶颈区域客流集聚图

图 5-4、图 5-5 为不同分析区客流量及客流密度变化图,从中可以看出,随着上游客流量不断增加,瓶颈下游在达到通行能力后流量趋于稳定,客流量保持在 E 级服务水平以下。但是瓶颈区域由于存在客流拥挤,客流量变化有明显的波动性,部分时刻负荷度明显大于 E 级服务水平。相对而言,客流密度变化较为稳定,瓶颈下游在达到通行能力后瓶颈区域及下游客流密度趋于稳定,保持在 E 级服务水平以下。因此,相对于客流量数据,客流密度稳定程度更高。

因此,综合考虑交通参数采集的可行性及参数敏感性、可靠性,建议采用密度作为计算客流拥挤指数的交通流参数指标。

5.2.3　行人交通拥挤状态指标体系的构建

5.2.3.1　常用机动车交通拥堵指数计算方法

所谓指数,实际上是一种反映差别和程度,把复杂的现象简单化的相对数。指数是反映总体在数量上变动的方向和程度,并且显示现象在较长时间内发展变化的趋势和规

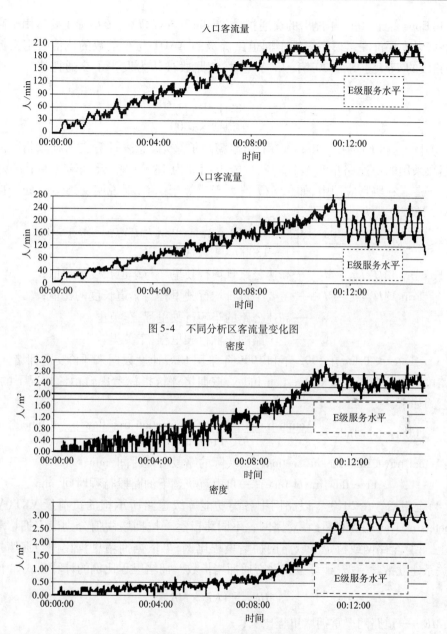

图 5-4 不同分析区客流量变化图

图 5-5 不同分析区客流密度变化图

律。因此在做交通系统的综合评价时,就可以借助于指数的概念和方法来量化综合评价的结果,用一个数来表征交通系统的状态,从而会非常简单、明了。城市交通拥堵指数即是综合反映一日内不同时段城市道路网或区域道路网整体运行状况的指标。目前国内外计算机动车交通拥堵指数主要有以下方法:

(1) Epps 等于 1993 年提出的交通指数 Traffic Index(TI)。该指标主要运用于高速公路的拥堵强度评价。该模型根据不同道路等级的 AADT 与车道数的比值来定义拥堵强度,当路段的 TI 大于等于 20 辆/天/车道时,该路段被认为发生了交通拥堵。计算公式如下:

$$TI = \frac{年日均流量}{车道数 \times 1000} \tag{5-1}$$

(2) Hanks 和 Lomax 于 1988 采用车流密度的基本概念来计算交通拥堵指数。交通拥堵指数采用的快速路单车道日均通行能力标准为 13000 辆/天/车道,主干路为 5000 辆/天/车道。在实际应用中,如果 RCI 值大于或等于 1.0,则说明交通运行处于拥堵状态。RCI 计算公式为:

$$RCI = \frac{(\text{Freeway } VMT/Ln_i - M_i) \times A_1 + (\text{Prin } VMT/Ln_i - M_i) \times A_2}{13000 \times A_1 + 5000 \times A_2} \tag{5-2}$$

式中:Freeway $VMT/Ln_i - M_i$——高速公路日均行驶里程与车道长度的比值;
Prin $VMT/Ln_i - M_i$——主要干道日均行驶里程与车道长度的比值;
A_1——高速公路的车辆行驶里程,车英里;
A_2——主干路的车辆行驶里程,车英里。

(3) D'Este 和 Tylor 在 1992 年和 1999 年采用 GPS 速度数据来评价交通拥堵强度,建立了路段层次的拥堵指数 Congestion Index,该拥堵评价指标考虑自由流情况下的延误,计算公式如下:

$$\text{Congestion Index} = \frac{\text{Actual travel time for the section-free flow travel time}}{\text{Free flow travel time}} \tag{5-3}$$

式中:Actual travel time for the section——实际的路段行程时间,min;
Free flow travel time——自由流状态下的路段行程时间,min。

(4) 全用燊等在 2010 年以路网中各类功能等级道路所承担的负荷量 VKT(Vehicle Kilometers of Travel)为权重,在对路网各不同路段逐一按拥堵阈值分别确定拥堵等级的基础上,计算全路网或特定区域路网拥堵里程比例,再依据拥堵里程比例与拥堵指数的函数关系建立数学模型,计算全路网交通拥堵指数。拥堵里程比例的计算公式如下:

$$MR = \sum_{i=1}^{n} VKT_i \times MR_i \tag{5-4}$$

式中:MR——道路网严重拥堵里程比例;
MR_i——第 i 等级道路的严重拥堵里程比例;
VKT_i——第 i 等级道路的车千米数权重;
n——道路等级的数量,按照城市道路划分标准(快速路、主干路、次干路和支路)。

5.2.3.2 行人交通拥挤指数构建

通过梳理国内外关于交通运行状态评价方法的相关研究可知,对于行人交通系统评价而言,服务水平评价法和系统评价法均适用于评价行人交通系统设施的规划与设计、交通组织与管理等方案的评价,指导行人交通系统规划与管理。但是,服务水平方法评价颗粒度大,设施服务水平评价基本不考虑客流需求的短时波动性;系统评价方法部分指标难以实现实时的计算,不适合动态的行人交通系统状态评价。

本书定义行人交通拥挤指数为:在一定统计间隔内,行人交通系统总体或局部区域拥挤程度的相对数。依据行人交通流数据采集可行性及参数敏感性分析,采用客流密度作为计算客流拥挤指数的交通流参数指标,以客流量为权重计算行人交通系统整体或部分区域指定统计间隔的行人交通拥挤指数。对综合客运交通枢纽而言,综合客运交通枢纽行人交通拥挤指数为:在一定统计间隔内,综合客运交通枢纽内行人交通系统整体或监测节点客流拥挤程度的相对数。其计算流程如下:

(1)客流拥挤的度量标准确定

客流拥挤的度量参照美国《Transit Capacity and Quality of Service Manual – 2nd Edition》行人设施服务水平分级,假定 D 级服务水平以下为客流拥挤状态。

(2)交通拥挤指数分级

依据目前客流监测设备的采集能力,假定交通流参数最小采集间隔 $\tau = 6s$,单位统计间隔 $s = 60s$,采样间隔 i 时,节点客流拥挤状态 $N_c(i)$ 为:

$$N_c(i) = \begin{cases} 1 & 拥挤 \\ 0 & 非拥挤 \end{cases} \tag{5-5}$$

则以单位统计间隔内不同采样间隔内的客流量为权重,计算单位统计间隔客流拥挤指数 C 为:

$$C = \frac{m}{n} \sum_{i=1}^{n} \frac{v_i}{V} N_c(i) \tag{5-6}$$

式中:n——单位统计间隔包含的采样间隔个数,$n = 10$;

m——单位统计间隔内,客流量不为零的采样间隔的个数;

v_i——第 i 个采样间隔的客流量;

V——单位统计间隔的客流总量。

将综合客运交通枢纽行人交通拥挤指数分为 5 级,取值区间为[0,1],对应不同的交通拥挤等级,1 级表示运行最畅通,5 级表示运行最拥挤,如表 5-2 所示。

综合客运交通枢纽行人交通拥挤指数分级表　　　　表5-2

客流拥挤指数	[0,0.2]	(0.2,0.4]	(0.4,0.6]	(0.6,0.8]	(0.8,1]
客流状态	非常畅通	畅通	轻度拥挤	中度拥挤	严重拥挤

参照行人交通拥挤指数的定义,根据综合客运交通枢纽不同时空描述纬度的需要,定义 4 类常用的行人交通拥挤指数:

1)单位统计间隔节点 j 客流拥挤指数 C_j

该指数用以描述单位统计间隔内,客流监测节点 j 处的客流拥挤状况。其计算方法参见公式(4-6)。

2) 单位统计间隔枢纽整体客流拥挤指数 MC

该指数用以描述单位统计间隔内,综合客运交通枢纽内整体客流拥挤状况。其计算公式如下:

$$MC = \frac{a}{b}\sum_{j=1}^{b}\frac{v_j}{V}C_j \tag{5-7}$$

式中:C_j——单位统计间隔,客流监测节点 j 的客流拥挤指数;
　　　a——单位统计间隔内,客流量不为零的客流监测节点的个数;
　　　b——综合客运交通枢纽内部,客流监测节点总数;
　　　v_j——单位统计间隔,第 j 个客流监测节点的客流量;
　　　V——单位统计间隔,综合客运交通枢纽内所有客流监测节点的客流总量。

3) 给定统计间隔(早、晚高峰)节点客流拥挤指数 SC

该指数用以描述给定统计间隔内(如早高峰、晚高峰),客流监测节点 j 处的客流拥挤状况。其计算公式如下:

$$SC = \frac{m}{n}\sum_{i=1}^{n}\frac{v_i}{V}C_j \tag{5-8}$$

式中:C_j——单位统计间隔,客流监测节点 j 的客流拥挤指数;
　　　m——给定统计间隔内,客流量不为零的单位统计间隔的个数;
　　　n——给定统计间隔包含的单位统计间隔的个数;
　　　v_i——第 i 个单位统计间隔,客流监测节点 j 的客流量;
　　　V——给定统计间隔,客流监测节点 j 的客流总量。

4) 给定统计间隔(早、晚高峰)枢纽整体客流拥挤指数 SMC

该指数用以描述给定统计间隔内(如早高峰、晚高峰),综合客运交通枢纽内整体客流拥挤状况。其计算公式如下:

$$SMC = \frac{a}{b}\sum_{j=1}^{b}\frac{v_j}{V}C_j \tag{5-9}$$

式中:C_j——给定统计间隔,客流监测节点 j 的客流拥挤指数;
　　　a——给定统计间隔内,客流量不为零的客流监测节点的个数;
　　　b——综合客运交通枢纽内部,客流监测节点总数;
　　　v_j——给定统计间隔,第 j 个客流监测节点的客流量;
　　　V——给定统计间隔,综合客运交通枢纽内所有客流监测节点的客流总量。

5.2.3.3　实例应用

为说明综合客运交通枢纽行人交通拥挤指数的使用方法并验证该方法的适用性,本节以 4.3.3.2 中构建的宋家庄综合客运交通枢纽行人仿真模型为例,以仿真计算结果为依据,计算不同时空纬度的行人交通拥挤指数。

假定从宋家庄枢纽的备选节点中选取重要度前40位的监测备选节点作为客流监测节点,采用1h仿真结果,计算不同行人交通拥挤指数。

1h不同监测节点客流拥挤指数(SC)计算结果参见附录C。从中可以看出,1h统计间隔内,最为拥挤的节点为11号监测节点,拥挤指数为0.47,为轻度拥挤;1min统计间隔内,最为拥挤的时刻出现于88号监测节点的第35min,拥挤指数为0.73,为中度拥挤。参照4.3.3.3内容可知,11号监测节点为10号线站台上行电梯,88号监测节点为亦庄线站台上行电梯,由于乘客随列车集中到达,短时间内形成对换乘设施的冲击,易形成客流拥挤。依据各监测节点客流拥挤指数,可计算出综合客运交通枢纽高峰小时整体客流拥挤指数为0.26,处于畅通状态。因此,可知宋家庄综合客运交通枢纽设施布局与设计及行人客流组织方案能够满足未来客流需求。

5.3 基于多源监控信息的枢纽运行综合评价

除了拥挤评价以外,对枢纽的运行评价还需考虑安全、经济、有效等多种方面,从而全面反映综合客运交通枢纽整体服务水平和运行效率。对于综合客运交通枢纽的评价国内外都许多学者做过很多的研究,根据评价服务面向的目标可分为行人、设计者、运营者,根据可采取的数据种类方法可分为静态数据、仿真数据和实际检测数据。然而基于多源监控信息的枢纽运行综合评价体系的建立国内外研究较少,本书根据前面的多源监测采集信息为基础,建立了一套基于多源监控信息的枢纽运行综合评价体系。

5.3.1 基于多源监控信息的枢纽运行评价指标体系构建

综合考虑到监控设备能采集的多源信息和对反映综合客运交通枢纽整体服务水平和运行效率的代表性,确定一级评价指标体系包括规模适应性、安全性、有效性、舒适性、经济性、环境质量。

1) 规模适应性

该指标只要从枢纽整体的承载能力来考虑枢纽整体的运力规模,从监测的出入口流量数据来计算整体的实际客运规模,进而计算枢纽的客运负荷度及负荷度随时间的变化规律。

(1) 整体承载率

该指标反映了枢纽的设计能力对实际需求的适应程度。其量化值等于场站的实际客运量与场站的设计客运量之比。

$$枢纽的整体承载率 = 枢纽实际承载客运量/枢纽的设计客运量$$

该比值应大于0而小于1,为使场站在建成后既有良好的规模适应性,同时又符合经济性,效率性原则,该指标的范围应为 0.5~0.75 较好。

(2) 承载平衡系数

承载率不平衡系数是指在统计时间间隔内最大承载率与统计时间内平均承载率之比。即

$$T = \frac{\max C_i}{\sum_{i=1}^{n} \frac{C_i}{n}} \times 100\%$$

式中:T——承载平衡系数;

C_i——单位时间的承载率;

n——统计时间内包含的单位时间个数。

该指标反映了枢纽的承载客运量随时间变化的程度,以及是否具有客流积聚的情况。

2)安全性

保证枢纽行人的安全永远是最重要的。其主要体现是枢纽行人瓶颈区域处的最大行人密度;同时还与枢纽服务设施的排队长度有关,排队长度太长容易可造成枢纽行人流线秩序混乱;以上指标所需要的信息都可通过多元检测设备采集得到。

3)有效性

枢纽行人疏散的有效性,是对枢纽行人疏散整体服务水平的衡量。其主要体现是行人疏散的平均步行距离、平均步行速度、平均步行时间、平均排队时间、运能匹配度等指标。

运能匹配度指标反映的是枢纽内部等待上车的乘客与车上载能的匹配程度,反映了协调换乘性和枢纽的运送周转效率,可通过视频设备监测站台区域或者公交候车区域的行人数量,通过车辆安装的视频设备监测进站的地铁或公交的满载率情况及空余运能,运能匹配度即是带上车人数与空余运能的比。即:

$$J = \frac{N}{M}$$

式中:J——运能匹配度;

N——候车区带上车的乘客数量;

M——进站车辆空余运能。

当运能匹配度值大于 1 时,表示候车区域的乘客需要等待再下一辆车才能上车,增加了乘客的等待时间,运能匹配度值越大,需要等待的人数越多;当运能匹配度值小于 1 时,表示候车区域的乘客可以在下一辆车全部上车。

4)舒适性

枢纽行人舒适性主要由人均空间或密度体现。其主要体现是行人的舒适程度。人均占地面积指标反映枢纽整体行人平均密度;最大排队时间反映枢纽行人的排队等待时间,其指标值越大枢纽的服务设施的效率越低,人们的舒适程度越低;同时行人在行走过

程中,保持平衡速度行走将是最舒适的状态,而速度的差异性大反映出行人的行走过程不连续,其舒适程度肯定受到很大影响。

利用射频技术检测感知车辆的到发车信息,计算到发车的准点率,可增加车辆的可靠度,增加行人的乘车舒适度。

乘客的步行距离与枢纽区域的平面布置及换乘流线的布置有直接关系,在实际工程中,枢纽站的平面布置经常受规划等条件限制,其位置基本被限定。在这种情况下,对客流组织的评价不能仅以步行距离的长短来衡量,还应当考虑在这种平面布置下乘客绕行距离的长短。利用定位及监控技术定位行人的轨迹,可监控乘客的绕行系数。设在两种交通方式站台的直线距离为 S_{ij},乘客实际步行距离为 L_{ij},则定义绕行系数 $a = L_{ij}/S_{ij}$。

5)经济性

在保证枢纽行人疏散安全、有序、有效的同时,尽可能提高换乘效率,也是枢纽交通组织的重要目标,其主要体现是单位时间周转量。

6)环境质量

枢纽内的环境质量也是反映枢纽整体服务的体现,主要包括温度值、适度值、空气质量指数、噪声指数等,这些可通过物联网技术对环境指标进行监测采集,其标准可参考室内环境质量标准。

根据上述分析,本书以规模适应性、安全性、舒适性、有效性、经济性、环境质量作为一级评价指标,以整体承载率、行人区域最大密度、最大排队长度、冲突影响度、平均排队时间、评价步行时间、运能匹配度、绕行系数、人均占地面积、步行速度差异、到发车准点率、单位时间周转量、温度、空气质量、噪声等作为二级评价指标,分层次建立了基于多源监控信息的枢纽运行评价体系,如图 5-6 所示。

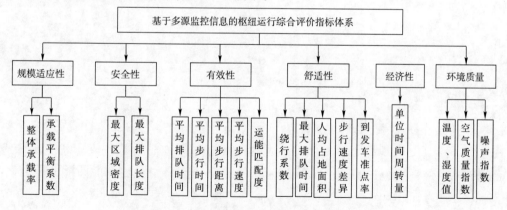

图 5-6 基于多源监控信息的枢纽运行评价体系

5.3.2 服务水平评价标准及方法

中国人的行人交通流特性、生理心理因素同西方人有较大差别,因此综合国外研究成果,根据中国人枢纽行人特点及调查,可制定枢纽行人各类参数的服务水平分级标准,如表 5-3 所示。

中国枢纽行人服务水平分级标准建议表　　　　　　　　　表 5-3

服务水平分级	密度 (人/m²)	人均空间 (m²/人)	行人流率 (人/min/m)	距离 (m)	时间 (min)	速度 (m/s)
A	小于 0.2	大于 5	25	50 以下	1 以下	1.3~1.5
B	0.2~0.28	3.5~5	32	50~100	1~2	1.1~1.3
C	0.28~0.5	2~3.5	45	150	3	0.9~1.1
D	0.5~0.83	1.20~2	62	200	4	0.7~0.9
E	0.83~2.50	0.40~1.20	90	250	5	0.5~0.7
F	大于 2.50	小于 0.40	波动	300	6	小于 0.5

为易于计算处理或评估,采用分等级的形式,将其分为"好、中、差",或者"1、2、3、4、5 级"等。

根据各类参数的服务水平分级标准,可在各单项指标分级评价基础上,利用层次分析法、主成分分析法、模糊综合评价等方法进行评价,此处不再赘述。

第 6 章 客流量短时预测方法

实时准确的客流量预测是实现综合客运交通枢纽客流拥挤识别的关键,短时客流量预测的结果直接关系到客流拥挤识别的精度。因此,本章首先总结评述了现有的各类模型,以典型轨道交通换乘的换乘客流数据为基础,分别选择卡尔曼滤波模型、支持向量机回归模型、非参数回归模型等模型对换乘客流量进行了预测,并结合换乘客流量的时间分布规律,对非参数回归模型历史数据聚类方法及预测模型进行了改进,提出了精度较高的、基于非参数回归的换乘客流预测模型。实例数据验证表明,改进的非参数回归算法预测精度明显高于其他两类算法,能够满足短时客流预测的需求。

6.1 交通流参数短时预测方法概述

交通流预测就是基于动态获取的若干交通流状态时间序列数据推测未来时段的交通流状态数据。通常以交通流率、速度和占有率等作为反映交通流状态的参数,定义为交通流基本参数。交通流参数预测是交通系统状态识别的关键技术,预测的精度对交通状态识别算法的有效性有显著的影响。

目前,行人交通流参数的预测对象主要集中于公共交通客流量的预测,由于预测主要用于交通规划、设施设计、行人交通组织、公共交通运营管理等方面,预测颗粒度大,最小间隔为 5min,一般为 1h,不能满足客流状态实时监控与预测的需要,超短时($<3min$)的预测精度需要验证。

常见的客流量预测方法有神经网络预测法、卡尔曼滤波、小波理论、支持向量机、ARIMA 模型等。

相对而言,机动车交通流参数短时预测研究成果较为丰富,预测对象包括交通流量、地点车速、占有率等基本的交通参数。

根据研究思路和方法的不同,可将现有的交通流参数短时预测方法分为五大类:基于统计理论模型、基于非线性系统预测理论、基于知识发现理论、基于仿真模拟以及组合预测模型等,如图 6-1 所示。

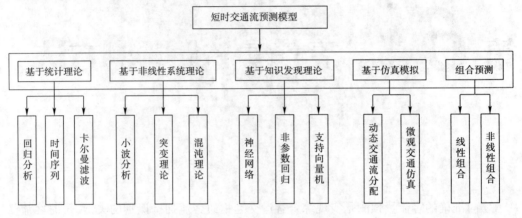

图 6-1 短时交通流预测模型分类

上述交通流短时预测模型和方法,在精确性、实时性、动态反馈性和可移植性等方面各有优缺点。需结合综合客运交通枢纽监控需要,对适用性进行分析。

1)基于统计理论预测方法

时间序列预测方法是利用时间序列的理论和方法分析交通流数据,包括自回归法、移动平均法、自回归移动平均法、自回归积分移动平均模型法等。

卡尔曼滤波方法是将现代控制理论中被广泛应用的卡尔曼滤波理论应用于交通流短时预测。预测时,将交通系统转化为由状态方程和量测方程组成的状态空间模型进行描述,利用状态方程和量测方程以及卡尔曼滤波算法预测交通流参数。

此外,基于线性系统理论的预测方法还包括模糊回归模型、指数平滑预测方法、自适应权重预测模型等。

基于线性系统理论的预测方法整体计算复杂性相对低,操作简单,但是对于比较复杂的交通系统满足不了预测结果精确性和动态反馈性的要求。

2)基于非线性系统理论的预测方法

基于小波分析的方法先利用小波分析理论将交通流时间序列数据进行分解,得到不同分辨率的分解信号,然后对各个分解信号采用预测算法进行预测,得到各个分解信号的预测结果,最后将各个分解信号合成就可得到最终预测结果。

基于突变理论的方法应用突变理论解释交通流特性,把交通系统看成是个具有突变特性的系统,由实测数据标定突变理论模型,通过标定的突变理论模型分析和预测交通流参数。按照理论模型的不同,有尖点突变理论、燕尾突变理论等。

基于混沌理论的方法将混沌理论应用于交通流分析,利用混沌理论判别交通系统是否为混沌系统。如果是混沌系统,则不能对其进行长期预测,但可以对其进行短期预测。利用相空间重构技术进行交通流短时预测的一般步骤是:首先对交通流时间序列数据进行相空间重构,确定嵌入维数和时间延迟参数;其次找出相空间中最后一个已知点,以该已知点为中心,在相空间中找出离中心点最近的若干个相关点合函数,并用来预测下一个点;最后根据所预测的点分离出所要的预测值。

基于非线性系统理论的预测方法体现了交通系统非线性的特征,精确性较高,但理论基础尚不成熟,计算复杂性较高,有待进一步深入研究。

3) 基于知识发现的智能模型预测方法

神经网络方法是利用大量的历史数据训练神经网络模型,得到输出对输入的映射关系,如果给定相应的输入利用这种映射关系就可以得到相关预测结果。根据神经网络模型的不同,应用于交通流短时预测的有 BP 神经网络、径向基函数递归神经网络、广义回归神经网络、模糊神经网络、小波神经网络等。

非参数回归方法根据历史数据中因变量和自变量的关系建立案例数据库,预测时把当前要预测的交通流状态,看成是过去状态的近邻状态,根据模式识别原理,寻找出案例数据库中与当前输入状态相类似的近邻状态,并根据这些近邻状态预测交通流参数。非参数回归方法不需要先验知识,只需要有足够的历史数据,并且随着案例数据库中案例的增加,能够考虑更多情况下的交通流变化趋势。

支持向量机方法是支持向量机理论在交通流预测中的应用。相比于神经网络,支持向量机是以研究小样本数据的统计学习理论为理论基础的,通过结构风险最小化较好地解决了"小样本"、"非线性和维数灾难"、"过学习"和"局部极小点"等问题,已经成为机器学习领域的研究热点,在许多领域得到了应用。与神经网络类似,应用支持向量机进行交通流短时预测建模,也是先根据历史数据训练支持向量机,得到输入和输出数据内在相互依赖关系,预测时给定相应的输入就可以得到预测结果。根据算法的不同,应用于交通流短时预测的有 e - 支持向量机、n - 支持向量机和最小二乘支持向量机等。

基于知识发现的智能模型预测方法有较强的数据拟合能力,在数据充分的情况下,发生交通事件情况时预测结果相对令人满意,但计算复杂性较高,参数选择困难,推广能力也有待研究。

4) 基于仿真的预测方法

基于交通模拟的预测方法理论分析基础比较充分,能够考虑交通系统一些复杂的影响因素,但计算复杂性高,难以适应大规模的交通系统,实用性有待研究。

5）组合预测方法

除了上述典型的交通流短时预测方法以外，还有把两种或两种以上预测方法组合起来进行预测的方法，即组合模型预测方法，组合的主要目的就是较大限度地综合利用各种方法所提供的信息，尽可能地提高预测精度。它比单个预测模型考虑问题更系统、更全面、更科学，能有效地减少单个模型预测过程中一些环境因素的影响。例如，小波分析和时间序列分析相结合的方法、模糊推理结合神经网络的预测方法、多种预测方法与人工智能技术相结合的预测方法等。

基于组合模型的预测方法可以充分发挥各个模型的优点，相互弥补缺陷，但是模型之间的组合方法需要深入探讨，因为组合方法不当，预测效果可能反而会变差。

6.2 客流量短时预测思路

由于行人交通流参数短时预测研究起步较晚，现阶段的主要研究方法为借鉴机动车交通流参数短时预测的研究成果，改进现有模型以适用行人交通流参数的预测。目前，已有的客流短时预测方法预测颗粒度大，不同预测方法在超短时、高密度客流环境下的应用效果有待验证。

如何提高预测模型的预测精度是构建短时预测模型的核心问题。许多因素都可能影响到交通流参数短时预测的精度，包括模型适用性差，对使用条件要求较高；模型的输入数据的可靠性和准确性较低；建模时段过长，单一模型无法准确地描述交通参数在不同时段内的变化规律；模型需要历史数据量过大，数据缺乏时无法对模型参数进行估计；模型复杂，参数过多，建模困难，预测结果存在较大延迟等。

因此，本书从输入数据的准确性和可靠性、建模时段的合理性以及预测方法等三个方面入手，提高客流量短时预测精度。

1）提高输入数据的准确性和可靠性

输入数据的准确性和可靠性对预测模型的有效性起着关键作用。可针对实际客流数据可能存在的问题进行分析，采取必要的措施进行识别和修复，以确保预测结果的精度。

2）确定合理的建模时段

图6-2为西单站换乘通道一日客流量变化过程的示意图。与城市机动车交通量变化趋势相近，客流量变化也具有明显的规律性，但由于整体数据方差较大、离散程度较高，使用一个特定的数学模型来描述是不合理的。因此，需要将全天客流量依据其变化规律划分为不同的时段进行独立预测。

3）合理选择并改进预测方法

交通流参数预测的模型和方法研究成果丰富，每种方法都有各自的适用性和优点。另外，短时客流量预测主要用于实时的交通拥挤识别，因此预测算法必须能够依据当前的交通状态进行相应的变化,且方便计算机编程实现。

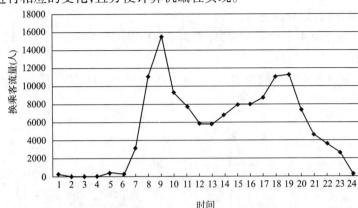

图 6-2　一日客流量变化规律示意图

根据上述分析,结合现阶段交通流短时预测的研究成果,确定综合客运交通枢纽客流量短时预测的思路如图 6-3 所示。

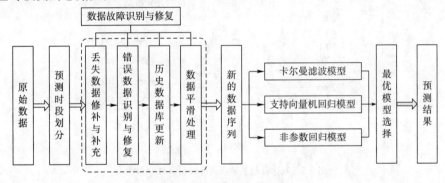

图 6-3　客流量短时预测思路

6.3　客流量短时预测数据预处理

短时预测模型输入数据的质量对于预测结果的精度和有效性有重要的影响。从实际行人交通环境下采集到的客流数据不可避免会存在数据缺失、异常等故障,而且由于客流数据随着城市居民出行的变化呈现一定时段的规律性,需要预测时段的划分。因此,动态客流数据的预处理主要包括预测时段划分、缺失及异常数据识别及修复、动态客流数据稳定性处理、历史趋势数据的更新等工作。

6.3.1　预测时段划分

图 6-4、图 6-5 分别为西单站换乘客流工作日及双休日分布图,从中可以看出,不同工

作日及双休日的客流具有明显的相似性。因此,依据一日客流分布规律,分别依照工作日及双休日客流特点,划分预测时段:

(1)工作日划分为 4 个预测时段,分别为 7:00～9:00、9:00～12:00、12:00～19:00、19:00～23:00;

(2)双休日划分为 4 个预测时段,分别为 7:00～11:00、11:00～13:00、13:00～18:00、18:00～23:00。

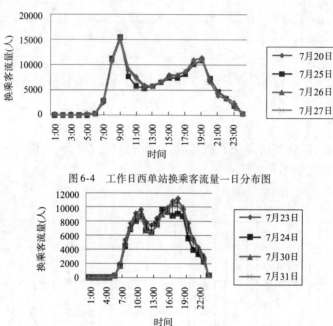

图 6-4　工作日西单站换乘客流量一日分布图

图 6-5　双休日西单站换乘客流量一日分布图

6.3.2　故障数据识别及修复

客流监测数据采集过程中,会因监测设备失灵或传输线路故障而导致数据丢失或异常,所以必须对异常数据和丢失数据进行处理,对客流数据故障进行识别和修复。

1)丢失数据识别

由于扫描频率不固定、传输线路出现故障、客流过度密集造成监测设备无法正确检测等多种原因会使得采集到的数据出现某个时段或连续几个时段内数据丢失。为实现对丢失数据的识别,通常把一定时间内得到的数据定义成某一时段的数据,比如采集数据的时间间隔为 2min,则在 8:00～8:02 之间得到的数据视为 8:00 这一时刻的数据,然后对数据的采集时刻进行扫描和判定,如果在某一时刻没有数据,或者一个时刻有多于一组的数据,则认为该时刻存在问题,需要进行补充或者修复处理。

2)错误数据识别

当检测器或者传输线路出现故障时,采集到的数据通常是错误的,不能反映真实的交通状况,需要进行相应的修正。修正有两种,一种是剔除,适用于可以得到大量实测数据且有少量错误数据的情况,当错误数据较多时,完全剔除错误数据会导致可用的数据个数过少,无法准确描述交通流运行特征,对交通模型的运行效果造成影响。另一种就是进行修复,将数据处理成没有偶然因素影响,本应该表现出的数值或其近似值,通常采用阈值法或机理法。其中阈值法用于去除比较明显的错误,比如错误数据的数值通常表现为零,或者超过可能出现的最大值,以及认为数值不在此范围内的数据是错误的数据。对客流数据进行判定时,可根据不同的行人设施确定监测数据的合理范围。

定义客流量 q_d 合理的范围为:

$$0 \leq q_d \leq f_c \cdot C \cdot T/60 \tag{6-1}$$

式中:C——行人设施通行能力,人/h;

T——客流数据采集的时间间隔,s;

f_c——修正系数,建议取值 1.3~1.5。

事实上,客流监测设备统计间隔最小可达1s,所以测得的客流量可能会在短时间内大于道路的设施能力,因此用通行能力与修正系数的乘积来确定流量的最大值。

根据动态交通数据的具体情况和客流量短时预测的需求,可以采用以下几种方法对故障数据进行修复。

(1)采用前一天的历史趋势数据 $y^{(k-1)}(t)$ 进行修复。这种方法适用于数据的离线或者在线处理,当前几组数据中有故障出现时,可采用该方法进行处理。采用历史趋势数据与实测数据的加权估计值 $y_f(t)$ 进行修复,计算公式为:

$$y_f(t) = \alpha \cdot y(t-1) + (1-\alpha) \cdot y^{(k-1)}(t) \tag{6-2}$$

式中:α——加权系数。

α 体现的是 $t-1$ 时段实测数据和历史趋势数据在数据修复中起的作用,α 越大则实测数据对修复后的数据影响越大,反之亦然。这种方法采用实测数据和历史趋势数据的加权结果,既考虑到了实际情况中前一时段交通状态对后一时段状态的影响,同时历史趋势数据的采用又能够减小实际道路交通中随机波动的影响,修复处理的效果既稳定又可靠。

(2)采用相邻时段数据的平均值进行修复,公式为:

$$y_f(t) = [y(t-n) + y(t-n+1) + \cdots + y(t-1)]/n \tag{6-3}$$

式中:n——计算平均值所取的数据个数。

该方法既可以用于离线处理,也可以用于在线处理,不需要从历史数据中提取前一天的历史趋势数据,所以计算快速、简便,修复处理结果也比较令人满意。

6.3.3 动态数据滤波

原始数据系列的稳健处理,可以有效地减少预测过程中可能出现的较大偏差,并提高预测分析的精度,经过稳定处理的数据序列还可以帮助认识数据序列的结构和确立适合的模型,从而避免由于数据中个别噪声数据或异常数据所带来的严重影响或失真。

数据序列的噪声过滤是数据系列处理中的重要内容。传统的噪声识别和消噪过滤方法主要有:线性滤波和非线性滤波。通常所采用的均值平滑法以及小波变换等。传统去噪方法的不足在于会使信号变换后的熵增高,无法刻画信号的非平稳特性。小波变换具有低熵性、多分辨率特性、去相关性以及选基灵活性等特征,但计算相对复杂,不适用于数据的在线处理。

图 6-6 为 3min 统计间隔的客流量变化图,从中可以看出,不同工作日之间数据具有明显的相似性,考虑到实时在线计算的需要,可选择移动平均法进行动态数据滤波。其滤波效果如图 6-7 所示。

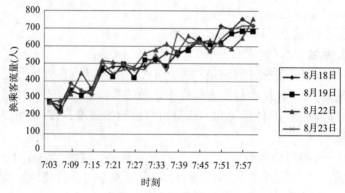

图 6-6　西单站换乘客流量分布图(3min 统计间隔)

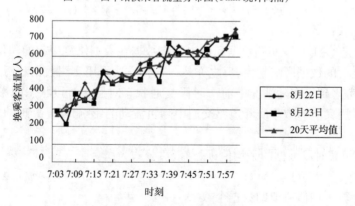

图 6-7　移动平均法滤波效果图

6.3.4　历史数据更新

在得到当天的实际客流量数据后,应根据实测数据的可靠程度和准确程度决定是否需要对历史趋势数据库进行更新,更新方法可采用上式,但应遵循以下原则:

(1)经过数据故障识别后,无故障数据不需要经过特殊处理,可以直接作为预测模型的输入信息。无故障的实测数据应该对前一天的历史趋势进行更新,作为下一天数据处理的基础。

(2)丢失数据经过补充后,是当前客流状态的近似估计值,不能反映真实的交通状况,不需要对修补数据进行历史趋势数据更新,前一天的历史趋势数据可以直接作为下一天数据处理的依据。

(3)错误数据修复后,是当前客流状态的近似估计值,不能反映真实的交通状况,不需要对修补数据进行历史趋势数据更新,前一天的历史趋势数据可以直接作为下一天数据处理的依据。

(4)交通事件发生时,客流数据会出现明显的变化或波动,但这种变化是临时的,不是交通流内在时刻分布规律的必然体现,不会影响该时段的历史趋势。因此,在确认交通事件的情况下,不需要对前一天的历史趋势值进行修正,可直接作为下一天数据处理的依据。

6.4 基于卡尔曼滤波的预测方法

6.4.1 卡尔曼滤波原理

1960年卡尔曼(R. E. Kalman)首次提出卡尔曼滤波,这是一种线性最小方差估计,是对随机信号作估计的算法之一,与最小二乘、维纳滤波等诸多估计算法相比,卡尔曼滤波方法具有显著优点:

(1)在时域内设计滤波器,用状态方程描述任何复杂多维信号的动力学特性,避开了在频域内对信号功率谱作分解带来的麻烦,滤波器设计简单易行;

(2)采用递推算法,实时量测信息经提炼浓缩在估计值中,而不必存储时间过程中的量测量。所以,卡尔曼滤波能适用于白噪声激励的任何平稳或非平稳随机向量过程的估计,所得估计在线性估计中精度最佳。正由于其独特的优点,卡尔曼滤波在20世纪60年代初一经提出,立即受到工程界,特别是空间技术和航空界的高度重视,阿波罗登月计划中的导航系统设计和C-5A飞机的多模式导航系统的设计是卡尔曼滤波早期应用中最为成功的实例。随着计算机技术的发展,目前卡尔曼滤波的应用几乎涉及通信、导航、遥感、地震测量、石油勘探、经济和社会学研究等各种领域。

相对于最小二乘估计、最小方差估计、极大验后估计、贝叶斯估计和极大似然估计,卡尔曼滤波具有如下特点:

(1)算法是递推的,且使用状态空间模型在时域内设计滤波器,所以卡尔曼滤波适用于对多维随机过程的估计。

(2) 采用动力学方程即状态方程描述被估计量的动态变化规律,被估计量的动态统计信息由激励白噪声的统计信息和动力学方程确定。由于激励白噪声是平稳过程,动力学方程已知,所以被估计量既可以是平稳的,也可以是非平稳的,即卡尔曼滤波也适用于非平稳过程。

(3) 卡尔曼滤波具有连续型和离散型两类算法,离散型算法可直接在计算机上编程实现。

卡尔曼滤波器用于估计离散时间过程的状态变量 $x \in R^n$。这个离散时间过程由以下离散随机差分方程描述:

$$x_k = A x_{k-1} + B u_{k-1} + w_{k-1} \tag{6-4}$$

定义观测变量 $z \in R^n$,得到量测方程:

$$z_k = H x_k + v_{k-1} \tag{6-5}$$

随机信号 w_k 和 v_k 分别表示过程激励噪声和观测噪声,他们相互独立,服从正态分布:

$$\begin{cases} p(w) \sim N(0,Q) \\ p(v) \sim N(0,R) \end{cases} \tag{6-6}$$

当控制函数 u_{k-1} 或过程激励噪声 w_{k-1} 为零时,差分方程中的 n 阶增益矩阵 A 将上一时刻 $k-1$ 的状态线性映射到当前时刻 k 的状态。矩阵 B 代表可选的控制输入 $u \in R^n$ 的增益。量测方程的矩阵 H 表示状态变量对测量变量的增益。

卡尔曼滤波器用反馈控制的方法估计过程状态:滤波器先估计过程某一时刻的状态,然后以测量变量的方式获得反馈。因此卡尔曼滤波器可分为两个部分:时间更新方程和测量更新方程。时间更新方程负责及时向前推算当前状态变量和误差协方差估计值,以便为下一个时间状态构造先验估计。测量更新方程负责反馈,也就是说,它将先验估计和新的测量变量结合以构造改进的后验估计。

离散卡尔曼滤波器时间更新方程:

$$\begin{cases} \hat{X}_k^- = A \hat{x}_{k-1} + B u_{k-1} \\ P_k^- = A P_{k-1} A^T + Q \end{cases} \tag{6-7}$$

离散卡尔曼滤波器状态更新方程:

$$\begin{cases} K_k = P_k^- H^T (H P_k^- H^T + R)^{-1} \\ \hat{x}_k = x + K_k (z_k - H \hat{x}_k^-) \\ P_k = (I - K_k H) P_k^- \end{cases} \tag{6-8}$$

式中:$\hat{X}_k^-$ ——在时刻 k 的状态的估计;

Q ——协方差矩阵;

P_k^- ——误差相关矩阵;

H——观测模型。

测量更新方程首先计算卡尔曼增益 K_k,然后测量输出获得 z_k。计算完时间更新方程和测量更新方程,整个过程再次重复。上一次计算得到的后验估计被作为下一次计算的先验估计。卡尔曼滤波器实际实现时,测量噪声协方差 R 一般可以观测得到,是滤波器的已知条件。观测测量噪声协方差 R 是可通过观测整个系统过程实现的。因此,通常需要离线获取一些系统观测值以计算测量噪声协方差。

6.4.2 卡尔曼滤波客流预测模型

由于卡尔曼滤波不仅可用于信号的滤波和估计,而且还可用于模型参数的估计,所以它适用于交通状况的预测。

设 $Q_k(t+1)$ 为 t 时刻以后下一时刻某行人设施的客流量;设 $V_k(t)$ 是 t 时刻某行人设施的客流量,$V_k(t-1)$ 是 t 时刻前一个时段的某行人设施的客流量;同时考虑到行人设施客流量与历史趋势有高度的相关性,考虑当前时刻前两天的历史趋势数据对客流量的影响,设 $V_{k-1}(t)$ 是前一天 t 时刻某行人设施的客流量,$V_{k-2}(t)$ 是前两天 t 时刻某行人设施的客流量,同理定义 $V_{k-1}(t+1)$、$V_{k-2}(t+1)$,预测模型包含当天、前一天及前两天共6个影响因素。预测模型为:

$$Q_k(t+1) = H_0 V_k(t) + H_1 V_k(t-1) + H_2 V_{k-1}(t+1) + H_3 V_{k-1}(t) + H_4 V_{k-2}(t+1) + H_5 V_{k-2}(t) + w(t) \tag{6-9}$$

式中,$H_0, H_1, \cdots, H_5$ 为参数矩阵;$w(t)$ 是为观测噪声,假定为零均值的白色噪声,协方差矩阵为 $R(t)$。

为了应用卡尔曼滤波,应做如下变换:

$$\begin{cases} A(t) = [V_k(t), V_k(t-1), V_{k-1}(t+1), V_{k-1}(t), V_{k-2}(t+1) V_{k-2}(t)] \\ X(t) = (H_0, H_1, H_2, H_3, H_4, H_5) \\ y(t) = Q_k(t+1) \end{cases} \tag{6-10}$$

可得到:

$$\begin{cases} X(t) = B(t)X(t-1) + u(t-1) \\ y(t) = A(t)X(t) + w(t) \end{cases} \tag{6-11}$$

式中:$y(t)$——观察向量;

$X(t)$——状态向量;

$A(t)$——观测矩阵;

$B(t)$——状态转移矩阵,$B(t) = I$;

$u(t-1)$——模型噪声,假定为零均值白色噪声,协方差为 $Q(t-1)$。

利用卡尔曼滤波理论,得到如下方程组:

$$\begin{cases} K(t) = P(t|t-1)A^{T}(t)[A(t)P(t|t-1)A^{T}(t) + R(t)]^{-1} \\ \bar{X}(t) = \bar{X}(t|t-1) + K(t)[y(t) - A(t)\bar{X}(t|t-1)] \\ P(t) = [I - K(t)A(t)]P(t|t-1) \\ \bar{X}(t|t-1) = B(t)\bar{X}(t-1) \\ P(t|t-1) = B(t-1)P(t-1)B^{T}(t-1) + Q(t-1) \\ P(0|0) = P_0 \end{cases} \quad (6-12)$$

式中:$K(t)$——滤波增益矩阵;

$P(t|t-1)$——预测误差方差矩阵;

$P(t)$——滤波误差方差矩阵;

$\bar{X}(t)$——后验估计;

$\bar{X}(t|t-1)$——先验估计向量。

计算过程中,$\bar{X}(t_0)$由下式得出:

$$\bar{X}(t_0) = \bar{X}(t_0|t_0-1) + K(t_0)[Q_k(t_0+1) - A(t_0)\bar{X}(t_0|t_0-1)] \quad (6-13)$$

若以上各式中 $R(t)$、$Q(t)$、$P(0)$为没有先验数据时,可设为对角阵,$\bar{X}(t_0|t_0-1)$设为零向量。

当 $\bar{X}(t)$ 确定后,行人设施客流量预测值为:

$$Q_k(t+1) = A(t)\bar{X}(t) \quad (6-14)$$

6.4.3 数据实证

利用北京市地铁西单站 1 号线换乘 4 号线换乘客流验证卡尔曼滤波短时预测模型。选用 2011 年 7 月 26 日至 2011 年 8 月 25 日的工作日客流数据作为基础数据,预测 8 月 26 日的换乘客流数据。

依据 5.2.1 节客流预测时段划分,分别预测早高峰 6:00～9:00,以及晚高峰 17:00～19:00 换乘客流量,预测时间间隔为 5min、3min 和 1min,预测程序见附录 D。

1)早高峰

预测结果如图 6-8～图 6-10 所示。

2)晚高峰

预测结果如图 6-11～图 6-13 所示。

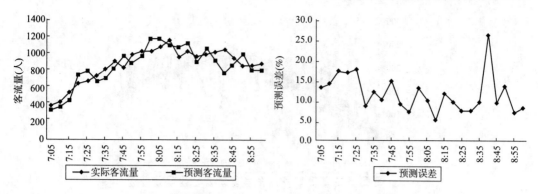

图 6-8 卡尔曼滤波算法早高峰 5min 统计间隔预测结果

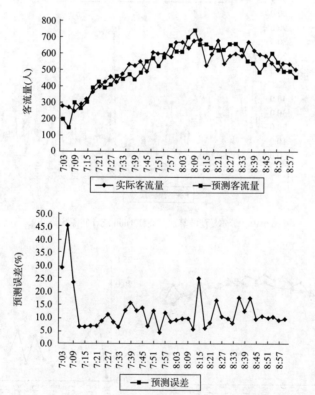

图 6-9 卡尔曼滤波算法早高峰 3min 统计间隔预测结果

为比较不同预测时段及统计间隔预测方法的性能,选用相应的指标进行评价。设实测客流数据为 x_i,预测客流数据为 $\hat{x}_i$,n 为预测样本量,使用以下指标进行评价:

(1) 平均相对误差。

$$\frac{1}{n}\sum_{i=1}^{n}\frac{|\hat{x}_i - x_i|}{x_i} \times 100\% \tag{6-15}$$

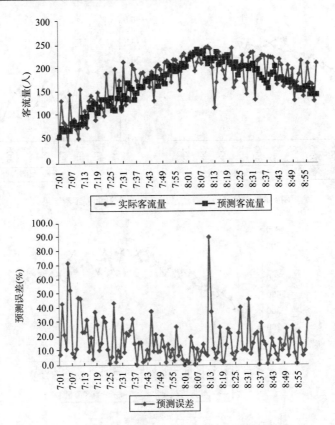

图6-10 卡尔曼滤波算法早高峰1min统计间隔预测结果

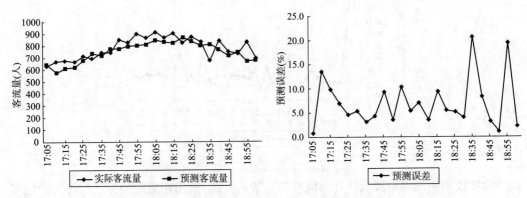

图6-11 卡尔曼滤波算法晚高峰5min统计间隔预测结果

(2) 最大相对误差。

$$\max\left\{\frac{|\hat{x}_i - x_i|}{x_i} \times 100\% \mid i = 1, 2, \cdots, n\right\} \tag{6-16}$$

第6章 客流量短时预测方法

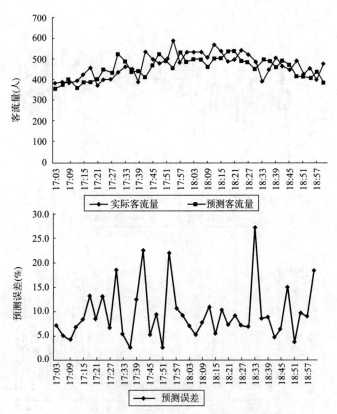

图 6-12 卡尔曼滤波算法晚高峰 3min 统计间隔预测结果

（3）均等系数。

$$均等系数 = 1 - \frac{\sqrt{\sum_{i=1}^{n}(\hat{x}_i - x_i)^2}}{\sqrt{\sum_{i=1}^{n}(x_i)^2} + \sqrt{\sum_{i=1}^{n}(\hat{x}_i)^2}} \tag{6-17}$$

不同预测时段及统计间隔预测方法的预测性能如表 6-1 所示。从表中可以看出，由于晚高峰客流分布相对平缓，预测精度要高于早高峰，且预测间隔越大，预测精度越高。3min 以上统计间隔预测误差小于 15%，但 1min 统计间隔的预测误差大于 15%，且最大相对误差偏大，预测误差的波动性较大。

卡尔曼滤波预测模型预测性能表 表6-1

性能指标	统计时段	早高峰			晚高峰		
		1min 间隔	3min 间隔	5min 间隔	1min 间隔	3min 间隔	5min 间隔
平均相对误差		16.70%	12.10%	11.70%	15.30%	9.60%	7.00%
最大相对误差		90.00%	45.00%	26.00%	63.00%	28.00%	21.00%
均等系数		0.9	0.94	0.94	0.91	0.94	0.96

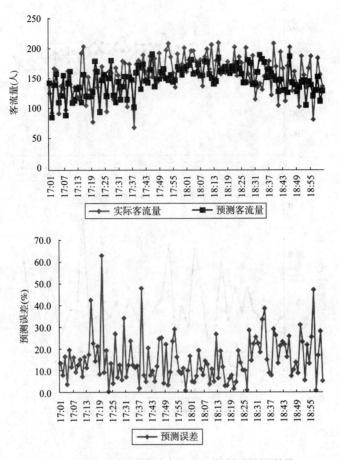

图 6-13 卡尔曼滤波算法晚高峰 1min 统计间隔预测结果

6.5 基于支持向量机回归的预测方法

6.5.1 支持向量机原理

在 1963 年 Vapnik 领导的 AT&T Bell 实验室研究小组提出了支持向量机(SVM)理论,它是一种基于统计学习理论的模式识别方法,这套理论主要应用于模式识别领域。由于当时研究水平有限,理论不是很成熟,在数学推导上也较为艰涩,使得相关研究没有得到足够的重视。到了 20 世纪 90 年代,由于统计学习理论和神经网络等一些机器学习方法在理论研究和实际应用当中遇到了瓶颈,这才使得 SVM 理论系统得到了快速的发展。SVM 系统在各个领域都得到了广泛的应用,特别是解决小样本和非线性以及高维模式识别等问题。

6.5.2 支持向量机回归

支持向量机理论包括线性支持向量机分类算法、非线性支持向量机分类算法、线性支持向量机回归算法和非线性支持向量机回归算法。综合客运交通枢纽内的交通流参数特别是客流量数据随时间的变化并不是简单的线性关系,不会随着时间无限制地增长,也不会无限制地降低。对于给定的设施,客流量是在一个区间范围内波动的。因此采用简单的最小二乘回归预测及类似的方法对客流量进行预测就不够合理。而 SVM 非线性回归理论可以很好地解决这个问题。因此本书采用非线性支持向量机回归理论。

如果学习样本集(训练样本集)$S = \{(x_i, y_i), x_i \in R^n, y_i \in R\}_{i=1}^{l}$是非线性的,将输入样本空间非线性变换到另一个高维特征空间,在这个特征空间中构造线性回归函数,而这种非线性变换是通过定义适当的核函数$K(x_i, y_i)$来实现的。式中$K(x_i, y_i) = \phi(x_i)^T \phi(x_j)$,$\phi(x)$为某一非线性函数。因此求非线性回归函数的问题归结为下面的优化问题:

$$\min \frac{1}{2} \| w \|^2 \tag{6-18}$$

约束条件为:

$$\| w^T \phi(x_i) + b - y_i \| \leq \varepsilon, i = 1, 2, \cdots, l \tag{6-19}$$

式中:ε——松弛参数;
b——位移值;
l——样本数量。

该问题的 Lagrange 对偶问题为:

$$\min \frac{1}{2} \sum_{i=1}^{l} \sum_{j=1}^{l} (a_i^* - a_i)(a_j^* - a_j) K(x_i, x_j) + \varepsilon \sum_{i=1}^{l} (a_i^* - a_i) - \sum_{i=1}^{l} y_i (a_i^* - a_i) \tag{6-20}$$

约束条件为:

$$\sum_{i=1}^{l} (a_i^* - a_i) = 0 \tag{6-21}$$

$$a_i, a_i^* \geq 0, i = 1, 2, \cdots, l \tag{6-22}$$

求解该对偶问题,得到非线性回归函数。当约束条件不可实现时,引入两个松弛变量:

$$\varepsilon_i, \varepsilon_i^* \geq 0, i = 1, 2, \cdots, l \tag{6-23}$$

式中,ε_i为样本i的第一个松弛变量,ε_i^*为样本i的第二个松弛变量。
优化问题变为:

$$\min \frac{1}{2} \| w \|^2 + C \sum_{i=1}^{l} (\varepsilon_i + \varepsilon_i^*) \tag{6-24}$$

约束条件为:

$$w^T \phi(x_i) + b - y_i \leq \xi_i + \varepsilon, i = 1, 2, \cdots, l$$
$$y_i - w^T \phi(x_i) - b \leq \xi_i^* + \varepsilon, i = 1, 2, \cdots, l \tag{6-25}$$

式中,ξ_i 为样本 i 的第一个约束变量,ξ_i^* 为样本 i 的第二个约束变量。
式中,$C>0$ 为惩罚因子,C 越大表示对误差大的数据点惩罚越大。
可以利用拉格朗日乘子法来求解该约束最优化问题,为此构造如下拉格朗日函数:

$$\begin{aligned}
L(w,b,a,a^*) = &\frac{1}{2}\|w\|^2 + C\sum_{i=1}^{l}(\xi_i + \xi_i^*) \\
&- \sum_{i=1}^{l} a_i [\varepsilon + \xi_i - y_i + w^T\phi(x_i) + b] \\
&- \sum_{i=1}^{l} a_i^* [\varepsilon + \xi_i^* - y_i + w^T\phi(x_i) + b] \\
&- \sum_{i=1}^{l}(\beta_i \xi_i + \beta_i^* \xi_i^*)
\end{aligned} \tag{6-26}$$

根据最优化理论,将 L 分别对 w、b、ξ_i、ξ_i^*,求偏微分并令其为 0,得:

$$\begin{cases}
w = \sum_{i=1}^{l}(a_i - a_i^*)\phi(x_i) \\
\sum_{i=1}^{l}(a_i - a_i^*) = 0 \\
C - a_i - \beta_i = 0 \\
C - a_i^* - \beta_i^* = 0 \\
i = 1,2,\cdots,l
\end{cases} \tag{6-27}$$

将式(6-27)代入式(6-26),得到对偶最优化问题,进一步可求得非线性回归函数。

6.5.3 LibSVM 分析软件包简介

LibSVM 是一个通用 SVM 软件包,由台湾大学林智仁(Chih-Jen Lin)博士等开发设计,该软件操作简单、快速有效、易于使用,提供了多种函数,有多项式、线性、S 形函数和径向基函数等 4 种核函数可供选择,通过灵活的选择预测函数、核函数、各类约束条件及函数默认参数的调整,可以解决分布估计(one class SVM)、分类问题(如 C-SVC、SVC-n)以及回归问题(如 SVR-ε、SVR-n)等问题,实现不同类型的预测。

6.5.4 数据实证

预测模型验证数据、预测时段及统计间隔与前面相同。
1)早高峰
预测结果如图 6-14 ~ 图 6-16 所示。
2)晚高峰
预测结果如图 6-17 ~ 图 6-19 所示。

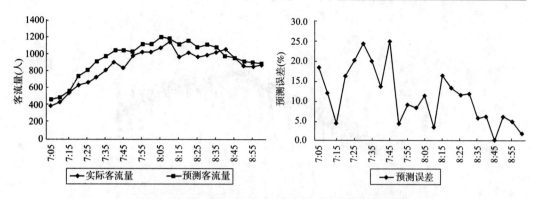

图 6-14 支持向量机回归算法早高峰 5min 统计间隔预测结果

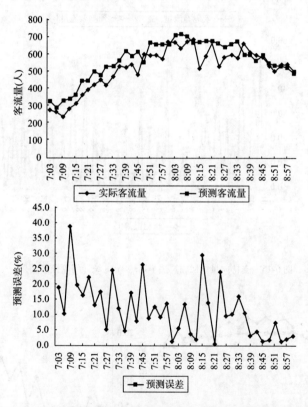

图 6-15 支持向量机回归算法早高峰 3min 统计间隔预测结果

支持向量机回归模型的不同预测时段及统计间隔的预测性能如表 6-2 所示。从表中可以看出,支持向量机回归模型在预测精度及误差稳定性上略优于卡尔曼滤波模型。不同统计间隔预测精度均有不同程度提高,3min 以上统计间隔误差小于 15%,且预测误差的波动性下降,说明支持向量机回归模型更为稳定。但早高峰期间 1min 统计间隔预测误差仍大于 15%,预测精度仍难以满足实时客流预测的要求。

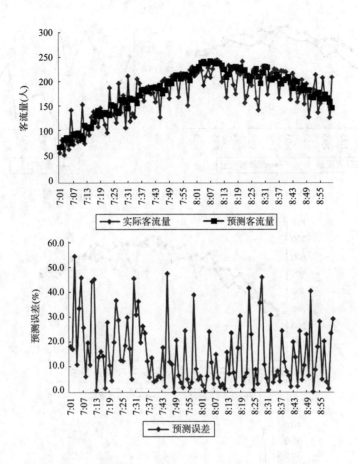

图 6-16　支持向量机回归算法早高峰 1min 统计间隔预测结果

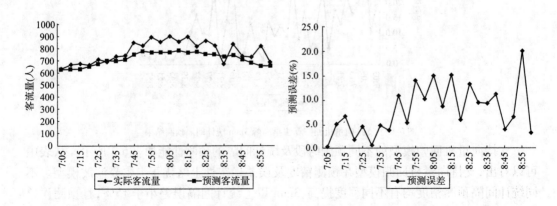

图 6-17　支持向量机回归算法晚高峰 5min 统计间隔预测结果

第6章 客流量短时预测方法

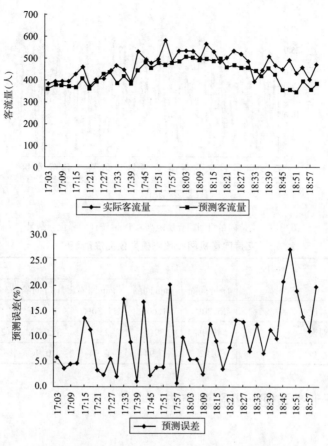

图 6-18 支持向量机回归算法晚高峰 3min 统计间隔预测结果

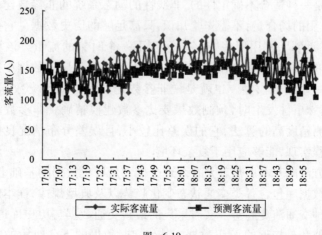

图 6-19

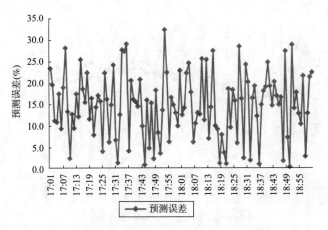

图 6-19 支持向量机回归算法晚高峰 1min 统计间隔预测结果

支持向量机回归预测模型预测性能表　　　　　　　　表 6-2

性能指标	统计时段	早高峰			晚高峰		
		1min 间隔	3min 间隔	5min 间隔	1min 间隔	3min 间隔	5min 间隔
	平均相对误差	15.20%	11.60%	11.30%	14.40%	9.30%	5.90%
	最大相对误差	54.00%	39%	25%	32.00%	27.00%	20%
	均等系数	0.92	0.94	0.94	0.9	0.94	0.95

6.6 基于非参数回归的预测方法

6.6.1 非参数回归方法原理

非参数回归是一种适合不确定性的、非线性的动态系统的非参数建模方法。它来源于混沌理论，所应用的场合是：不需先验知识，只需足够的历史数据。它寻找历史数据中与当前点相似的"近邻"，并用那些"近邻"预测下一个时刻的流量。该算法认为系统所有的因素之间的内在联系都蕴含在历史数据中，因此直接从历史数据中得到信息而不是为历史数据建立一个近似模型。也就是说非参数建模没有将历史数据作平滑处理，因此，特别是在有特殊事件发生时，预测效果要比参数建模精确。非参数回归作为一种无参数、可移植、预测精度高的算法，它的误差比较小，且误差分布情况良好。并且这种方法便于计算机编程实现，能够应用于复杂环境。

非参数回归方法的基本思想就是在综合分析大量历史数据的基础上，形成典型的历史数据库。历史数据库包含各类交通状态变化趋势以及典型规律，样本库中的每一类数据代表可能的一种交通演变趋势。实时采集的最新交通数据与历史库进行匹配，寻找到与实时数据最相似和最接近的 K 组数据。基于实时数据的下一时段的交通状态预测就

是根据所寻找到的 K 组近邻变化趋势来确定。因此整个算法中没有固定的参数和系数,完全根据历数样本数据库中的数据组的演变趋势和实时数据系列的值来预测下一时段的交通状态。历史数据系列即为交通演变典型模式,在短时预测中发挥重要的作用。图 6-20 为非参数回归算法基本原理示意图。

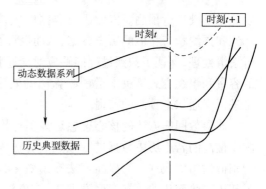

图 6-20　非参数回归理论的基本原理示意图

非参数回归预测算法的应用包含 5 个关键的步骤:历史数据库聚类方法选取,状态向量的定义,相似机制的确定,近邻机制的选取,预测函数的选取。

(1)历史数据库聚类方法选取。历史数据准备是非参数回归预测的第一步,也是非常关键的一步。非参数回归预测的效果和质量直接取决于历史数据的质量,而且聚类方法的选取与算法的搜索和运算时间紧密相关。因此数据库聚类方法首先要使历史数据要覆盖系统所有的状态,具备完备性和典型性,以确保在近邻搜索时可以搜索到合适数量的近邻。其次,聚类方法应能够满足动态数据实时归类的要求,即满足实时、在线编程实现的要求。目前,传统聚类方法以状态向量平均值或单个历史值为聚类对象,难以体现数据变化的趋势特性。因此,本书重点针对历史数据库聚类方法进行改进,着重提高模型的计算速度。

(2)状态向量的选取。状态向量是指与预测变量相关的最小个数的状态变量组成的向量。与预测变量相关的状态变量可能很多,所以必须恰当地选取状态向量的个数达到在精度和速度之间的最佳权衡。

(3)相似机制。这是非参数回归法中的一个重要概念,指如何评价当前点和历史数据库中的点的相似度。只有相似度满足一定的条件(也就是下面所说的近邻机制)才能成为近邻。最常用的度量方法是采用欧式距离或加权欧式距离法。

(4)近邻机制的选取。它是非参数回归中的核心概念,是指如何使历史数据库中的点成为当前点的近邻。主要有最小 K 近邻法和核近邻法两种机制。最小 K 近邻法是指相似度最小的 K 个历史数据库中的点;核近邻法是指以当前点为核心,R 为半径的球中的点成为当前点的近邻。

(5)预测函数的选取。近邻点找到以后,如何利用这些近邻点预测下一个时刻的预测变量的值。常用的方法有:求平均值、加权平均法等。

6.6.2　改进的非参数回归预测方法

6.6.2.1　历史数据库聚类方法改进

非参数回归中,将交通状态与历史数据进行对比,寻找与其状态最相似的历史数据,以此为基础进行预测。因此历史数据库应该包含足够的信息以保证在预测过程中能够找到和预测状态相似的历史数据,从而保证预测的精度。而正是由于没有对历史数据进行平滑处理,保证了预测过程能够应对交通状态的突然变化。而历史样本数据库中数据的容量和组织方式又决定了预测算法的效率,即其时间复杂度。因此,历史样本数据库是进行交通状态预测的前提。

非参数回归方法的核心思想是将实时数据与历史数据的变化趋势进行匹配,选择匹配度最高的若干历史数据进行预测。算法需要从历史数据库中搜索与实时数据趋势最为相似的历史数据。为提高算法搜索效率,本书借鉴计算机数据存储数制的思想,提出了基于趋势变化的数据库聚类方法,该方法定量化描述状态向量变化趋势,对不同变化趋势赋值,以此作为分类依据。

假定选定状态向量长度为 n,则历史数据库状态向量和实时数据状态向量分别为 $S_h(t) = \{S_h(t-n+1), S_h(t-n+2), \cdots, S_h(t)\}$、$S(t) = \{S(t-n+1), S(t-n+2), \cdots, S(t)\}$,历史数据下一时刻客流量值及当前下一时刻客流量值分别为 $S_h(t+1)$、$S(t+1)$,令 $d = \{0,1,2\}$ 为状态向量变化趋势描述量,则状态向量变化趋势描述向量为:

$$D_{\text{label}}(i) = \begin{cases} 0, & s(t-n+i) = s(t-n+i+1) \\ 1, & s(t-n+i) < s(t-n+i+1) \quad i=1,2,\cdots,n-1 \\ 2, & s(t-n+i) > s(t-n+i+1) \end{cases} \quad (6\text{-}28)$$

历史数据库分类类型数量为:

$$C_{\text{no}} = 3^{n-1} \quad (6\text{-}29)$$

对某状态向量而言,其分类标签为:

$$C_{\text{label}} = D_{\text{label}}(1) \times 3^{n-2} + \cdots + D_{\text{label}}(n-2) \times 3^1 + D_{\text{label}}(n-1) \times 3^0 \quad (6\text{-}30)$$

图 6-21 为长度为 4 的状态向量趋势变化,依据式(6-29)可知,历史数据库分类类型数量为:

$$C_{\text{no}} = 3^{4-1} = 27 \quad (6\text{-}31)$$

该状态向量的标签为:

$$C_{\text{label}} = 1 \times 3^2 + 1 \times 3^1 + 2 \times 3^0 = 14 \quad (6\text{-}32)$$

6.6.2.2 状态向量的选取

根据数据实验分析,研究采用相邻时刻的客流量作为状态向量。向量定义包含了 4 个现状客流量趋势数据和 5 个历史客流量趋势数据。预测算法通过 4 个现势客流量数据所反映的基本走势信息,计算状态向量的分类标签,匹配多源历史数据库中相同分类标签的历史状态向量,并在历史样本系列中寻找近邻。最后利用历史数据库中历史客流

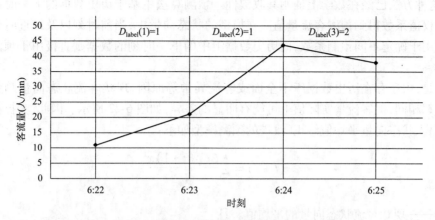

图 6-21 非参数回归状态向量变化趋势描述标签示意图

量数据所反映的趋势来预测确定现势下一时刻的客流量。

6.6.2.3 相似机制的确定

采用欧式距离判定实时客流量数据系列与样本数据库的匹配程度,即分别计算各当前向量与历史向量的离差平方和,以此为基础计算欧式距离确定与样本数据库中不同数据系列的距离,计算公式表达式如下:

$$d_i = \sqrt{\frac{1}{4}(S(t-3)-S_h(t-3))^2 + \frac{1}{4}(S(t-2)-S_h(t-2))^2 + \frac{1}{4}(S(t-1)-S_h(t-1))^2 + \frac{1}{4}(S(t)-S_h(t))^2}$$
(6-33)

欧式距离的计算值,用于确定在预测算法中,各组数据系列的权值 β_i。权值计算表达式如式 6-34 所示。匹配距离的倒数与所有 K 近邻的匹配距离倒数之和的比值,其意义可以理解为,如果样本库中某组数据系列的欧式距离的倒数越大(欧式距离越小),那么在预测算法中的就具有更大的权值。

$$\beta_i = \frac{d_i}{\sum_{j=1}^{K} d_j} \quad (6\text{-}34)$$

式中:K——模型近邻值。

6.6.2.4 近邻机制的选取

K 近邻法则是一种基于历史数据的非参数回归方法,通过寻找与当前状态向量最匹配的 K 组最近邻的数据系列,对变量下一时刻的数据进行预测。依据已有研究成果,本书选取 K 近邻值为 5。

6.6.2.5 预测模型的改进

预测函数采用基于匹配距离倒数的加权平均法。距离越小的点,也就是越相似的点,给予的加权越大。大多数非参数回归模型中,用最相似状态来预测下一时段的交通状态,这种方法已经在数学上证明其收敛性。预测算法中基于历史数据的下一时刻客流量值和权值系数得到预测客流量值。在模型的状态向量中,当前时刻以及最近时刻的历史数据用于确定不同预测系数,而历史数据组中的下一时刻的数据则直接用于预测值的计算。

但是,由于存在历史数据库不全面或客流异常等原因,现状客流状态向量趋势虽与相似近邻相同,但客流量实际值上可能有明显的差异,如图 6-22 所示。因此,为提高预测精度,引入状态向量平均值修正,改进的预测模型如下:

$$s(t+1) = \sum_{i=1}^{K} \frac{\beta_i s_{hi}(t+1) \bar{x}}{\bar{x}_{hi}} \tag{6-35}$$

式中:$\bar{x}$——现状客流状态向量的平均值。且

$$\bar{x} = \frac{1}{n}\sum_{i=1}^{n} s(t-i+1) \tag{6-36}$$

$\bar{x}_{hi}$ 为相似近邻 i 的客流状态向量的平均值:

$$\bar{x}_{hi} = \frac{1}{n}\sum_{j=1}^{n} s_{hi}(t-j+1) \tag{6-37}$$

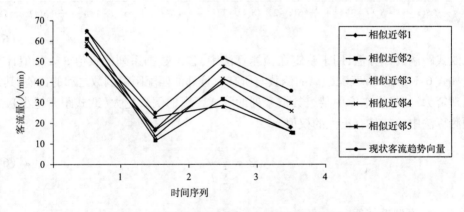

图 6-22　现状客流状态向量与相似近邻状态向量对比图

为提高计算效率,本书已将该算法进行了程序化,开发了基于 Excel 的 VBA 计算程序,程序代码及说明见附录 E。

6.6.3　数据实证

预测模型验证数据、预测时段及统计间隔与之前相同。

1) 早高峰

预测结果如图 6-23 ~ 图 6-25 所示。

第6章 客流量短时预测方法

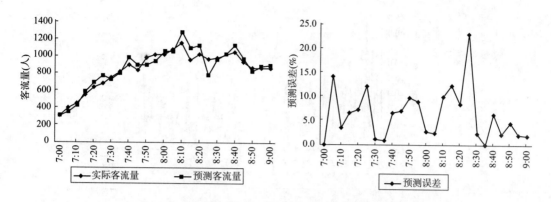

图 6-23 非参数回归算法早高峰 5min 统计间隔预测结果

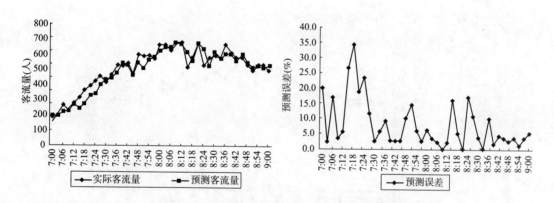

图 6-24 非参数回归算法早高峰 3min 统计间隔预测结果

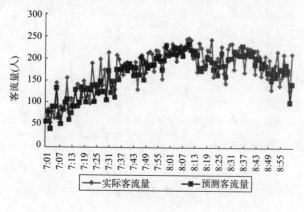

图 6-25

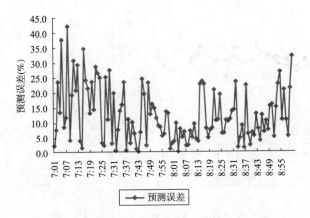

图 6-25 非参数回归算法早高峰 1min 统计间隔预测结果

2)晚高峰

预测结果如图 6-26 ~ 图 6-28 所示。

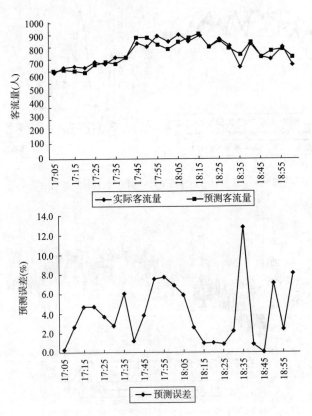

图 6-26 非参数回归算法晚高峰 5min 统计间隔预测结果

第6章 客流量短时预测方法

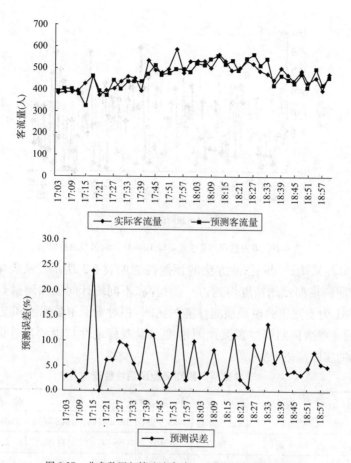

图 6-27 非参数回归算法晚高峰 3min 统计间隔预测结果

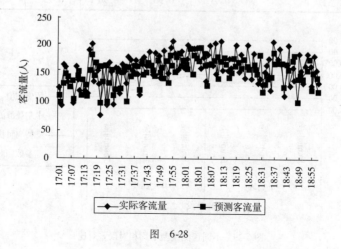

图 6-28

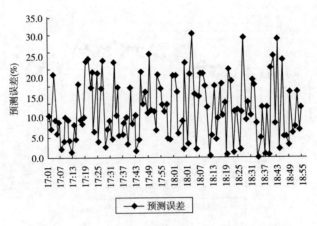

图 6-28 非参数回归算法晚高峰 1min 统计间隔预测结果

不同预测时段及统计间隔预测方法的预测性能如表 6-3 所示。从表中可以看出，改进后的非参数回归模型预测精度得到进一步提高，不同统计间隔预测误差均小于 15%。图 6-29～图 6-31 为不同预测模型预测性能对比图，相对于卡尔曼滤波和支持向量机回归模型，改进后的非参数回归模型客流预测精度和误差稳定性均得到显著提高，能够满足客流短时预测的实际应用需要。

非参数回归预测模型预测性能表　　　　　　　　　　表 6-3

性能指标	统计时段	早高峰			晚高峰		
		1min 间隔	3min 间隔	5min 间隔	1min 间隔	3min 间隔	5min 间隔
平均相对误差(%)		12.20	8.10	6.30	11.80	6.00	4.00
最大相对误差(%)		42.00	35.00	23.00	31.00	24.00	13.00
均等系数		0.91	0.96	0.96	0.93	0.96	0.98

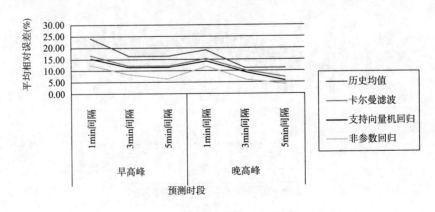

图 6-29 不同预测模型平均相对误差对比

第6章 客流量短时预测方法

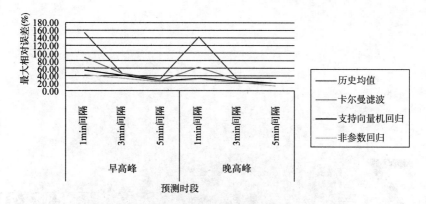

图6-30 不同预测模型最大相对误差对比

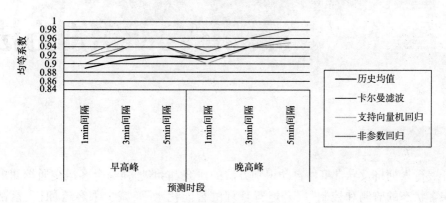

图6-31 不同预测模型均等系数对比

第7章 综合客运交通枢纽客流拥挤自动识别方法

开展行人拥挤及异常事件自动识别方法的研究,能够加强综合客运交通枢纽的管理者对乘客状态的监测和控制,提升运营管理的智能化水平,减少乘客流拥挤、紊乱的发生,消除乘客流拥挤及异常事件带来的安全隐患,进而实现综合客运交通枢纽的安全、高效、便捷运行。由于目前尚无成熟的行人交通状态及异常事件自动识别方法,监控设备利用效率偏低,浪费严重。因此,本章在对机动车交通状态判别技术的发展历史和现状进行回顾的基础上,针对综合客运交通枢纽客流监控的实际应用需求,构建了基于传统ACI算法的综合客运交通枢纽行人拥挤自动识别算法,并搭建行人仿真测试模型,对算法的精度和有效性进行了验证。

7.1 交通拥堵自动识别方法概述

行人行走环境的复杂性、行走规则的多样性使行人交通状态的自动识别变得异常困难。考虑到机动车交通状态自动判别方法已取得丰硕的研究成果,而且对行人交通的研究有十分重要的借鉴意义,因此本节主要介绍机动车交通状态自动判别算法的研究成果。

国外最早开发并投入使用的交通状态识别算法是以判别突发性交通事件为主要功

能的加利福尼亚算法。其开发于 1965~1970 年之间，这种算法主要是通过比较临近检测站之间的交通参数数据（主要是比较环形线圈检测出的占有率），对可能的突发事件进行判别。

得克萨斯州交通协会在 1970~1975 年期间开发了以判别突发交通事件为主要功能的标准偏差算法，用于休斯顿海湾公路的交通监视和控制中心。标准偏差值 SND 可通过当前交通参数值减去平均值，再除以标准偏差得到。Dudek 等人认为倘若在连续的两个采样周期内的 SND 值都大于预定的阈值，则认为有突发交通事件发生。

Cook 于 1974 年开发了一种双指数平滑法，用于对突发交通事件的判别。这种算法以交通参数数据的双指数平滑值作为预测值，通过比较交通参数数据的预测值和实测值来构造一个跟踪信号，如果该跟踪信号超过预定的阈值时，就认为发生了突发交通事件。

Payne 和 Tignor 在 1978 年公布了 10 种基于最初加州算法的改进方法，其中性能最好的是两种分别是 7 号和 8 号算法。7 号算法能够区分常见的交通压缩波，而不会发生误报；8 号算法增加了反复的持续判别，但是其报告时间则总体上推迟了 5 分钟。

Hounsell, McDonald 和 Wong(1988) 研究了城市道路交通环境下偶发拥挤的特征，提出了利用 SCOOT 区域控制系统提供的检测数据检测偶发拥挤的方法，但是没有给出具体的检测算法，只是建议对比正常交通状态下的占有率与偶发拥挤状态下的占有率数据作为检测的基础。

Thancanamootoo 和 Bell(1988) 采用仿真数据开发出指数平滑时间序列算法，通过观测一个时间段的占有率和流量数据来进行偶发拥挤检测。他们发现占有率数据比流量数据更可信，为克服采样数据在一个信号周期内的随机波动，采样时段最小为一个信号周期长度。

Persaud 等根据突变理论于 1990 年开发了 McMaster 算法，第一次将过大交通需求引起的常发性拥挤作为分析判定的对象。使用大量的拥挤和非拥挤交通状态下的流量—占有率历史数据开发二者分布关系模板，通过将观测数据之间的关系与模板进行两次比较，第一次比较判定是否发生了交通拥挤，第二次比较判定发生的是偶发性拥挤还是常发性拥挤。

莫尼卡算法(Monica)开发于 1991 年，以连续车辆之间车头时距的测量值和方差、连续车辆之间的速度差为基础，当这些参数超过预定的阈值时，则触发交通事件警报。

Antoniades 等于 1996 年开发了一种单检测站交通事件判别算法，运用统计分析中的 T 检验方法，以前 10 个采样周期占有率的平均值和标准偏差作为比较的基础，在当前实际数据计算出的平均值和标准偏差与之存在较大的差异时，则判别发生了突发交通事件。

国内方面，庄斌、杨晓光等通过对中国城市道路路段上环形线圈采集到的流量和占有率数据进行对比分析和统计推导，从理论上论证了交通拥挤产生的原因；提出了交通拥挤出现与消散过程的相对增量判别准则，并利用给出的判别准则构造出相应的拥挤检测指标，给出了城市道路路段上交通拥挤的平均占有率自动检测算法。

杨兆升、杨庆芳等在对传统不确定性推理融合算法比较的基础上，提出应用模糊综合决策模型来进行多目标多传感器的信息融合，来解决在交通事件中的多事件多传感器的事件识别问题，该模型的主要特点是信息损失少、计算量小，其实用性比较强。

姜紫峰、刘晓坤等提出从多层前向人工神经网络角度建立模型，并运用一个4层的BP网络予以实现。网络中每一层神经元只接受前一层神经元的输入，并在节点上进行复合（线性叠加）和畸变（非线性映射）。通过复合反映不同神经元之间的耦合程度，通过畸变改变输入信息的结构和性态。该方法在识别率、误识率和平均识别时间方面均比较理想。

姜桂艳等以道路交通状态指标体系设计为目标，以基于人工智能的数据融合、数据挖掘技术为基础，对动态交通信息的采集方法、预处理方法和预测方法进行了研究，设计了多种交通拥挤状态的自动判别算法和三级报警制度。

综上所述，早期的道路交通状态判别算法主要以突发交通事件为研究对象，大部分都以感应线圈采集的交通流量、占有率和地点速度等交通数据为基础，所采用的数据技术主要包括统计分析、平滑滤波等常规方法，经典的 ACI 算法主要包括加州算法、Mc-Master 算法、指数平滑法和标准偏差法。

随着交通网络的进一步成熟，交通和需求量的进一步增大，与交通事故无关的常发性拥挤越来越严重，交通状态判别扩展到对于所有交通拥挤状态判别方法的研究，另一方面，信息采集和处理技术的进步，为道路交通状态判别研究提供了更有力的技术保障。因此也出现了不少改进的 ACI 算法，目前常用的交通拥挤自动判别算法主要包括基于固定检测器的 ACI 算法和基于移动检测器的 ACI 算法。由于固定交通检测技术相对比较成熟，因此基于固定检测器的算法比较实用。它主要包括基于车道参数比较的单截面算法、基于模糊的单截面 ACI 算法、基于 ANN 的单截面（双截面）算法。基于移动型检测器的 ACI 算法主要有基于行程时间的算法、基于瞬时速度的算法和基于数据融合的算法。

从已有的研究成果分析来看，道路交通拥堵识别方法的主要研究对象为高速公路或城市道路基本路段，不同交通状态下交通流参数关系相对稳定，拥挤机理比较清晰。但相对于道路交通环境，客运交通枢纽行人步行环境复杂，设施种类、几何形式、组合类型多样化，不同拥挤点交通状态差异性大。另外由于缺乏长期的、大量的交通流参数历史数据库，需要长期、大量历史数据的模式识别或人工智能方法并不适用于客运交通枢纽行人拥挤的自动识别。从数据采集可行性分析可知，现阶段综合客运交通枢纽客流监测类似于城市道路的固定检测器法，而且不同客流检测点之间的相关性关系辨识困难，因此，综合客运交通枢纽客流拥挤识别应以基于固定型检测器的单截面算法为基础，进行相应的改进以适应于综合客运交通枢纽的密集行人环境。

识别方法的研究是具有十分重要的开拓意义和实际应用价值的。

7.2 客流拥挤自动识别算法设计

7.2.1 McMaster 算法

加拿大 McMaster 大学的研究人员根据突变理论,即"函数中的一个变量产生非连续特性而其他变量只显示连续性变化",开发了机动车交通拥挤识别的 McMaster 算法。这种算法建立在这样的前提下,即当交通从拥挤状态向非拥挤状态变化时,流量和占有率变化平稳,而速度表现为突然的变化。该算法对交通拥挤的判别过程包括两个阶段:

(1)判别拥挤的存在;

(2)判别拥挤的类型。

该算法规定在三个连续的采样周期内,车速均值下降至阈值以下,或占有率超过阈值,或流量与占有率都在非拥挤区域之外,可判定拥挤存在。在连续两个采样周期内,车速、流量和占有率任意两个超过各自的阈值,也可以判定发生了交通拥挤。

7.2.2 基于 McMaster 算法的行人拥挤自动识别算法设计

1)判定参数选择

依据现阶段行人交通流参数采集可行性及拥挤敏感性分析,选择行人密度及客流量作为拥挤判定参数。

2)判定阈值设置

(1)客流密度:参照行人交通拥挤指数的定义,当客流密度小于 D 级服务水平时,便判定行人处于拥挤状态。

(2)客流量:对于无历史数据积累的行人设施或区域,建议采用仿真测试或设施名义最大通行能力作为判定阈值;对于有历史数据累计的行人设施或区域,可采用无拥挤状态下的历史峰值作为判定阈值。

3)采样周期确定

依据现有客流采集设备采集能力,建议初始设置 3 个采样周期为判定周期,时长 3min。后期可依据实际的客流时间分布规律,进行相应的调整。

4)判定思路

利用客流高密度持续时间、流量变化规律进行判定:

(1)在规定采样周期个数内,高密度持续时间超过判定阈值,可以判定存在行人拥挤;

(2)在规定采样周期个数内,流量变化幅度小于判定阈值,可以判定存在常发性拥堵;

（3）在规定采样周期个数内，流量变化幅度超过判定阈值，可以判定存在突发性拥堵；

（4）在规定采样周期个数内，高密度持续时间未超过判定阈值，但流量连续变化幅度超过判定阈值，可以判定存在异常事件。

判定流程如图7-1所示：

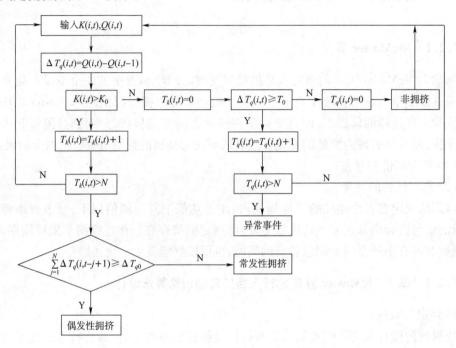

图7-1　改进的McMaster算法逻辑流程图

7.3　仿真验证

为验证客流拥挤自动识别算法的精度，选择北京地铁西单站1号线换乘4号线的通道进行仿真测试，分别假定大客流常发拥挤以及设备故障等突发事件，检验自动识别算法的精度。

7.3.1　仿真模型构建

7.3.1.1　仿真地点

为验证客流拥挤自动识别算法的精度，选择地铁西单站1号线换乘4号线通道进行仿真测试、客流行走方向及换乘通道设备布局，依据设施类型及几何尺寸的不同，将换乘通道划分为三个分段，如图7-2所示。不同分段设施特性及理论通行能力如表7-1所示。理论通行能力计算参照《地铁设计规范》（GB 50157—2003）。

第7章 综合客运交通枢纽客流拥挤自动识别方法

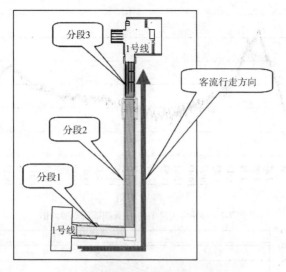

图7-2 换乘通道不同类型设施分段图

换乘通道不同分段属性表 表7-1

分段编号	设施类型	几何尺寸	通 行 能 力
1	步道	6.6m	$5000 人/m/h \times 6.6m/60min = 550 人/min$
2	步道	6.0m	$5000 人/m/h \times 6.0m/60min = 500 人/min$
3	楼梯+电梯	楼梯3.4m+电梯1.0m	$(3700 人/m/h \times 3.4m + 9600 人/m/h \times 1m)/60min = 370 人/min$

7.3.1.2 基础客流需求

为尽可能的模拟实际的客流运行状态,比照工作日实际换乘客流时间分布构造客流需求数据。图7-3为工作日6:00~21:00的1min统计间隔历史平均值,可以看出,客流量最高的5min为8:04~8:09,峰值269人/min。因此,仿真时段为高峰5min以及前后各10min,共25min,如图7-4所示。但是由于最高峰客流小于换乘通道最小理论通行能力,为使仿真模型能够模拟出客流拥挤的效果,依照高峰时段客流时间分布规律,构造仿真基础客流数据,如图7-5所示。

7.3.1.3 仿真事件假定

1) 常发性客流拥挤

验证当客流需求大于行人设施通行能力时,自动识别算法的识别效率。仿真模型以构造的基础客流需求数据为基础,自8:02~8:08,客流需求均大于分段3的通行能力。

2) 突发性事件

验证当发生设备故障等异常事件时,自动识别算法的识别效率,仿真模型以构造的基础客流需求数据为基础,构造自动扶梯故障:故障发生于8:04,持续5min,故障期间自动扶梯不可使用,乘客依靠楼梯疏散,8:09故障解除,自动扶梯恢复正常运转状态。

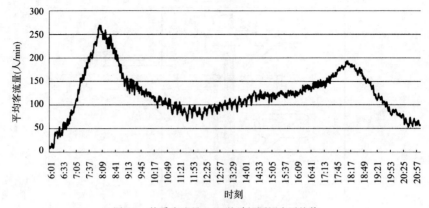

图 7-3　换乘客流量 1min 统计间隔历史平均值

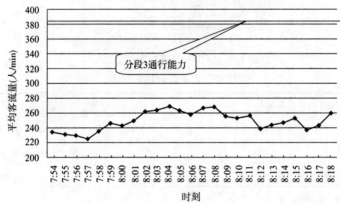

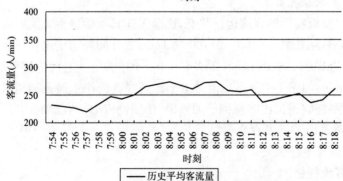

图 7-4　选取时段换乘客流量 1min 统计间隔历史平均值

7.3.2　拥挤识别精度分析

7.3.2.1　监测节点选择

依据换乘通道设施布局及客流时间分布特性,选定三处区域为客流监测区域,监测客流数据为客流量及客流密度,如图 7-6 所示。

第7章 综合客运交通枢纽客流拥挤自动识别方法

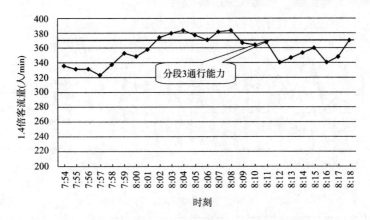

图 7-5 选取时段 1.4 倍换乘客流量 1min 统计间隔

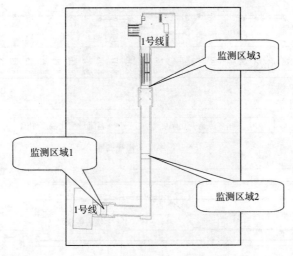

图 7-6 监测区域位置示意图

7.3.2.2 判定阈值选择

1）密度阈值

假定 D 级服务水平以下为客流拥挤状态，各级服务水平分级阈值参照美国《Transit Capacity and Quality of Service Manual》（第二版）行人设施服务水平分级。

2）客流量变化幅度阈值

客流变化幅度依据历史客流量变化规律确定。图 7-7 为仿真时段不同时刻的客流量及其相对上一时刻的变化幅度，因此，为体现不同时刻的客流量变化趋势，选取未来 3 个时刻中最大变化幅度作为客流量变化幅度的阈值，如图 7-8 所示。

7.3.2.3 常发性拥挤识别结果

图 7-9 为换乘通道各客流监测区处的客流密度变化图。从图中可以看出：

（1）客流监测区 1、客流监测区 2 通行能力满足上游客流需求，监测区处客流密度较

小,仿真时段内监测区客流处于 C 级以上服务水平;

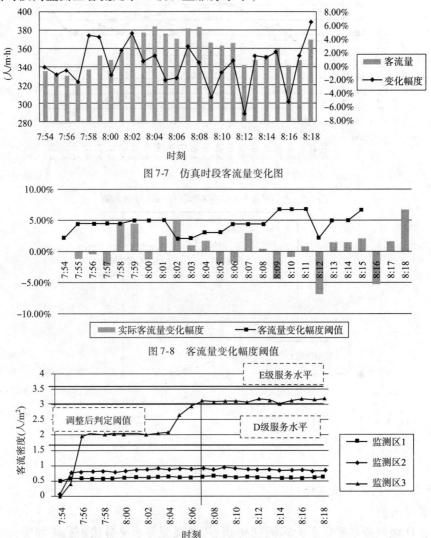

图 7-7 仿真时段客流量变化图

图 7-8 客流量变化幅度阈值

图 7-9 测试方案一监测区域客流密度变化图

(2)客流监测区 3 处通行能力不能满足上游客流需求,仿真时段内监测区客流基本处于 C 级以下服务水平。

由上述分析可知,虽然客流监测区 3 处的通行能力不能满足上游客流需求,但客流监测数据表明该处客流密度未大于 D 级服务水平下限(3.59 人/m²),依照客流密度判定阈值,不能判定此处发生客流拥挤。

事实上,由于受到上游设施几何尺寸的限制,监测区 3 处上游难以达到最大通行能力的客流压力,故该处未监测到过高的客流密度(D 级以下服务水平客流密度)。但通过

图 7-10 可知,自 8:06 到仿真结束,客流监测区 3 处始终有大量乘客集聚,客流压力未能得到快速疏散,有较大的安全隐患。因此,应针对此处的实际客流拥挤特征,对拥挤判定阈值进行相应的调整:

(1) 自 8:06 监测区域出现了明显客流集聚,表明此时上游客流需求已明显超过实际的疏散能力,客流集聚呈不断增加的趋势,此时客流密度开始超过 3 人/m^2。因此,调整此处客流拥挤判定阈值为 3 人/m^2。

(2) 客流量变化幅度阈值不做调整。由图 7-9 可知,8:07 时客流密度为 3.12 人/m^2,此后客流密度持续大于 3 人/m^2。依据客流拥挤自动识别算法的判定准则,客流拥挤时段为 8:07~8:19,连续 12 个采样周期大于客流拥挤判定阈值,故判定发生客流拥挤。

图 7-11 为正常情况下客流监测区 3 处的客流量变化图。从图中可以看出:客流拥挤时段(8:07~8:19)客流量变化幅度均未超过判定阈值,故判定发生常发性客流拥挤,与仿真假设一致。

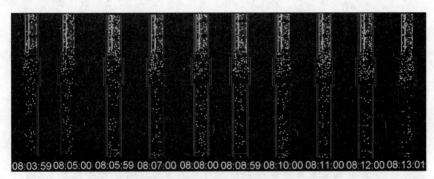

图 7-10 测试方案一监测区域 3 处仿真客流运行状态变化图

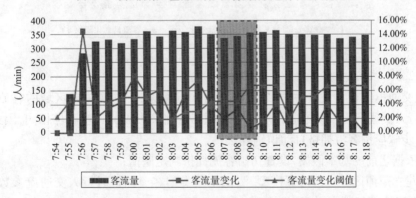

图 7-11 测试方案一监测区域 3 仿真客流量及客流量变化幅度

7.3.2.4 偶发性拥挤识别结果

图 7-12 为自动扶梯故障时客流监测区 3 处的客流密度变化图。从图中可以看出:自动扶梯发生故障时(8:04),监测区域客流密度不断上升,8:05~8:06 客流密度为 3.97

人/m,处于E级服务水平状态,大于客流拥挤判定阈值,既客流处于拥挤状态,8:09自动扶梯故障解除,客流开始疏散,客流密度降低,8:09~8:10客流密度为3.12人/m²,处于D级服务水平状态。依据客流拥挤自动识别算法的判定准则,客流拥挤时段为8:05~8:08,连续3个采样周期处于高密度状态,故判定发生客流拥挤。

图7-13为正常情况与自动扶梯故障时客流监测区3处的客流量变化图,可以看出:客流拥挤时段(8:05~8:08)客流量变化幅度均超过判定阈值,故判定发生偶发性客流拥挤,与仿真假设一致。

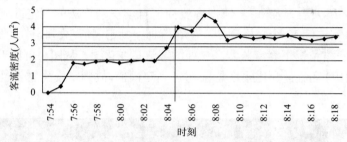

图7-12 测试方案二监测区域3客流密度变化图

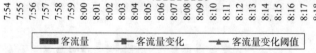

图7-13 测试方案二监测区域3仿真客流量及客流量变化幅度

7.3.2.5 应用建议

客运交通枢纽行人设施种类多、设施组合布局复杂,不同设施或区域的客流时空分布特性、行人交通行为及设施通行能力等影响客流拥挤形成的因素不尽相同,因此,建议遵循以下步骤应用客流拥挤自动识别算法:

(1)依据之前的基本假设,设置初始客流拥挤判定阈值;

(2)建立监测区域行人仿真模型,测试不同类型客流拥挤时行人交通流参数的变化规律,更新客流拥挤判定阈值;

(3)依据实际客流监测数据,结合历史数据积累以及实际客流拥挤事件下的行人交通流参数变化规律,定期调整或修正客流拥挤判定阈值。

第 8 章 综合客运交通枢纽应急疏散预案编制方法

综合客运交通枢纽是多种交通方式的汇集点和各类客流的集散地。因具有衔接运输方式多、客流量大、换乘关系复杂等特点,综合客运交通枢纽换乘不便、瓶颈存在安全隐患、服务水平较低、人性化关注不足等诸多问题逐渐显露,枢纽区域已成为突发事件高发、多发地带。

8.1 突发事件定义及特性研究

8.1.1 突发事件定义

突发事件顾名思义,即超常规的、突然发生的、需要立即处理的、非同寻常的大事情。在不同国家,突发事件名称不一。美国称其为"紧急事件",英国为"重大事件",按照国务院公布的《国家突发公共事件总体应急预案》,我国称之为"突发事件"。

预案中规定,突发公共事件即突然发生,造成或者可能造成重大人员伤亡、财产损失、生态环境破坏或严重社会危害,威胁公共安全的紧急事件。我国 2007 年 8 月通过《中华人民共和国突发事件应对法》中,将突发事件定义为突然发生,造成或可能造成严重社会危害,需要采取应急处置措施予以应对的自然灾害、事故灾难、公共卫生事件和社会安全事件。因此,可以得出突发事件主要具有突发性、群体性、危害性、连带性等特性。

8.1.2 突发事件特性研究

1) 突发性

突发事件发生的时间、地点通常不可预测,甚至没有征兆和预警的可能,发生后留给应急处置的时间也极其短暂。正因为如此,突发事件已成为理解和解释当今世界的一个关键词。表 8-1 所示为进入 21 世纪以来世界范围内危害较大的突发事件。

较大突发事件统计结果　　　　　　　　　表 8-1

年 份	突发事件名称	危害或损失情况
2001 年	"9·11"事件	3000 余人丧生
2002 年	印尼巴厘岛爆炸	200 余人死亡
2003 年	美国大面积停电	百亿元损失
2004 年	印度洋海啸事件	超过 25 万人遇难
2005 年	美国飓风袭击事件	出现人员伤亡,重灾区 90% 的建筑完全消失
2006 年	日本大雪灾事件	日本上百万家庭电力中断
2006 年	"榴莲"强台风事件	菲律宾政府宣布进入"国家灾难状态"
2007 年	洛杉矶机场海关系统瘫痪	上千名旅客滞留机场
2008 年	缅甸强热带风暴事件	数百万人失去家园
2008 年	中国汶川大地震事件	数百万人失去家园
2009 年	中国新疆乌鲁木齐动乱	150 多人死亡,近 900 人受伤
2010 年	俄罗斯地铁恐怖袭击	数十人死亡,近百人受伤,城市交通和铁路运输瘫痪
2010 年	中国玉树大地震	数万人伤亡
2011 年	日本西太平洋大地震	数万人死亡,数十万人失去家园
2011 年	日本福岛核泄漏事件	核辐射长达数万年,危害东亚乃至全世界人民健康

2) 群体性

突发事件,多数属于社会性突发事件,有大量的人参与其中;自然突发性事件,也往往危机多数群众的生命财产安全,事件具有鲜明的群体性。

3) 危害性

突发事件的发生极易造成预料之外、令人触目惊心的灾难性后果。以发生比例较高的火灾为例,其人员伤亡和损失统计如图 8-1、图 8-2 所示。

4) 连带性

行人密集的公共场所,通常是突发事件的高发区,在突发事件发生后,因为人群拥挤和骚乱造成事故扩大化的案例屡见不鲜,群死群伤的悲剧不断重演。表 8-2 所示为 1964 ~ 1994 年国内外公共场所由于人群拥挤造成事故扩大化的典型事例。

第 8 章 综合客运交通枢纽应急疏散预案编制方法

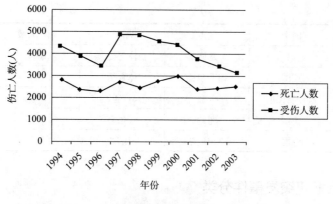

图 8-1 人员伤亡统计

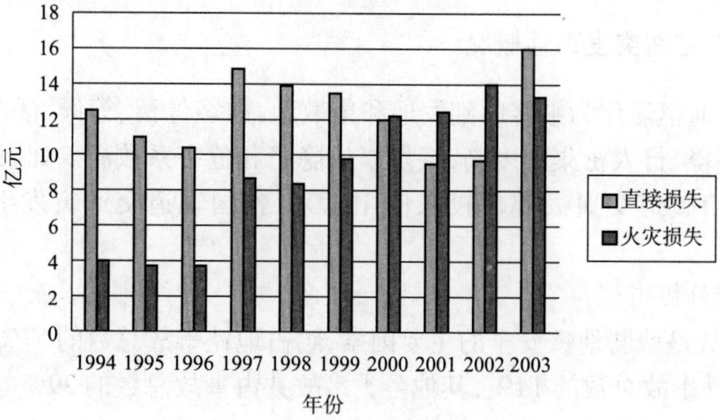

图 8-2 损失统计

连带事件统计　　　　　　　　　　　　　　　表 8-2

年 份	国家	地点	场所	死亡人数	原因
1964 年	秘鲁	利马	体育馆	318	人群骚乱
1967 年	土耳其	凯撒利	体育馆	40	人群骚乱
1968 年	阿根廷	布宜诺斯艾利斯	体育馆	73	出口拥挤
1971 年	英国	伊伯克利斯	体育馆	66	出口拥挤
1974 年	埃及	开罗	体育馆	48	突发事件
1979 年	美国	辛辛那提	音乐会	11	人群骚乱
1981 年	印度	新德里	博物馆	45	突然断电
1981 年	比利时	布鲁塞尔	体育馆	38	人群骚乱
1982 年	苏联	莫斯科	体育馆	340	出口拥挤
1985 年	英国	布拉德福德	体育场	56	看台倒塌起火
1986 年	印度	哈德沃	桥	46	人群拥挤

续上表

年 份	国家	地点	场所	死亡人数	原因
1988 年	尼泊尔	加德满都	体育场	1006	突降冰雹
1989 年	英国	谢菲尔德	体育场	108	突发事件
1990 年	沙特阿拉伯	麦加	人行通道	1425	人群拥挤
1991 年	美国	纽约	音乐会	9	人群拥挤
1994 年	中国	克拉玛依	礼堂	323	起火

8.2 综合枢纽突发事件分类

8.2.1 综合枢纽突发事件概况

综合客运交通枢纽作为乘客的到发地和集散地,乘客停留、等候、活动区域是一个有限相对密闭的环境,行人密集程度高,突发事故隐患和危害系数高。如表8-3所示,自20世纪60年代城市轨道交通大规模投入使用以来,各国轨道交通突发事件的发生统计情况。

从表中可以分析得到:

(1) 火灾事故是威胁地铁安全的主要因素,约占地铁事故总数的57%,其次为列车出轨事故,约占地铁事故总数的14%,其他各类事故共占事故总数的29%。各类事故分布概况如图8-3所示。

(2) 在20世纪70~90年代,轨道交通突发事件主要发生在欧美、日本等发达国家,这是因为该阶段是发达国家建设轨道交通的高峰,而发展中国家因处于探索阶段,突发事件发生较少。

轨道交通突发事件统计　　　　表8-3

发生时间	发生地点	产生原因及后果
1. 火灾事故		
1968 年 1 月	日本 东京	日比谷线六本木站—神谷町站附近,列车运行中制动电阻器起火,3 节车厢被烧毁、11 人受伤(含消防人员)
1971 年 12 月	加拿大 蒙特利尔	火车与隧道端头相撞引起电路短路,造成座椅起火,36 辆车被毁,司机死亡
1972 年 10 月	德国 东柏林	车站和 4 辆车被毁
1973 年 3 月	法国 巴黎	人为纵火,车辆被毁,死亡 2 人

续上表

发生时间	发生地点	产生原因及后果
1975年7月	美国波士顿	隧道照明线路被拉断,引发大火
1976年5月	葡萄牙里斯本	火车头牵引失败,引发火灾,毁车4辆
1976年10月	加拿大多伦多	人为纵火造成4辆车被毁
1977年3月	法国巴黎	天花板坠落引发火灾
1978年10月	德国科隆	丢弃的未熄灭烟头引起火灾,伤8人
1979年1月	美国旧金山	电路短路引发大火,死亡1人,伤56人
1979年3月	法国巴黎	车厢电路短路引发大火,伤26人
1979年9月	美国费城	变压器火灾引起爆炸,伤178人
1979年9月	美国纽约	烟头引燃油箱,2辆车燃烧,4名乘客受伤
1980年4月	德国汉堡	车厢座位着火,2辆车被毁,伤4人
1980年6月	英国伦敦	烟头引发大火,死亡1人
1980~1981年	美国纽约	共发生8次火灾,重伤50人,死亡53人
1981年6月	苏联莫斯科	电路引起火灾,死亡7人
1981年9月	德国波恩	操作失误引起火灾,车辆报废,无人员伤亡
1982年3月	美国纽约	传动装置故障引发火灾,伤86人
1982年6月	美国纽约	大火燃烧了6小时,4辆车被毁

续上表

发生时间	发生地点	产生原因及后果
1982年8月	英国伦敦	电路短路引起火灾,伤15人,1辆车被毁
1983年8月	日本名古屋	变电所内的整流器故障起火,变电所部分烧毁,由于停电导致2列车在隧道内停车,死亡2人(消防人员),伤5人
1983年9月	德国慕尼黑	电路着火,2辆车被毁,伤7人
1984年9月	德国汉堡	列车座位着火,2辆车被毁,伤1人
1984年11月	英国伦敦	车站月台库房起火,18人受伤
1985年4月	法国巴黎	垃圾引发大火,伤6人
1985年9月	日本东京	列车在车站内停靠过程中的机车下部轴承破损发热而起火,车厢部分烧毁,没有死亡,2800人紧急疏散
1987年11月	英国伦敦	售票处大伙,死亡31人
1991年4月	瑞士苏黎世	地铁机车电线短路,重伤58人
1994年6月	中国台北	变电室火灾,3名消防员受伤
1995年10月	阿塞拜疆巴库	机车电路故障,死亡300多人,伤200多人
2003年2月	韩国大邱	人为纵火,导致198人死亡,147人受伤

2. 水 灾 事 故

发生时间	发生地点	产生原因及后果
2001年9月	中国台北	纳莉台风带来的暴雨和洪水,造成18座车站淹水,是台北地铁陷于瘫痪
2003年7月	中国上海	施工隧道渗水,隧道部分坍塌,造成1幢8层楼房裙房坍塌,附近一段长约30m的防汛墙受地面沉降影响沉陷、开裂
2007年8月	美国纽约	暴雨导致地铁运输系统瘫痪

续上表

发生时间	发生地点	产生原因及后果
3. 停电事故		
1996年1月	中国北京	高压输电线被砸断,造成北京地铁57辆列车突然断电被迫停运,堵塞长达146min
2003年8月	英国伦敦	停电之后,近三分之二的地铁列车停运,大约25万人被困在地铁中,许多地铁站被迫暂时关闭
2007年10月	日本东京	东京地铁大江户线突然停电,进而造成全线停止运行,1300人被困在列车中,10人因身体不是被送医院治疗
4. 列车出轨、相撞事故		
1991年5月	日本滋贺	列车相撞,42人死亡,527人受伤
1991年8月	美国纽约	列车出轨,至少6人死亡,100多人受伤
1999年8月	德国科隆	列车相撞67人受伤
2000年3月	日本东京	列车出轨,3人死亡,44人受伤
2000年6月	美国纽约	列车出轨,89名乘客受伤
2003年1月	英国伦敦	列车出轨,32名乘客受伤
2003年10月	英国伦敦	列车出轨,7人受伤
2005年4月	日本冰库尼崎	列车出轨,107人死亡,400多人受伤
5. 爆炸事故		
1995年7月	法国巴黎	发生炸弹爆炸,8人死亡,117人受伤
1996年6月	俄罗斯莫斯科	列车发生爆炸,4人死亡,7人受伤
1998年1月	俄罗斯莫斯科	发生地铁爆炸意外,造成3人受伤

续上表

发生时间	发生地点	产生原因及后果
2001年8月	英国伦敦	发生地铁爆炸意外,造成6人受伤
2004年2月	俄罗斯莫斯科	列车发生爆炸,至少30人死亡,70人受伤
6.毒气泄漏事故		
1995年3月	日本东京	3条线路的5节车厢同时发生被称为"沙林"的神经性毒气泄露,12人死亡,5000多人受伤
2006年9月	韩国首尔	首尔地铁1号线钟阁站,发生毒气泄漏事件,33人中毒
7.地 震		
1985年9月	墨西哥	1985年墨西哥地震(8.1级),在软弱地基上的地铁结构在车站侧墙与地表相交处发生结构分离
1995年1月	日本阪神	1995年1月17日在日本阪神地区发生7.2级地震。共有5个综合客运交通枢纽和约3km的地铁隧道发生破坏
8.其 他		
1999年5月	白俄罗斯明斯克	综合客运交通枢纽人数过多,发生意外,54人被踩死

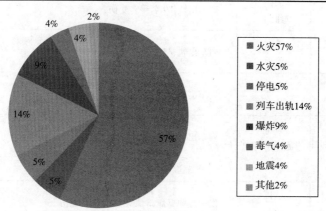

图8-3 轨道交通事故比例分布

8.2.2 综合枢纽突发事件趋势分析

随着我国居民出行量的不断增加,出行距离的不断延长,出行方式的更加多样,我国正在步入大规模建设轨道交通的建设时期,大量现代化多功能的综合客运交通枢纽已经或即将建成并投入使用。综合分析表明,我国以轨道交通为骨干的枢纽突发事件高发期即将到来。表 8-4 所示,为 2009 年北京轨道交通突发事件统计及影响。

北京 2009 年轨道交通车站突发事件统计　　　　　表 8-4

日期	线路	地点	事发时间	恢复时间	原因分析	影　响		
						停运	晚点	折返
2009.3.10	八通	土桥站	8:21	9:30	道岔故障	5	33	5
2009.3.12	2 号	积水潭站	8:12	9:40	电缆侵入限界	44	60	0
2009.5.19	1 号	古城站	7:45	8:13	信号故障	13	45	4
2009.6.10	2 号	宣武门—长春街	9:23	10:31	接触轨断电	17	18	0
2009.7.17	1 号	南礼士路	8:25	9:11	路外伤害	37	63	4
2009.8.12	2 号	西直门	16:20	17:37	信号故障	34	51	0
2009.10.19	2 号	宣武门	22:37	23:42	路外伤害	0	8	0
2009.11.2	4 号	北京南—陶然亭	21:39	22:15	接触轨断电	0	8	1
2009.11.25	4 号	公益西桥	7:19	9:09	信号故障	18	70	10
2009.12.15	4 号	安河桥北—圆明园	9:45	12:20	信号故障	12	42	8

8.2.3 综合枢纽突发事件分类

8.2.3.1 分类依据和原则

根据枢纽内突发事件的自身特性、危害程度、疏散要求及后期恢复情况,总结出以下分类原则:

(1)突发事件是否具有多发性。例如,枢纽内乘客徘徊、滞留情况时有发生,枢纽工作人员可给予更多的关注。

(2)突发事件是否具有规律性。例如,每周工作日的早高峰客流量较大,尤以周一早高峰时段为甚,枢纽可针对大客流做好组织方案。

(3)突发事件是否具有可控性。例如,枢纽内发生乘客打架事件,公安部门可及时出面制止,有效控制事件延续和扩大。

(4)突发事件的危害程度如何。例如,枢纽内自动扶梯运行出现故障,因乘客可在自动扶梯徒步行走代替扶梯运行,该事件对枢纽正常运营影响不大,基本不存在危害。

(5)突发事件是否对疏散有紧迫性要求。例如,枢纽内某站厅发生火灾,需要及时、快速疏散乘客,保证乘客人身安全。

(6)突发事件发生后,枢纽能否短期恢复正常运营。例如,某个工作日高峰时段,瞬间客流量巨大,远远超出枢纽站台承载能力,因延续时间较短,枢纽可迅速恢复正常。

按照上述分类依据和原则,可将枢纽内突发事件分两大类:可预知类事件和不可预知类事件。

8.2.3.2 可预知类突发事件

综合客运交通枢纽的主要功能是为乘客提供乘车、停留、候车、换乘等环境,从而达到乘客快速集散的目的。因此,综合客运交通枢纽突发事件多数与乘客有关。当枢纽内出现超常、超大量客流时,一系列的异常情况和突发问题呈现出来,因这些情况和问题有一定规律性、相似性和重复性,故称为可预知类突发事件,亦称超常客流事件。

超常客流主要分为平日高峰时段客流(图 8-4)、特殊节假日客流、大型活动日客流三类。其中,平日高峰以通勤客流为主,特殊节假日以旅行客流为主,大型活动日通常是通勤客流和参与大型活动客流的叠加,上述三类客流均具有明显的出行规律和特征。

图 8-4　高峰期间枢纽超大客流集聚

图 8-5 所示为某工作日 2 号线全天的客流分布,该分布具有明显的"双峰"特性。

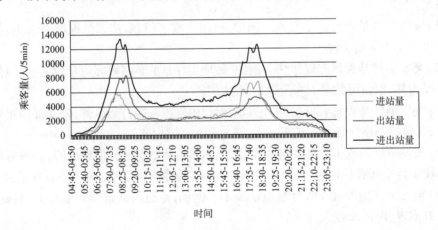

图 8-5　工作日客流高峰特性

图 8-6 所示为 2010 年奥体中心站全年的客流分布,其中两个高峰客流是由"五一"和"国庆"长假引发的。

图 8-7 所示为 2010 年每周三工作日五棵松站的客流分布,两个高峰客流日分别为

2010年3月17日和10月13日,与这两天五棵松场馆分别举行后街男孩演唱会、NBA季前赛活动有关。

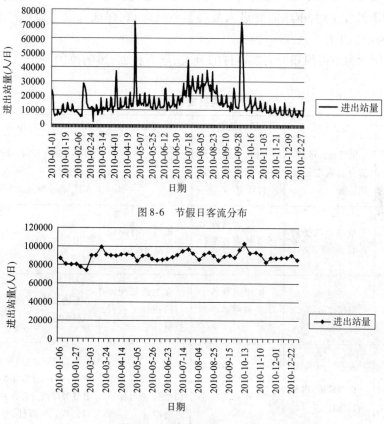

图8-6 节假日客流分布

图8-7 活动日客流对比分布

8.2.3.3 不可预知类突发事件

相对于可预知类突发事件,综合客运交通枢纽内发生的其他突发事件,统称为不可预知类突发事件。不可预知类突发事件没有明显的规律性,随机性相对突出,预测难度较大。根据突发事件的性质、危害程度、可控性、影响范围,将不可预知类突发事件分为一般突发事件、较大突发事件、严重突发事件和致命突发事件4类。

一般突发事件是指乘客个体行为表现异常、枢纽设施出现故障,短期能恢复正常的事件。通常乘客这种情况只会对部分乘客走行产生影响,对枢纽的正常运营影响较小。

较大突发事件是指因为异常天气或施工计划执行出现问题等不可预知因素导致枢纽内客流激增的事件。通常这种事件会对枢纽安全运营产生冲击,需要枢纽内部各部门密切协调配合。

严重突发事件是指因为枢纽内的车辆或设备出现故障,列车运行计划重大变更等导致停运的事件。这种事件发生后,迅速恢复正常运营是枢纽的职责所在,对乘客进行安全疏散和安抚,也是枢纽亟须的工作。

致命突发事件是指枢纽内发生事故灾害,导致枢纽停运、瘫痪甚至出现人员伤亡的事件。这种事件发生后,枢纽需要进入最高紧急状态,在保证人民生命财产安全的前提下,开展各种应急工作。

表 8-5 所示为不可预知类突发事件的分类、危害程度、影响范围、可控性分析及示例列举。

不可预知类突发事件统计分析　　　　表 8-5

类　别	危害程度	影响范围	可控性	示　例　列　举
一般突发事件	枢纽正常运营,部分行人走行受到影响	枢纽运营部分环节和部分乘客走行环境	枢纽内专职人员参与控制	行人超常滞留、徘徊、聚集;行人非法逆行、非法闯入特定区域;行人打架、斗殴等治安事件
较大突发事件	枢纽运营受到影响	枢纽运营各个环节和乘客走行环境	枢纽所有岗位人员参与控制	雨雪天气
严重突发事件	枢纽停运	枢纽运营各个环节和乘客心理情绪	在上级管理部门的指导下进行控制	车辆故障、线路故障、信号故障、枢纽断电等
致命突发事件	枢纽停运,出现人员伤亡	枢纽运营各个环节和乘客生命安全	在上级管理部门的现场指挥下进行控制	地震灾害、气象灾害等自然灾害事件;火灾、建筑物坍塌、各种交通事故等事故灾害事件;传染病疫情等公共卫生事件;恐怖袭击、骚乱等社会安全事件

8.3　枢纽应急疏散预案定义

综合枢纽应急疏散预案又称应急疏散计划,是指依据枢纽设备设施等物理结构现状,在安全评价基础上,为减小突发事件对枢纽运营、行人安全、财产造成的危害和影响,就突发事件发生后针对行人应急组织和疏散的步骤和纲领,预先做出科学有效的计划和安排。简单而言,枢纽应急疏散预案就是突发事件条件下枢纽行人组织和疏散的行动方案、行动指南、行动指导。

本书中枢纽应急疏散预案的"疏散"有以下两层含义:

(1)突发事件发生后,将枢纽内部行人疏散至枢纽外部;

(2)突发事件发生后,控制、限制或禁止枢纽外部行人进入枢纽内部。

综合以上两层含义,即突发事件发生后,要对枢纽行人进行应急组织,使得行人按照事先安排的行走方式和流线,实现枢纽应急管理的目的。

8.4 枢纽应急预案编制原则

针对综合枢纽的特殊地位,其突发事件应急疏散预案的编制应体现出以人为本、预防为主、快速反应、统一指挥、有效应对的总体原则。具体体现如下:

(1)科学性。在应急预案中需要针对可能涉及的枢纽多种利益与目标实现做出明确的排序,对政府和社会所确认的核心价值做出明确的界定,并制定确保优先价值实现的措施,使预案真正具有科学性。

(2)实用性。预案应符合枢纽物理结构、客流分布、行人交通特性等客观情况,符合突发事件的应急要求,体现出适度的灵活性和变通性,便于实际操作人员的落实和执行,使预案真正具有实用性。

(3)权威性。枢纽疏散工作是一项紧急状态下的应急工作,通常会涉及多个运营企业,所制定的预案应明确同一管理体系下各个企业的职责与分工。同时,预案需经上级部门批准后才能实施,保证预案具有一定的权威性和法律保障。

(4)全局性。从时间维度,预案应涵盖应急响应的各个步骤;从空间维度,预案应覆盖突发事件影响的各个区域。

(5)针对性。预案应针对枢纽发生不同类别、级别的突发事件,可采取不同的应对措施,既不大材小用导致资源的浪费,也不小材大用导致措施不力。

(6)适度性。预案响应的时机不宜早,也不宜晚;响应的范围不宜大,也不宜小;响应的程度不宜深,也不宜浅。

8.5 枢纽突发事件应急处置流程

综合枢纽突发事件应急处置包括突发事件的监测与预警、接警与应急处置、事后记录与管理3个步骤。

8.5.1 突发事件监测与预警

针对枢纽各类设施设备的运行状况、行人出行环境、客流状态、突发事件进行实时、动态监测,当设备出现故障,或出行环境、客流状态出现异常,或发生突发事件时,工作人员需要予以确认。在确认突发事件类别和级别情况下,发出相应级别的预警。

根据本书之前突发事件的类别和级别,将预警分为蓝、黄、橙、红4级预警,与突发事件类别对应情况见表8-6。

预警与对应突发事件　　　　　　　　表8-6

预 警 级 别	对应突发事件
蓝色预警	一般突发事件
黄色预警	可预知类突发事件、较大突发事件
橙色预警	严重突发事件
红色预警	致命突发事件

8.5.1.1　枢纽设备设施运行状态监测及报警

当被监测设备设施发生故障时,通过报警提示声音或画面,显示发生故障设备设施的报警信息,提醒监控中心的值班人员,及时进行故障维修。设备设施故障报警的流程如图8-8所示。

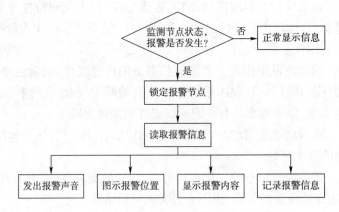

图8-8　设备设施故障自动报警流程

综合枢纽内需要进行实时检测的安全设施包括:

(1)视频设备;

(2)火灾报警与控制系统,包括红外、感烟等火灾探测报警系统、喷淋泵等灭火系统、防烟排烟系统、防火门及卷帘系统、安全疏散指示系统等;

(3)门禁系统,包括门禁控制主机、门禁控制器、读卡器等;

(4)电力系统,包括变配电系统、照明系统、机房供电、应急照明等供电电源和备用电源;

(5)电梯。

8.5.1.2　枢纽安全环境监测与报警

枢纽安全环境包括集散大厅、公交场站及轨道交通等区域,需要对发生的火灾、毒烟、踩踏等突发事件进行监测。枢纽安全环境监测方案如图8-9所示。火灾探测器根据布设位置分别设置红外、感烟、感温、火焰、可燃气体等探测器,当火灾发生时,会触动报警装置,实现报警。

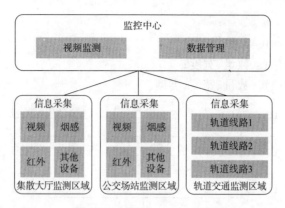

图 8-9　枢纽安全环境监测方案

8.5.1.3　客流监测分析与报警

通过对进出口客流量和集散大厅、换乘通道、站台等重点区域的客流密度进行实时监测，并以此为依据，对重点区域的拥堵程度进行分析和判断。以单位面积站立人数为主要指标，对拥堵程度进行等级划分，共分为：严重拥堵、非常拥堵、一般拥堵、不拥堵4个等级。

当拥堵程度达到"非常拥堵"时，发出客流疏导预警；当拥堵程度达到"严重拥堵"时，发出进入应急处置流程预警。

8.5.1.4　行人突发事件监测与报警

通过视频监测设备，对枢纽内人流聚集区、关键设施放置区等关键区域进行监测，如发现可疑滞留人员、物品、异常奔跑、非法逆行、聚众骚乱、打架斗殴等突发事件，即进行报警。产生报警后，监控中心值班人员需进行人工确认。一旦确认以后，即生成接警单，进入应急处理流程。

8.5.2　突发事件接警与应急

在枢纽监管人员确认突发事件发生后，即进入突发事件应急处置流程。需要按照"以安全为核心，以效率为标准"的原则，实现对突发事件的快速报警、快速响应、科学决策，最终实现安全疏散标志和安全疏散信息发布的集中控制，从而快速建立安全疏散通道，实现枢纽内乘客、工作人员等的快速疏散，保障人民群众的人身安全。

8.5.2.1　突发事件快报

图 8-10 所示为突发事件快速接警流程，包括公众拨打站内服务电话、保安报告和应用系统自动报警等报警方式的快速响应，保安监控室值班人员接到报警以后，根据不同类型的报警执行不同的处理流程。

8.5.2.2　应急资源查询与管理

主要针对枢纽内各类应急救援物资、设备、设施进行查询和统一管理。具体而言，管理的应急资源包括：

(1) 安全出入口的位置、数量、宽度；

(2) 疏散通道的位置、数量、宽度；

(3) 疏散楼梯的位置、数量、宽度、类型；

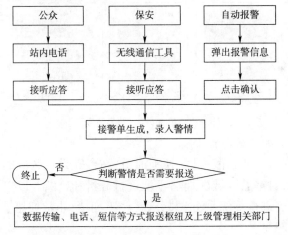

图 8-10　快速接警流程

(4) 防火门的位置、数量、宽度、是否处于关闭状态等；

(5) 红外、感烟、感温、火焰、可燃气体等火灾自动探测报警装置的位置、数量、性能、状态；

(6) 自动水喷淋装置、气体灭火装置的位置、数量、性能、状态；

(7) 消火栓的位置、数量；

(8) 泡沫灭火器、干粉灭火器的位置、数量；

(9) 安全疏散标志的位置、数量、类型等。

8.5.2.3　应急处置决策

一旦突发事件确认真实以后，即进入应急处置流程。具体流程如图 8-11 所示。图中：

(1) 事件定义：对突发公共事件的位置、类型、等级、可能的影响范围、危害程度、发展速度进行快速判断和准确定义。

(2) 制定应急处置方案：根据事件发展情况以及枢纽内应急资源情况，制定合理的疏散方案。对于枢纽控制范围内的突发事件，快速组织执行安全疏散方案；对于超出枢纽控制范围的突发事件，及时报送上级管理部门批准后，组织实施快速疏散。

(3) 疏散信息发布：通过广播控制器实现对紧急疏散方案的快速、及时播报。根据电子显示屏所在的具体区域，发布最合适、最直接的安全疏散指令。通过短信服务器，直接向进入枢纽区域的手机用户发布紧急安全疏散短信。

(4)疏散标志控制:疏散指示标志用于指示安全出口等设施位置和方向,疏散导流标志用于保持被疏散人员视觉连接,并引导人员通向安全出口、疏散出口、紧急出口。疏散警示标志用于警告和提示被疏散人员采取合适安全疏散行为。

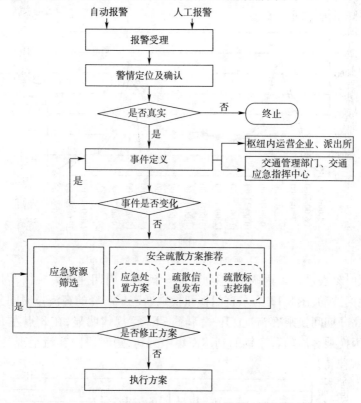

图 8-11 应急决策流程

8.5.3 突发事件事后记录与管理

突发事件应急响应完毕之后,相关工作人员应急解除警告,恢复枢纽正常运营。同时需要对突发事件类型、发生时间、地点、疏散方案进行详细记录和分析,完善应急预案,为未来突发事件的应急响应提供借鉴。

8.6 枢纽应急疏散客流量分析

对于在建枢纽,客流疏散量可以通过传统的预测方法根据现状人口、交通设施服务水平、土地利用性质及其分布、经济情况及发展趋势分析得到。

已建成枢纽可根据历史数据得到,主要分为平日工作日、大型活动日、特殊节假日等三大类不同时段的客流量。

8.6.1 平日高峰应急疏散量分析

平常工作日,高峰时段客流量较大,枢纽客流高峰特性明显。图 8-12 为西直门枢纽的全日乘客乘降量分布图。

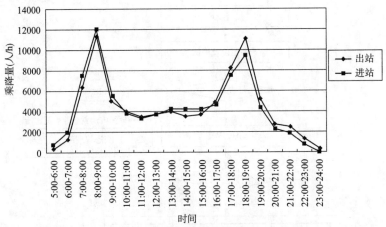

图 8-12 西直门枢纽的全日乘客乘降量分布图

由于按照时刻表进行车辆调度,枢纽各类车辆具有周期性抵离规律,因此,枢纽客流也呈现周期性的波动,图 8-13 为东直门枢纽换乘通道早高峰的客流量时间分布。从图中可以看出,早高峰期间换乘客流"上升—高峰—下降"规律明显,在 8 点左右达到最大流量值。而且,因换乘客流随着车辆的到达而集中到达,短时段内客流呈现"上升—高峰—急剧下降"的规律特性。

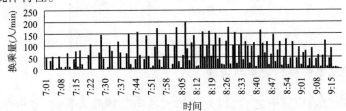

图 8-13 东直门枢纽换乘通道早高峰流量时间分布图

8.6.2 大型活动日应急疏散量分析

当有重要的活动时,枢纽的乘客量有着明显的增加。图 8-14 为西直门枢纽 4 号线的活动日与平日客流分布对比图。相比平日客流分布,活动日客流在 22 点左右激增,出现顶峰值,主要是因为活动日的演唱会在该时刻结束,观众散场,进站客流迅速增加。

8.6.3 特殊节假日应急疏散量分析

图 8-15 为奥体中心站"五一"、"十一"假日与平日全日乘客乘降量分布对比图。可

以看出,与平日相比,节假日枢纽客流有明显增加。

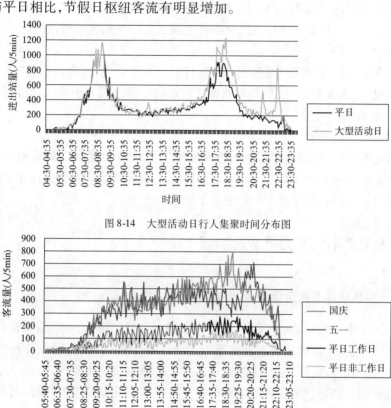

图 8-14　大型活动日行人集聚时间分布图

图 8-15　奥体中心站客流分布对比

8.7　枢纽应急疏散流线组织原则

综合枢纽行人应急疏散需要考虑枢纽结构形式、设施设备数量、枢纽各种应急资源、枢纽行人行为、安全疏散标准等因素,按照"以人为本,主次分明"的原则,对行人进行安全、统一、高效、舒适的疏散。

1) 以人为本原则

枢纽客流疏散应最大限度地满足客流的安全、便捷、舒适等要求,缩短行人疏散时间,提高枢纽疏散效率。

2) 主次分明原则

综合客运交通枢纽的交通方式通常在 4 种以上,各种交通方式的疏散量差异较大。在进行枢纽的客流疏散组织之前,应首先对各交通方式疏散量客流特性进行估算,疏散量越大、疏散距离和时间越长的客流,在枢纽疏散的地位越重要。综合考虑各种因素,对各方式的疏散客流进行由大到小的排序，即得到枢纽各交通方式疏散客流的相对重要性，该重要度的排序，是枢纽进行客流疏散优先满足某些交通方式的依据。

3）人车分流原则

枢纽内人车分流是保证枢纽疏散有序运行的关键环节之一，也是枢纽"以人为本"的一种具体体现。"人车分流"的最基本的做法就是将车流区域和客流区域进行空间分割，使二者相互独立，互不干扰。

4）疏散组织优化原则

有了枢纽的主骨架和人车结合点，按照换乘客流的重要度由高到低的顺序，依次进行各方式客流的细部分区和交通组织。各交通方式的疏散客流应避免相互交叉干扰，做到分区清晰，连通便利，使乘客在枢纽中不至于迷失方向。

8.8 枢纽多种运输方式应急协调

8.8.1 应急条件下各运营企业的合理定位

针对枢纽多家运营企业参与运营管理的特点，成立专门枢纽应急处置执行机构。在突发公共事件发生时，负责依据应急预案或上级管理部门的统一指挥，传达应急处置指令，调配枢纽内的应急资源，组织实施枢纽人员和车辆的安全疏散。

其他运营企业则负责将各自的运营信息及时提供给应急处置机构，同时执行应急处置机构传达的应急处置指令，辅助应急处置机构组织实施安全疏散。

8.8.2 枢纽应急运营管理模式

在突发事件状况下，综合枢纽应以乘客安全为宗旨，实现应急处置机构与多家运营实体之间的联动响应、协调调度和统一指挥，各家运营实体之间需密切合作、相互配合，实现乘客的快速、安全疏散。

当突发事件未达到预案设置的相应等级时，各运营实体按照各自的管辖范围承担对突发事件的处置责任，并在事后及时通报给其他各方，实现详细事件信息的交换与共享。

当突发公共事件达到预案设置的相应等级时，综合枢纽根据预案的要求做出如下响应：

（1）即时通知各运营实体的突发事件联络人，突发事件联络人必须马上做出协作响应；同时，上报上级管理部门。

（2）枢纽内各运营实体及工作人员进行快速简单处置。

（3）发布信息给出行者，枢纽管理中心在上级管理部门的统一指挥下，快速组织安全疏散。

(4)各运营单位应根据突发事件状况下的统一安排,调整运营计划,进行运输组织。

8.8.3 枢纽运营企业信息共享

枢纽内多家运营企业应实现以下信息共享:

(1)公交、轨道交通运营基本信息,包括时刻表、线路、停靠站点等。

(2)公交、轨道交通临时调度、变更信息,包括班次线路运行计划、临时线路班次调整、客运量等信息。

(3)设备设施运行状态信息,涵盖枢纽管理区域内的视频监控、火警报警、门禁系统等运行状态信息。

(4)视频监控信息,涵盖枢纽集散大厅、出入口、换乘通道、楼梯、场站、站台、停车场、机房等区域的视频图像。

(5)突发事件信息,涵盖异常客流聚集、一般突发事件、较大突发事件、严重突发事件、致命突发事件等信息。

8.9 枢纽工作人员岗位职责

8.9.1 枢纽各运输方式工作人员定位

基于轨道交通在枢纽中的主体地位和该种方式客流疏散的紧迫性,枢纽应急预案应以轨道交通方式各岗位人员职责为主导,其他方式岗位人员通过组织、引导客流予以配合,如表8-7所示。

预警条件下枢纽岗位职责   表8-7

预警级别	应急指挥	执行方式
蓝色预警	各企业应急负责人	各企业相关工作人员分别执行
黄色预警	枢纽应急管理机构	以轨道交通方式工作人员为主导,其他运输方式工作人员予以配合
橙色预警	枢纽应急管理机构	以轨道交通方式工作人员为主导,其他运输方式工作人员予以配合
红色预警	交通应急管理部门	以轨道交通方式工作人员为主导,其他运输方式工作人员予以配合

通常,综合枢纽内有2条或以上的轨道交通线路,因运营主体不同,不同轨道交通线路工作人员的协调配合是应急预案的重点。表8-8所示为北京轨道交通线路岗位设置。本书假设枢纽A线为北京地铁线路,B线为京港地铁线路。

北京轨道交通线路岗位   表8-8

企业名称	岗位名称								
北京地铁	值班站长	行车	助理	售票	监票	换币	机动岗	疏导员	保安 安检
京港地铁	值班班长	助理	站厅岗	站台岗	机动岗		督导员	安检员	

8.9.2 蓝色预警级别轨道交通工作人员岗位职责

当枢纽发生蓝色预警时,轨道交通线路的疏导员、机动岗人员应立即赶到现场,对客流异常行为予以控制,及时排除突发事件,防止突发事件进一步扩大和升级。待突发事件得到控制并恢复正常,疏导员应及时解除预警。

其他岗位人员行使正常岗位职责。

8.9.3 黄色预警级别轨道交通工作人员岗位职责

当枢纽发生黄色预警时,枢纽主要通过导流和限流的等措施控制枢纽内客流规模,通过缩短列车运行间隔提高运力,最终完成客流组织。如图8-16、图8-17所示为西直门导流、天通苑限流情况。

图8-16 西直门枢纽导流措施

图8-17 天通苑枢纽早高峰限流情况

表8-9所示为枢纽限流时,A与B两条线路工作人员的岗位职责。

当黄色预警解除时,各岗位人员恢复正常工作状态。

轨道交通人员岗位职责一　　　　　　　　　表8-9

线别	岗位	职　责
A线	售票岗	1. 接到枢纽限流的通知后,及时悬挂运力不足提示牌; 2. 必要时停止售票,锁闭好票款; 3. 做好退票准备工作,办理退票; 4. 协助监票员宣传解释,采取只出不进的方式,劝阻乘客进站
A线	换币岗	1. 接到枢纽限流的通知后,停止换币工作,保护好票款; 2. 在TVM前宣传疏导乘客,引导乘客出站乘坐地面交通工具; 3. 必要时协助出入口的限流工作
A线	监票岗	1. 接到枢纽限流的通知后,停止检票; 2. 在闸机处进行宣传解释; 3. 采取只出不进的方式,劝阻乘客进站; 4. 协助在换乘通道栅栏门处限流

第 8 章 综合客运交通枢纽应急疏散预案编制方法

续上表

线别	岗位	职 责
A 线	机动岗 1	1. 依据值班站长指示,携带喇叭到达换乘通道处,在栅栏处进行限流; 2. 必要时关闭换乘通道栅栏,设专人进行把守,并通知 B 线综控室; 3. 恢复正常后通知 B 线综控室
	机动岗 2	1. 依据值班站长的命令,带领 1 名保安,在出入口栅栏处进行限流,只开放一个通道,并做好宣传解释工作,维护好出入口的秩序; 2. 恢复正常,得到值班站长允许后,采取分批放行的方式组织乘客进站,避免乘客进站时拥挤,造成踩踏事故
	行车岗 (内勤)	1. 负责车站行车组织工作; 2. 及时向值班站长汇报列车运行,站台、通道、出入口客流情况; 3. 随时将车站客流、限流及恢复情况向行调、B 线综控室、公安、生产调度、邻站汇报; 4. 依据值班站长的指示,通知 B 线综控室关闭 B 到 A 线换乘通道; 5. 必要时,请求行调采取列车运行调整措施给予配合; 6. 运营恢复正常后通知 B 线综控室
	行车岗 (外勤)	1. 利用车站广播进行宣传; 2. 利用车站监视器查看站台、站厅、通道及出入口的客流情况; 3. 协助行车内勤做好行车组织工作
	助理岗	1. 在站台维护秩序,做好宣传组织工作; 2. 与值班站长保持联系,随时将站台客流情况向行车和值班站长汇报; 3. 积极劝导乘客改乘地面交通工具
	值班站长	1. 统一安排岗位人员,合理调配各岗位人员力量; 2. 负责现场限流的指挥工作; 3. 使用无线通信工具,与综控室及 B 线值班站长保持信息互通; 4. 做好乘客的退票工作
	保安	1. 负责站台乘车秩序的维护与疏导,加大宣传解释,确保站台安全; 2. 鼓励乘客换乘地面交通工具; 3. 协助站务工作人员关闭出入口大门,并进行宣传解释
	安检	1. 停止正常安检工作; 2. 在通道处维持秩序,积极引导乘客改乘其他地面交通工具; 3. 协助各出入口及换乘通道的限流疏导工作
	疏导员	1. 负责站台乘车秩序的维护与疏导,加大宣传解释,确保站台安全; 2. 鼓励乘客换乘地面交通工具

续上表

线别	岗位	职　责
B 线	站厅岗	1. 接到枢纽限流的通知后,及时悬挂运力不足提示牌; 2. 必要时停止售票,锁闭好票款; 3. 做好退票准备工作,办理退票; 4. 做好站厅宣传解释工作,采取只出不进的方式,劝阻乘客进站; 5. 必要时依据值班站长指挥命令,带领 1 名车站助理、1 名安检、携带喇叭,关闭出入口,并在其他出入口处限流,同时做好宣传解释,维护好出入口秩序
	站台岗	1. 在站台维护秩序,做好宣传组织工作; 2. 与值班班长保持联系,随时将站台客流情况向行调和值班站长汇报; 3. 积极劝导乘客改乘地面交通工具
	机动岗 1	1. 依据值班站长指示,带领 1 名车站助理、1 名安检、携带喇叭,在出入口限流栏处进行限流,只开放一个通道,并在出入口处做好宣传解释,维护好出入口秩序; 2. 恢复正常后,在得到值班站长允许后,采取分批放行的方式组织乘客进站,避免乘客进站时拥挤,造成踩踏事故
	机动岗 2	1. 依据值班站长指示,带领 1 名车站助理、1 名安检、携带喇叭,到换乘通道栅栏处限流; 2. 必要时关闭换乘通道栅栏,设专人把守; 3. 恢复正常后 A 线
	督导岗	1. 利用广播进行宣传,利用监视器查看站台、站厅、通道及出入口的客流情况; 2. 及时向值班站长汇报列车运行情况,站台、通道、出入口客流情况; 3. 及时向行调及 B 线邻站汇报车站客流情况、限流情况; 4. 适时关闭部分或全部 TVM 进站闸机; 5. 车站限流后,要及时向行调及 B 线邻站汇报; 6. 依据值班站长指示通知 A 线关闭 A 换 B 乘通道; 7. 必要时,请求行调采取列车运行调整措施给予配合; 8. 运营恢复正常后通知 1 号线
	值班站长	1. 统一安排岗位人员,合理调配各岗位人员力量; 2. 负责现场限流的指挥工作; 3. 使用无线通信工具,与综控室及 A 线值班站长密切联系; 4. 做好乘客的退票工作; 5. 若车站采取限流措施后,滞留乘客较多时,采取列车在站通过方式
	助理岗	1. 维护站内秩序,做好宣传组织工作; 2. 与值班班长保持联系,随时将站台、站厅、通道及出入口客流情况向督导员和值班站长汇报; 3. 积极劝导乘客改乘地面交通工具; 4. 依据值班站长指示协助站务人员关闭出入口大门,并在出入口处进行宣传解释

续上表

线别	岗位	职责
B线	保安	1. 负责站台乘车秩序的维护与疏导、加大宣传解释,确保站台安全; 2. 积极劝导乘客换乘地面交通工具; 3. 依据值班站长的指示,协助站务工作人员进行相关组织工作
	安检	1. 必要时在通道处协助维持秩序,积极引导乘客改乘其他交通工具; 2. 车站限流时,协助各出入口限流疏导工作; 3. 依据值班站长指示停止安检,协助站务人员关闭出入口大门,并在出入口处进行宣传解释

8.9.4 橙色预警级别轨道交通工作人员岗位职责

当枢纽发生橙色预警时,枢纽通过封站,禁止客流进站,同时及时疏散枢纽内部客流。

表8-10所示为枢纽采取"封站"措施时,A、B两条线路工作人员的岗位职责。当橙色预警解除时,各岗位人员恢复正常工作状态。

轨道交通人员岗位职责二　　　　　　　　　　　　　　　表8-10

线别	岗位	职责
A线	售票岗	1. 接到枢纽封站的通知后,立刻停止售票,锁闭好票款; 2. 做好退票准备工作,办理退票; 3. 到达出口做好宣传解释,采取只出不进的方式,劝阻乘客进站; 4. 清站完毕后,锁闭大门
	换币岗	1. 接到枢纽封站的通知后,停止换币工作,保护好票款; 2. 在TVM前宣传疏导乘客,引导乘客出站乘坐地面交通工具; 3. 必要时协助出入口人员进行只出不进的组织
	监票岗	1. 接到枢纽封站的通知后,停止检票; 2. 在闸机处进行宣传解释; 3. 采取只出不进的方式,劝阻乘客进站; 4. 协助关闭A换B的通道栅栏门; 5. 协助出入口只出不进的组织
	机动岗1	1. 依据值班站长命令,关闭B换A通道; 2. 在出入口做好只出不进的组织; 3. 清站完毕后,锁闭出入口大门
	机动岗2	1. 依据值班站长的命令,带领1名保安,携带喇叭,到达出入口; 2. 在出入口做好只出不进的组织; 3. 清站完毕后,锁闭出入口大门

续上表

线别	岗位	职 责
A线	行车岗（内勤）	1. 负责车站行车组织工作； 2. 及时向值班站长汇报列车运行、站台、通道、出入口客流情况； 3. 依据值班站长的指示，将封站配合的要求及时通知B线综控室； 4. 随时将车站客流、封站及恢复情况向行调、B线综控室、公安、生产调度及站区汇报； 5. 必要时，请求行调采取列车运行调整措施给予配合； 6. 通知B线邻站综控室，枢纽已封站，加强广播，提前告知乘客
	行车岗（外勤）	1. 利用车站广播进行宣传。 2. 利用车站监视器查看站台、站厅、通道及出入口的客流情况； 3. 协助行车内勤做好行车组织工作
	助理岗	1. 在站台维护秩序，做好宣传组织，引导乘客有序出站； 2. 与值班站长保持联系，随时将清站情况向行车和值班站长汇报； 3. 做好站台的清站工作
	值班站长	1. 统一安排岗位人员，合理调配各岗位人员力量； 2. 负责现场封站的指挥工作； 3. 使用无线通信工具，与综控室及B线值班站长密切联系； 4. 做好乘客的退票工作
	保安	1. 负责站台乘车秩序的维持，加大宣传解释，确保站台安全； 2. 协助站务工作人员关闭出入口大门，并进行宣传解释； 3. 做好站台的清站工作
	安检	1. 停止正常安检工作； 2. 在通道出维护秩序，积极引导乘客改乘其他地面交通工具； 3. 协助各出入口及换乘通道导封闭工作
	疏导员	1. 负责站台乘车秩序的维持，加大宣传解释，确保站台安全； 2. 做好站台的清站工作
B线	站厅岗	1. 接到枢纽封站的通知后，立刻停止售票，锁闭好票款； 2. 做好退票准备工作，办理退票； 3. 做好站厅宣传解释，采取只出不进的方式，劝阻乘客进站； 4. 必要时依据值班站长指挥命令，带领1名车站助理、1名安检、携带喇叭，在出入口处只出不进，做好宣传解释
	站台岗	1. 在站台维护秩序，做好宣传组织工作； 2. 与值班站长保持联系，随时将站台客流情况向行调和值班站长汇报； 3. 积极劝导乘客改乘地面交通工具

续上表

线别	岗位	职责
B线	机动岗1	1.依据值班站长指示,带领1名车站助理、1名安检、携带喇叭,在出入口处维持只出不进秩序,做好宣传解释工作; 2.恢复正常后,在得到值班站长允许后,采取分批放行的方式组织乘客进站,避免乘客进站时拥挤,造成踩踏事故
B线	机动岗2	1.依据值班站长指示,带领1名车站助理、1名安检、携带喇叭,到达换乘通道处,关闭栅栏,派专人把守; 2.恢复正常后通知A线
B线	助理岗	1.维护车站内秩序,做好宣传组织工作; 2.随时将站台、站厅、通道及出入口客流情况向督导员和值班站长汇报; 3.积极劝导乘客改乘地面交通工具; 4.依据值班站长指示协助站务人员关闭出入口大门,并在出入口处进行宣传解释
B线	督导岗	1.利用车站广播进行宣传,利用车站监视器查看站台、站厅、通道及出入口的客流情况; 2.及时向值班站长汇报列车运行,站台、通道、出入口客流情况; 3.及时将车站客流情况、封站情况向行调及B线邻站汇报; 4.及时关闭全部TVM集进站闸机; 5.封站后,及时行调及B线邻站汇报; 6.依据值班站长指示通知A线关闭A换B换乘通道; 7.必要时,请求行调采取列车运行调整措施给予配合; 8.运营恢复正常后通知A线
B线	值班站长	1.统一安排岗位人员,合理调配各岗位人员力量; 2.负责现场指挥工作; 3.与综控室及A线值班站长密切联系; 4.做好乘客的退票工作
B线	保安	1.负责站台乘车秩序的维护、加大宣传解释,确保站台安全; 2.积极劝阻乘客换乘地面交通工具; 3.依据值班站长的指示协助站务工作人员关闭出入口
B线	安检	1.停止安检,在通道协助维护疏散秩序; 2.依据值班站长的指示协助站务工作人员关闭出入口

8.9.5 红色预警级别轨道交通工作人员岗位职责

当枢纽发生红色预警时,枢纽主要通过紧急疏散的方式,迅速疏散枢纽内客流。表8-11所示为枢纽采取"紧急疏散"措施时,A与B两条线路工作人员的岗位职责。当红色预警解除时,各岗位人员恢复正常工作状态。

轨道交通人员岗位职责三　　　　　　　　　表8-11

线别	岗位	职　责
A线	售票岗	1. 接到枢纽紧急疏散的通知后,立刻停止售票,锁闭好票款; 2. 必要时使用逃生工具,做好自身防护; 3. 打开AFC系统安全门; 4. 在出口引导乘客有序出站; 5. 清站完毕后,锁闭D口大门
	换币岗	1. 接到枢纽紧急疏散的通知后,停止换币工作,保护好票款; 2. 必要时使用逃生工具,做好自身防护; 3. 在TVM前宣传疏导乘客,引导乘客有序出站; 4. 协助B出入口只出不进的组织工作
	监票岗	1. 接到枢纽紧急疏散的通知后,停止检票,打开栅栏门; 2. 必要时使用逃生工具,做好自身防护; 3. 在闸机处进行宣传解释,引导乘客有序出站; 4. 必要时向乘客发放湿毛巾; 5. 在B换A的通道处阻止乘客继续换乘A线,引导乘客有序出站,清理换乘通道,锁闭换乘通道; 6. 在出入口处做好宣传解释,引导乘客有序疏散; 7. 清站完毕后,锁闭出入口大门
	机动岗1	1. 必要时使用逃生工具,做好自身防护; 2. 在出口处做好只出不进的组织; 3. 清站完毕后,锁闭出口大门
	机动岗2	1. 依据值班站长的指示命令,带领1名保安,携带喇叭,到达A口; 2. 在A口采取只出不进的组织,向乘客宣传解释; 3. 清站完毕后,锁闭出口大门
	行车岗（内勤）	1. 负责车站行车组织工作; 2. 按压AFC紧急按钮,打开车站所有闸机; 3. 随时将车站疏散、封站及恢复情况向行调、B线综控室、公安、生产调度及A线邻站汇报; 4. 必要时,请求行调采取列车运行调整措施给予配合; 5. 运营恢复后通知B号线综控室; 6. 必要时,拨打120紧急电话和119火警电话
	行车岗（外勤）	1. 利用车站广播进行宣传,稳定乘客情绪,不要惊慌,听从工作人员安排,有序疏散出站; 2. 利用车站监视器查看站台、站厅、通道及出入口的客流情况; 3. 协助行车内勤做好行车组织工作

续上表

线别	岗位	职　责
A线	助理岗	1. 在站台维护秩序，做好宣传组织工作，引导乘客有序出站； 2. 与值班站长保持联系，随时将站台客流情况报值班站长； 3. 做好站台的清站工作
A线	值班站长	1. 统一安排岗位人员，合理调配各岗位人员力量； 2. 负责现场紧急疏散的指挥工作； 3. 使用无线通信工具与综控室及B线值班站长密切联系； 4. 做好伤员的救治工作
A线	保安	1. 负责站台乘车秩序的维护，加大宣传解释，确保站台安全； 2. 协助站务工作人员关闭出入口大门，并进行宣传解释工作
A线	安检	1. 停止正常安检工作； 2. 在通道处维护秩序，积极引导乘客改乘其他交通工具； 3. 协助各出入口的封闭工作
A线	疏导员	负责站台乘车秩序的维护与疏导，确保站台安全
B红	北站厅岗	1. 接到枢纽紧急疏散的通知后，立刻停止售票，锁闭好票款； 2. 打开绿色通道； 3. 做好退票准备工作，办理退票； 4. 做好站厅宣传疏导工作，引导乘客有序出站； 5. 必要时根据值班站长指挥命令，带领1名车站助理、1名安检，携带喇叭，在出入口处只出不进，做好宣传解释工作，维护好出入口秩序； 6. 清站完毕后，关闭出入口大门
B红	站台岗	1. 在站台维护秩序，做好宣传组织工作，引导乘客有序出站； 2. 随时将站台客流情况向行车和值班站长汇报； 3. 做好站台的清站工作
B红	机动岗1	1. 依据值班站长指示，带领1名车站助理、1名安检，携带喇叭，在出入口处只出不进，做好宣传解释工作，维护好出入口秩序； 2. 清站完毕后，关闭出入口大门
B红	机动岗2	依据值班站长指示，带领1名车站助理、1名安检，携带喇叭，到达B换A通道处，关闭换乘通道，引导乘客有序疏散
B红	保安	1. 负责疏散站台乘客，加大宣传解释，确保站台安全； 2. 积极引导乘客尽快出站； 3. 依据值班站长的指示，协助站务人员做好相关组织工作

续上表

线别	岗位	职　责
B线	督导岗	1. 接到枢纽紧急疏散的通知后，立即通知值班站长及 A 线； 2. 开启 AFC 紧急模式； 3. 利用车站广播进行宣传，利用车站监视器查看站台、站厅、通道及出入口的客流情况； 4. 及时将站台疏散情况向行调及邻站汇报； 5. 疏散完毕后及时向行调及邻站汇报； 6. 必要时，请求行调采取列车运行调整措施给予配合； 7. 运营恢复正常后通知 A 线
	值班站长	1. 统一安排岗位人员，合理调配各岗位人员力量； 2. 负责现场指挥工作； 3. 使用无线通信工具，与综控室及 A 线值班站长密切联系； 4. 指示督导岗利用车站、换乘通道广播进行宣传，稳定乘客情绪，不要惊慌，注意安全，有序疏散出站
	助理岗	1. 维护车站内秩序，做好宣传组织工作； 2. 与值班站长保持联系，随时将站台、站厅、通道及出入口疏散情况向督导员和值班站长汇报； 3. 积极引导乘客尽快出站； 4. 依据值班站长指示协助站务人员关闭出入口大门
	安检	1. 停止安检，在通道处维护秩序，积极引导乘客尽快出站； 2. 依据值班站长指示，协助站务人员关闭出入口大门

第9章 火灾对综合客运交通枢纽疏散的影响研究

在火灾灾害的影响下,综合客运交通枢纽行人在疏散过程不同于普通的地铁应急疏散,火灾对行人行为、心理以及行人的生理特性具有很大的影响,同时其救灾流程和应急程序预案也不同于普通的疏散,综合客运交通枢纽疏散状况好坏很大程度上依赖于火灾的烟气特性以及综合客运交通枢纽的防火设施,因此本章就火灾对综合客运交通枢纽疏散特性的影响就行细致的分析,主要从火灾状况下的行人心理与行为特性分析、火灾产物对行人交通特性影响、地铁设施布局及救灾程序对火灾疏散影响等三个方面进行阐述,为下面的评价仿真模型的建立奠定基础。

9.1 火灾状况下的行人心理与行为特性分析

火场中人们的行为可以理解为在掌握少量信息的情况下对复杂、快速变化的环境作出判断的逻辑过程。行为发生时,物理和社会环境间有着复杂的关系,这种复杂关系取决于人们对于模糊火灾信号的观察以及人们平时接受的训练和先前经验。总体来讲,火灾状况下行人的人员行为主要受建筑系统、疏散程序、火灾环境等三个方面的影响,如图9-1所示。

1)建筑因素

它包括建筑布局、通道宽度、通道畅通程度、照明条件和安全疏散引导系统等方面的

图9-1 火灾状况下人员行为影响因素图

影响。

2）火灾因素

它包括火灾产生的热、烟等所造成的高温、能见度降低、毒性等对人员行动造成的影响。

3）人员因素

它包括性别、年龄、身体状况、心理素质、受教育程度、对环境熟悉程度、疏散人员之间的社会关系以及特殊人群（如残障人士）的活动能力等。

9.1.1 疏散开始前人的心理和行为

通常认为火灾情况下，人员会产生恐慌心理。但是，研究发现，在火灾初期，这种情况并不多见。人员在察觉、定义、构建和评估火灾事故信号过程中通常会有以下心理和行为反应：识别、证实、定义、评价、行动、重新评估。

影响这一过程的主要因素有：对环境的熟悉程度、火灾经验、消防培训经验、角色、年龄、性别等。

1）识别过程

人员察觉到火灾威胁的存在，最初察觉到的火灾迹象也许是非常模糊的，不能十分肯定火灾的发生和存在。随着火焰、热量和烟气等物理特性的增强，会使火灾信号变得更明确。

2）证实过程

包括人员对最初察觉的火灾信息的证实，主要是对不明显的火灾特点的口头确认。人员是否经历过类似信息环境对这一过程影响很大。

3）定义过程

人员把察觉到的信息和相关因素结合起来作出判断。这些信息及因素包括火灾发生的地理位置及性质、火灾暗含的破坏程度。在这一过程之前，人的压力感和焦虑情绪是最为严重的。相对于火灾对人本身的危险性而言，人员自身的想法以及火灾所形成的物理环境都是影响当前过程的重要因素。而其中最重要的物理影响是烟气、火焰和热量的强度及传播方向。

4）评价过程

制定适应性行为，选择逃生或者防御。影响这一过程的因素包括：人员相对于出口的位置，自身与其他成员位置的相关性，其他人员的行为反应。因为人员自身能强烈感知到人群中其他人员的行为和交流，所以，人员做出的反应也许是模仿他人的、跟随大众的适应性行为或者是精心选择的区别于他人的非适应性行为。由此，人员也许会采取的行为有：撤离建筑物，拿取灭火器灭火或者启动手动报警按钮。

5) 行动过程

执行评价阶段得出的行动策略。这种行为反应会有完成、部分完成、没有完成三种结果。如果没有完成,人员会立刻意识到要进行重新评估和行动。

6) 重新评估

因为之前对于火灾事故的错误判断而做出了不正确的行动反应,所以,这是最有压力的一个过程。此时,人员有更强烈的心理和行动能量,同时行为选择的余地变得更小。

以上6个认识过程在程度、速度和强度上常常会产生明显或者不明显的修正及变化。面对模糊的火灾信息,人员的行为反应将比正常状态的低一些。在证实和定义危险过程中,人员通常会与同样在危险当中的其他人员进行交流。以上正常活动通常发生在行动开始之前,而在重新评价和行动过程中,人员的行为变得更加激烈和活跃。

9.1.2 疏散过程中个人和群体的行为

人员一旦确认了火灾危险程度之后及采取逃生行动过程中,就会表现出完全不同的心理和行为。在紧急情况下,人员和群体行为可以归纳为3个层次:个人、人与人之间相互作用、群体。以下是在火灾现场常见的人员行为,包括竞争行为、排队行为、群集行为、利他行为、非适应性行为、恐慌行为、再进入行为、人员在烟气中运动、从众行为、趋光行为。

1) 竞争行为

人员对于出口的竞争,不利于疏散并会使得非适应性行为发生。许多场景会导致竞争行为的产生。例如,人员观察到不确定情形时,会跟随其他人的行为而行动;在疏散过程中,当别人有竞争行为产生时,自己也会做出竞争的行为。当精神压力加大,恐惧在人群中传播时,也会加剧竞争。

2) 排队行为

当人群聚集到出口处并且允许人流顺序运动时,人员会自发地排队通过。排队行为的形成是自组织的一种表现,这种行为有利于疏散的进行。

3) 群集行为

拥有两个出口的房间,在疏散过程中,一个出口阻塞,而另一个出口没有被充分利用,这就是群集行为。

4) 利他行为

在紧急情况下,经常可以观察到利他行为的存在。利他行为的产生是优良社会公德的一个具体体现。观察的不确定性以及社会身份是这一行为的重要影响因素。

5) 非适应性行为

广义概念上的非适应性行为包括人员逃离火灾事故现场而不通知其他人,从而对自身和他人造成物理伤害。采取灭火或者减少恐惧的行为被称为适应性行为,有时,这种行为最后会变成非适应性行为。非适应性行为会导致非建设性的结果,如疏散时间延迟、出口阻塞等。

6) 恐慌行为

恐慌行为是一种非适应性行为的反应。恐慌通常被理解为逃离行为,其中包括过度的、不明智的努力。恐慌不单指个体行为,也包括其他人员的效仿行为。

7) 再进入行为

在出口单元(门、楼梯、走廊)处,可以很明显地观察到人员双向运动。在住宅类火灾中,更容易观察到人员安全离开建筑物后又返回的行为。再进入行为不能算作是非适应性行为,因为这种行为经常是为了协助或者营救被困在建筑物中的人员而产生的。

8) 人员在烟气中运动

人员在烟气中运动有时是和灭火行为有关,有时是为了通知他人撤离。出口位置和到达出口的距离是这一行为的首要影响因素;其次是对烟气严重程度的估计。

9) 从众行为

大部分人员在火灾慌乱的情况下,一般会失去清晰的主观能动性意识,会自发地选择跟着大部分人员的行为去逃生。

10) 趋光行为

人员在逃生过程中,会选择向出入口最近的地方疏散,而光源的地方会自发让人产生出入口的意识,从而向有光的地方逃生而表现的行为。

9.2 火灾产物对行人交通特性量化影响

火灾发生后,人群逃生过程中的最终目标是走向出口位置。也就是说,火灾发生后,人群中的个体会根据周围环境的具体状况,主动克服遇到的各种障碍(墙、柱、其他人员等),选取最佳路径,并及时调整自己的逃生路线,以最快的个人期望速度从最初位置到达目标位置。因此,火灾中人员行为的量化研究主要集中在疏散早期阶段的行为反应和火灾对人员行动能力的影响两个方面。

9.2.1 人员疏散预动作时间

从起火时刻起到人员疏散到安全区域,人员疏散时间应包括火灾探测时间、预动作时间和人员疏散运动时间,其中预动作时间包括人员察觉火灾时间和人员的行为反应时间。人员疏散预动作时间受建筑物用途、火源位置、报警设备性能以及人员状态等的影响。

表9-1为英国《建筑火灾安全工程》(Fire Safety Engineering in Buildings)中根据统计数据和经验推荐的各种用途建筑内采用不同火灾广播系统时的人员预动作时间。

表9-1 各种类型的建筑物采取不同的火警报警系统时的人员预动作时间

建筑物用途	建筑物特性	预动作时间(min) 报警系统类型		
		W_1	W_2	W_3
公共楼、商业、学校和厂房	建筑物的人员处于清醒状态,熟悉建筑物及报警系统和疏散措施	<1	3	>4
商店、展览馆、博物馆	建筑物的人员处于清醒状态,不熟悉建筑物及报警系统和疏散措施	<2	3	>6
住宅或寄宿学校	建筑物的人员可能处于睡眠状态,熟悉建筑物及报警系统和疏散措施	<2	4	>5
旅馆或公寓	建筑物的人员处于清醒状态,不熟悉建筑物及报警系统和疏散措施	<2	4	>6
医院、疗养院	有相当量的人需要帮助	<3	5	>6

其中,火灾报警系统类型为:W_1为现场广播,来自闭路电视系统的消防控制室;W_2为事先录制好的声音广播系统;W_3为采用警铃、警笛或其他类型警报装置的报警系统。

在大多数建筑火灾风险评估中,预动作时间经常被忽视或简单取为一定值。事实上,疏散准备时间是服从概率分布的随机变量。Purser等通过大量的实验,指出正态、对数正态分布以及威布尔分布均可以用来表示疏散准备时间。虽然对于不同的人员特征和建筑类型,当前还不能确定疏散预动作时间的具体分布状态,然而,预动作时间服从概率分布已毋庸置疑。为了表示人员疏散预动作时间,前人根据火灾统计数据和经验推荐得到关于人员疏散预动作时间的概率分布函数,或根据统计分析并结合半定量的方法,建立预测人员预动作疏散时间的随机模型。重庆大学的贾彩清等采用随机函数理论,以正态分布函数描述人员疏散预动作时间,建立了人员疏散预动作时间的预测模型。近几年来开发的少数疏散模型对人员预动作时间进行了简化考虑,在模型中提供了几种理论上的概率分布函数可以选取,如Simulex对人员疏散预动作时间的描述是通过正态分布、三角分布两种概率密度函数,用户在进行模型参数设置时可以选择其中一种,模型可以通过概率密度函数生成预动作时间的随机数,并随机分配给疏散个体。

9.2.2 火灾产物对行人行为影响研究

本书所指的火灾产物主要包括烟气、有害气体、高温、能见度等对行人产生较大影响的产物。火灾产物对行人行为的影响如图9-2所示,主要包括以下两个方面:

(1)火灾产物会降低环境的能见度和因

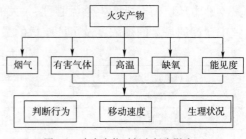

图9-2 火灾产物对行人行为影响

吸入烟气颗粒引起中毒,从而使人的疏散能力减弱。同时高温同样会使人的口鼻、食道和身体均产生不适;缺氧会让人产生幻觉,并伴随头昏、身体无力和失去知觉等症状,最后火灾烟气使部分人员改变疏散路径,造成楼梯口处人员拥挤,降低了行走速度,延长了疏散时间。

(2)火灾产物中烟气等毒性的刺激会使行人的生命体征出现异常。根据 FED 模型计算的烟气浓度,使人员的行为发生改变,超过某一阈值时出现人员伤亡。

9.2.3 火灾产物对行人移动速度的影响

火灾发展过程和人员疏散过程是两个相互关联的复杂动态过程,为了反映火灾及其产物对人员疏散行为造成的影响,需要引入当量速度的概念。当量速度是将火灾对行为的影响量化后得到的人员在火灾环境下的移动速度。

火灾发展过程中将释放大量的热、烟气(包括一般热烟气和有毒有害气体),而火灾产物中的温度、烟气层以及有毒气体会对火场中的人员的生理和心理产生极大的影响,从而影响疏散行动速度。为简化起见,可以认为火灾中人员移动速度主要受到可见度、有害气体浓度和烟气温度的影响。首先,将它们对人员疏散行动的影响单独考虑,引入可见度影响系数 $f_1(K_s)$、有毒气体浓度影响系数 $f_1(\rho)$、烟气温度影响系数 $f_1(T)$。然后再将以上系数相乘得到烟气对人员行动速度的影响系数,即当量速度系数,用公式表示如下:

$$v = v_0 \cdot f(K_s, \rho, T) = v_0 \cdot f_1(K_s) f_1(\rho) f_1(T) \tag{9-1}$$

式中: v ——人员转换过后的速度;

v_0 ——人员初始速度;

$f_1(K_s)$ ——可见度影响系数;

$f_1(\rho)$ ——有毒气体浓度影响系数;

$f_1(T)$ ——烟气温度影响系数;

$f(K_s, \rho, T)$ ——可见度影响系数、有毒气体浓度影响系数及烟气温度影响系数的乘积。

1)烟气对行人速度的影响

(1)在火灾中,由于浓烟,疏散通道内的能见度降低,给人员疏散造成心理威胁,特别是不熟悉环境的人员产生恐慌心理,大大的拖延了疏散时间,扩大了火灾伤亡事故,在火灾中允许的最大的烟浓度及可能疏散的最小能见度见表9-2。

火灾中允许的烟气临界值　　　　表9-2

对建筑物的熟悉程度	烟浓度(减光系数)	能见度(m)
不熟悉	0.15/m	13
熟悉	0.5/m	4

(2)由于高温烟气,温度高,使得受困者的心理烦躁、出汗过多、身体虚脱,这些都会

影响人的行为活动。

(3)由于火灾的突发性,对处在环境不熟悉中的人员,一看到浓烟滚滚、烈火熊熊,难免产生紧张、害怕,甚至惊恐万状、手足无措,若再有人员拥挤疏散通道,或是楼梯被烟火封锁,势必造成混乱,有人甚至会失去理智,辨别方向的能力进一步减弱。烟气对人眼,中枢神经系统都会产生不同程度的损伤,烟对人的心理具有动摇作用,如情绪不稳定、记忆力和思考力降低等。

(4)人在浓烟中的步行速度基本上与烟的浓度成反比。烟气中有些气体对人眼有着极大的刺激性,使人睁不开眼睛而降低能见度,因而在火灾中会延长人的疏散时间图9-3给出了实验得出的人暴露在刺激性和非刺激性烟气情况下人的行走速度与烟气减光系数的关系。

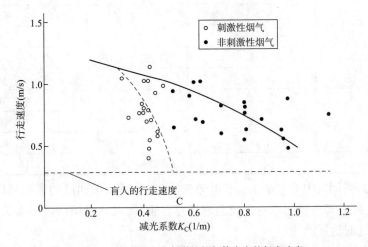

图9-3 在刺激性和非刺激性烟气体中人的行走速度

随着减光系数的增大,人的行走速度逐渐减慢,在刺激性烟气环境中减慢的更快。在消防上,按减光系数的大小对发烟程度进行分级,$0<K_C<0.1$时,发烟程度为极少;$0.1<K_C<0.5$时,发烟程度为少;$0.5<K_C<1.0$时,发烟程度为较多;$K_C>1.0$时,发烟程度为多;在火灾情况下,对建筑内疏散通道熟悉的人,消光系数允许的临界值为1.0;对建筑内疏散通道不熟悉的人,应在0.2以下。

人员在火灾附近区域由于烟气作用,能见度低,对疏散有很大影响,但在其他区域,由于排烟风机的正常开启,在人员安全高度处,温度、CO浓度、可见度均未达到危险值,对人员疏散影响不大,楼梯口风速能够达到合理值,控制烟气的垂直方向蔓延,本书主要考虑烟气对人员生理作用方向导致的速度的折减变化,但由于着火时,人员心理恐慌导致的行为变化仍未考虑,我们希望将来在此领域有所突破,以使我们能够更好地为综合客运交通枢纽疏散模式的发展服务。

2)烟气中有毒气体对人员行动速度的影响

烟气中有毒气体对疏散人员的影响不仅与气体浓度有关,而且与在烟气中的暴露时间也有重要关系。有毒气体浓度越高,接触时间越长,人体内累积的毒性物质就越多,危害就越大。火灾烟气中的毒性物质种类多,影响也较复杂,其中最主要的是一氧化碳,因此一般用一氧化碳的毒性来描述有害气体对人员的影响。

Milke 测得了不同浓度下的 CO 对火灾中人员影响的数据(表 9-3),并认为 CO 对疏散人员的影响体现在它降低了疏散人员的行动速度。

不同浓度下的 CO 对火灾中人员影响　　　表 9-3

CO(%)	暴露时间(min)	累积剂量(% min)	降低人员速度值(m/s)
>0.1	1	>0.1	0.05
	2	>0.2	0.1
	n	>0.1n	0.05n
>0.15	1	>0.15	0.1
	2	>0.3	0.2
	n	>0.15n	0.1n
>0.2	1	>0.2	0.15
	2	>0.4	0.3
	n	>0.2n	0.15n
>0.25		人员晕倒或者死亡、无法移动	

通常认为,当烟气中 CO 浓度小于 0.08% 时,对人员疏散速度的影响可以忽略不计;当 CO 浓度达到 0.25% 就可以对人员造成严重伤害,因此认为该浓度是人员失去行动能力的临界值,这时速度降为零。

3)烟气温度对人员移动速度的影响

在火场中,烟气温度在对人员不造成伤害之前,由于它的刺激作用,正好形成与一氧化碳相反的效应:当火灾中的人员感觉到一定的烟气温度而感到不适时,在可能的情况下,他们一般会加快疏散的步伐,而如果温度继续增加,则高温烟气将对人员造成烧伤从而影响人员的疏散速度。根据前人研究数据,得出烟气温度对人员移动速度的影响系数为:

$$f_3(T) = \begin{cases} 1 & (T_0 < T_s \leq T_{\sigma 1}) \\ \dfrac{(v_{\max} - 1.2)\left(\dfrac{T_s - T_{\sigma 1}}{T_{\sigma 2} - T_{\sigma 1}}\right)^2}{v_0} + 1 & (T_{\sigma 1} < T_s \leq T_{\sigma 2}) \\ \dfrac{v_{\max}}{1.2}\left[1 - \left(\dfrac{T_s - T_{\sigma 2}}{T_{\text{deal}} - T_{\sigma 2}}\right)^2\right] & (T_{\sigma 2} < T_s \leq T_{\text{deal}}) \end{cases} \quad (9\text{-}2)$$

式中:T_s——火场温度;

v_0——人员初始速度；

v_{max}——是最大逃生速度，一般取 5m/s；

$T_{\sigma 1}$——人员感到不适的温度，可取为 30℃；

$T_{\sigma 2}$——对人员造成伤害的温度，可取 60℃；

T_{deal}——致死温度，可取为 120℃。

9.2.4 火灾产物对行人生命的影响

对于火灾过程中产生的各种有害气体，例如 CO、高温、缺氧、CO_2 等有害气体对行人生命的影响，采用英国 Purser 建立的 FED 模型，该模型的原理为先测量某些燃烧释放的气体剂量，然后把测量结果转换成在各气体致死某种生命所需总剂量中所占的比例。

$$FED = \sum_i \frac{C_i}{LC_{50}(i)} \tag{9-3}$$

式中：C_i——第 i 种气体的浓度；

$LC_{50}(i)$——第 i 种气体 50% 致死率的烟气浓度。

当 FDE 值超过一定阈值时，表征该生命体的死亡。

同时，《中国消防手册》(第三版)同样对火灾中的热辐射、烟气、能见度、烟气毒性等对人体的生命的伤害给出了描述，分别给出了各因素人体能够忍耐的极限值，如下表 9-4 所示。

火灾状况下各因素人体能够忍耐的极限值　　　　表 9-4

项目	人体耐受极限
热辐射通量	普通人为 2.5kW/m^2，消防队员为 4.55kW/m^2
烟气温度	当烟气层高度 >2m 时，烟气温度 180℃
	当烟气层高度 <2m 时，持续 30min，烟气温度 60℃
能见度	当烟气层高度 <2m 时，0.1m(10m)
烟气毒性	CO 浓度达到 0.25%

9.3 火灾状况下地铁烟气控制模型

国内目前投入运营或建设中的地铁交通系统客流量都比较大。地下车站公共区(包括车站的站厅、站台、换乘通道、楼梯和扶梯以及通道出入口)均是乘客流动区域。一旦这些区域发生火灾事故，若不能及时有效地组织乘客疏散和迅速排除烟气，极有可能造成重大人员伤亡和财产损失。因此，地铁火灾烟气的控制特别重要。

9.3.1 地铁火灾烟气控制的主要目的

地铁火灾烟气控制技术的核心任务就是控制烟气层厚度,在短时间内将烟气排除,有效排除热量,保证一定的清晰层高度,防止热烟气对人的灼伤,同时延缓烟气向相邻的防烟分区扩散,为人员逃生提供清晰的疏散路线。

9.3.2 站台火灾烟气的主动控制模式

站台火灾烟气的主动控制模式主要是通过站台防排烟系统使火灾产生的烟气得到有效的控制。防排烟系统可分为排烟系统和防烟系统。排烟系统是指采用机械排烟方式或自然通风方式,将烟气排至建筑物外,控制建筑内的有烟区域保持一定能见度的系统。防烟系统是指采用机械加压送风方式和自然通风方式,防止烟气进入疏散通道的系统。

1)站台防排烟控制模式

本书主要是对站台和列车火灾进行模拟,站台和列车火灾排烟模式采用机械排烟模式,机械排烟模式又具体可分为负压式和混合式两种。负压式排烟系统中,站台排烟系统全部开启,站厅送风和排烟系统全部关闭;混合式排烟系统中,站台排烟系统全部开启,站厅送风系统全部开启送风。本书介绍的数值模拟主要采用混合式机械排烟模式。由于地下车站和区间隧道可以提供给通风与空调系统利用的空间很有限,实际工程中往往将防烟,排烟系统与事故通风和正常的通风系统与空调系统结合。综合客运交通枢纽公共区发生火灾时,立即停止车站大系统的空调水系统,转换到车站大系统火灾运行模式。图9-4 所示为车站站台排烟计算基本模型。

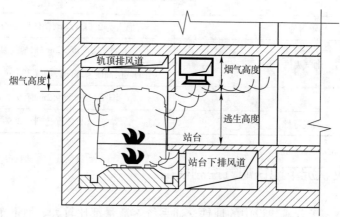

图9-4 车站站台排烟计算基本模型

2)防烟空气幕

沈阳建筑大学张培红等利用数值模拟的方法,在深埋地铁扶梯、楼梯口处设置空气幕,在送风风速不变情况下,改变送风角度,研究不同送风角度空气幕对烟气蔓延的控制效果,其几何模型如图9-5所示。结果表明,不同位置的扶梯、楼梯口处空气幕的送风角度对烟气的控制效果是不同的,60°送风效果较好。在站台发生火灾时,应智能控制空气幕的送风角度,可以有效地控制火灾烟气蔓延。

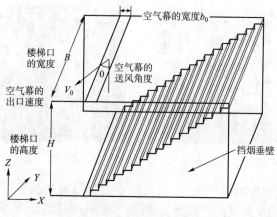

图9-5 空气幕的几何模型

9.3.3 站台火灾烟气的被动控制模式

站台火灾烟气的被动控制的基本作用是通过挡烟垂壁或防火卷帘等隔烟装置,将烟气蔓延控制在一定的区域内,防止或延缓烟气蔓延至邻近区域,与主动控制系统实现有效的互补。烟气的被动控制模式主要通过划分防烟分区和在楼梯口处安装挡烟垂壁来实现,如图9-6、图9-7所示。

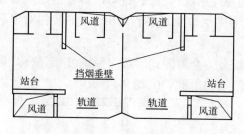 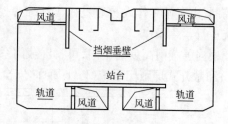

图9-6 侧式站台防烟分区　　　　图9-7 岛式站台防烟分区

《地铁设计规范》(GB 50157—2003)对地铁防烟、排烟和事故通风规定:

(1)地下车站站台每个防烟分区面积不宜超过$750m^2$;

(2)站厅与站台间的楼梯口处宜设挡烟垂壁,挡烟垂壁下缘至楼梯踏步面的垂直距离不小于2.3m。站台的防烟分区划分应根据综合客运交通枢纽站台火灾危险性的特点进行,不应局限于站台面积。对于站台火灾,最危险的火灾是列车火灾,所以在站台与靠站台隧道之间应划分不同的防烟分区,应设挡烟垂壁。

站台与站台间、站台与站厅间的楼梯口是人员逃生的必经之路,所以必须设置挡烟垂壁,如图9-8、图9-9所示。特别是换乘站的换乘楼梯处,挡烟垂壁可以有效地限制和延缓发生火灾站台层的烟气向另一层站台扩散,可以有效地限制"烟气互窜"现象的过早发生,有利于人员的安全疏散。

图9-8　楼梯口处挡烟垂壁

图9-9　站厅内挡烟垂壁

挡烟垂壁可以有效地阻挡烟气,将烟气在一定时间内蓄积在一定的空间内,降低了烟气的惯性作用,减慢了烟气的扩散速度,提高了各排烟口的排烟效果,从而有效地控制烟气在地铁站内的快速蔓延。

9.3.4　地铁屏蔽门

地铁屏蔽门沿站台边缘布置,将车站站台与行车轨道区域分隔开,不仅可以降低车站空调通风系统的能耗,同时还可以减小车辆运行噪声和活塞风对车站的影响,防止人员意外跌落轨道产生事故;为乘客提供安全、舒适的乘车环境,提高地铁的服务水平。

在隧道/车站发生火灾时,为了配合车站环控系统执行火灾模式,屏蔽门系统必须接受控制,由车站工作人员通过在车站综合控制室的应急后备盘(IBP)上的按钮对屏蔽门系统进行紧急操作。

根据屏蔽门高度的不同,可将屏蔽门系统分为全封闭式屏蔽门系统(以下简称"屏蔽门")和敞开式屏蔽门系统(以下简称"安全门"),如图9-10、图9-11所示。

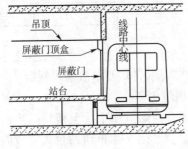
图9-10　屏蔽门

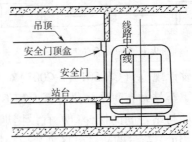
图9-11　全高安全门

全封闭屏蔽门系统是通过屏蔽门将站台公共区与轨道区完全隔离。对于低纬度气

第 9 章 火灾对综合客运交通枢纽疏散的影响研究

候炎热的热带和亚热带地区则采用屏蔽门系统,如广州地铁三号线等。而敞开式屏蔽门系统没有完全将站台公共区与轨道区隔离,根据安全门高度的不同,可以将其分为全高安全门(高度 2.5m 左右)和半高安全门(高度 1.5m 左右)。对于高纬度的非炎热地区则多采用这类系统,如北京地铁 5 号线(图 9-12);北京近期新建的地铁线,较多地采用了全高安全门。对于地面站和高架站等少数地铁站多采用半高安全门。

图 9-12 北京地铁 5 号线全高安全门

9.4 火灾状况下综合客运交通枢纽的安全疏散组织流程

综合客运交通枢纽内发生火灾,可分为站台火灾和站厅火灾。无论是站台火灾还是站厅火灾,都应立即采取紧急措施,第一时间安全疏散乘客,同时停止车站空调水系统,并将综合客运交通枢纽通风空调系统转入火灾模式。表 9-5 和表 9-6 分别是站台火灾紧急疏散程序和站厅火灾紧急疏散程序。

站台火灾紧急疏散程序及工作人员职责　　　　表 9-5

工作程序、职责	值班站长	行车服务员	客运服务员	站台服务员	站厅服务员	售票员	其他人员
1. 发现火灾,向值班站长报告,并试图灭火		√	√	√			√
2. 报告控制中心,要求停止本站列车服务,并请求支援	√						
3. 宣布执行火灾紧急疏散计划	√						
4. 指示环控操作人员执行火灾排烟模式		√					
5. 关掉广告灯箱电源		√					
6. 担任事故处理主任,指挥疏散和灭火	√						
7. 向控制中心报告火灾情况		√					
8. 关停扶梯,设置闸机为自由释放状态		√					
9. 指引乘客疏散出站		√	√	√			√
10. 拦截乘客进站					√	√	
11. 引导消防员到火灾现场		√		√			
备注:所有员工在完成疏散工作后,参加灭火							

· 163 ·

表 9-6 站厅火灾紧急疏散程序及工作人员职责

工作程序、职责	值班站长	行车服务员	客运服务员	站台服务员	站厅服务员	售票员	其他人员
1. 发现火灾,向值班站长报告,并试图灭火		√	√				√
2. 报告控制中心,要求停止本站列车服务,并请求支援	√						
3. 宣布执行火灾紧急疏散计划	√						
4. 指示环控操作人员执行火灾排烟模式		√					
5. 关掉广告灯箱电源		√					
6. 担任事故处理主任,指挥疏散和灭火	√						
7. 向控制中心报告火灾情况		√					
8. 关停扶梯,设置闸机为自由释放状态		√	√		√		√
9. 指引乘客疏散出站			√				
10. 拦截乘客进站			√		√	√	
11. 引导消防员到火灾现场	√				√		

9.5 火灾状况下地铁设施的影响

火灾发生后,地铁自动扶梯将停止工作,其作用改为楼梯自动疏散通道,同时安检口、闸机均为自由通道。此时,安检口、闸机出口、楼梯、自动扶梯以及进出口均为疏散的瓶颈区域,乘客安全疏散时会受到空间设施影响的因素主要是扶(楼)梯的数目、有效宽度、通道的长度、闸机的种类及能力,出入口的数目等。

1) 扶(楼)梯与水平通道

紧急疏散时,考虑到二次伤害和其他原因,车站一般关闭自动扶梯,乘客步行出站。此时,自动扶梯也可作为楼梯来疏散人流。根据 Dongkon Lee 的研究结果,楼梯和自动扶梯的疏散能力用下式计算:

$$C_{楼} = N_{楼} \sum (B_{楼} - b_{楼}) t_{疏散} \tag{9-4}$$

式中:$N_{楼}$——人员上下楼梯的平均流量,人$/(m \cdot s)$;

$B_{楼}$——楼梯的宽度,m;

$b_{楼}$——楼梯扶手与墙的边界的宽度,m;

$t_{疏散}$——疏散时间。

通道的疏散能力为:

$$C_{通} = N_{通} \sum (B_{通} - b_{通}) t_{疏散} \tag{9-5}$$

式中:$N_{通}$——人员在通道中的平均流量,人$/(m \cdot s)$;

$B_通 - b_通$——通道的有效宽度,m。

由以上两式可以看出,楼梯和水平通道的疏散能力在一定条件下与宽度成正比。

本书通过数据实测可知,自由通道通行能力与宽度有关,楼梯通行能力与上下行及宽度有关。具体设施的通行能力见表9-7所示。

地铁设施通行能力   表9-7

部位名称		每小时通过人数
1m宽楼梯	下行	4200
	上行	3700
	双向混行	3200
1m宽通道	单向	5000
	双向混行	4000

2)闸机

闸机是在车站站厅设置的,将付费区和非付费隔开的设备。它是为了防止未购票乘客从非付费区进入付费区的自动启闭检票系统,平时只能凭票出入,紧急状态下释放其识别系统,可自由进出,但规范对检票口的阻碍设施没有统一规定。

根据美国《NFPA130》轨道交通规范中的结论,转杆式闸机的疏散能力 $C_{闸机}$ 按如下公式计算:

$$C_{闸机} = \frac{n \cdot F \cdot t_{疏散}}{60} \tag{9-6}$$

式中:n——紧急疏散时出站闸机的数目;

F——乘客出闸机的流率,人/min,取 25 人/min。

由式(9-6)可以看出,在其他条件一定的情况下,闸机的疏散能力和闸机的数目成正比。

3)出入口

出入口对车站火灾安全疏散能力的影响主要是从出入口数量和出入口有效宽两个方面考虑。在疏散时人流拥挤,流动缓慢,往往引起人流阻滞。根据 Dongkon Lee 的研究结果,出入口的疏散能力为:

$$C_{出} = N_{出} \sum (B_{出} - b_{出}) t_{疏散} \tag{9-7}$$

式中:$N_{出}$——疏散时出入口的平人流,人/(m·s),双向进出时取 0.55 人/(m·s),若部分出入口只出不进,则取 1.3 人/(m·s);

$B_{出}$——出入口宽度,m;

$b_{出}$——出入口的边界宽度,m,取 0.1m。

由式(9-7)可以看出,但车站人流量一定时,出入口的疏散能力和出入口的有效宽度成正比。

第 10 章 火灾疏散预案仿真评价方法

火灾等突发事情的疏散预案是综合客运交通枢纽安全、高效运行的重要保障。根据本书第 8 章及第 9 章的介绍,可以不同的枢纽规模、突发事情等,制定科学、合理的疏散预案。但综合客运交通枢纽多为封闭空间,设施布局复杂,在不影响日常交通功能的前提下,疏散演练存在较大的难度。因此,本章基于 FDS 和 LEGION 等仿真软件,搭建了针对火灾情景下的疏散预案仿真评价流程,并结合仿真输出参数,构建了疏散预案评价指标体系,能够有效支撑综合客运交通枢纽不同突发事件的疏散预案评估及优化。

10.1 仿真模型搭建流程

基于 FDS 和 LEGION 的火灾疏散仿真模型搭建流程为:首先搭建 FDS 不同火灾场景模型和 LEGION 疏散基础模型,然后利用网格化动态标定反映火灾环境对行人疏散的影响,最后通过模型输出仿真结果,具体如图 10-1 所示。

10.2 火灾场景模型搭建

10.2.1 火灾数值模拟计算分析方法介绍

本节将采用计算流体力学、计算燃烧学与传热传质学的方法,对地铁列车火灾、站台火灾的燃烧、烟气扩散的影响进行数值模拟计算,分析不同火灾条件下站点内烟气温度、有毒气体浓度、速度场等特征参数的分布情况。

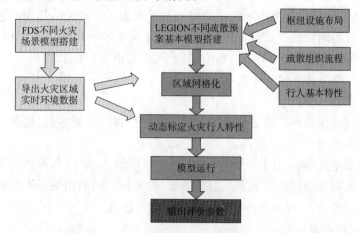

图 10-1　基于 FDS 和 LEGION 的火灾疏散仿真模型搭建流程

计算采用大涡场模拟软件 FDS(Fire Dynamics Simulator 火灾动力学模拟)进行数值模拟。FDS 是一种火灾驱动流体流动的计算流体动力学软件,由美国国家标准技术局开发。其默认湍流模型采用 Smagorinsky 形式的大涡模型,燃烧模型采用的是混合分数模型,辐射传热通过对非散射灰体近似的气体利用有限体积方法求解其辐射传输方程,大约为 100 个离散角。这一软件可以先通过对几何参数和网格数目以及燃烧过程进行一些设置,如燃烧反应模型、火源功率与燃烧时间、边界热交换属性、通风口大小与流量等,然后模拟计算可得到一些输出数据,如某点、某条线或某个面上的温度、密度、压力及混合组分在火灾过程中随时间的变化等,再利用一些数据处理工具就可以获得研究所需的数据以及曲线等。FDS 的核心是火灾的场模拟计算,场模拟是利用计算机求解火灾过程中状态参数的空间及其随时间变化的模拟方式,场是指状态参数如速度、温度、各组分的浓度等的空间分布。场模拟的理论依据是自然界普遍成立的质量守恒、动量守恒、能量守恒以及化学反应的定律等。火灾过程中状态参数的变化也遵循着这些规律,因而可以用场模拟方法求解火灾过程。FDS 通过大涡模型对连续方程、动量方程、能量方程以及压力收敛方程进行求解,可得到温度、压力、气体成分、可见度等参数的空间分布。

本章将采用 FDS 5.3 分别计算车站在最危险工况下,各区域的烟气蔓延、温度场的分布等主要参数的变化情况。

10.2.2　火灾模拟计算设置

火灾场景的设计是火灾模拟研究中至关重要的一步,几乎所有的定量分析都基于火灾场景设计,它对建筑的烟控系统有着决定性的影响,因此火灾场景设计的合理与否将直接影响其分析结果,甚至有可能从根本上改变整个模拟计算的结论和所需要采取的措施。

设计火灾即假定火灾曲线,火灾曲线以典型火灾参数随时间的变化关系来描述火灾的发展过程,通常用热释放速率随时间的变化关系来表示。火灾的热释放速率表示单位时间内火灾释放的能量,它与燃料的自身特性和建筑物的通风状况密切相关,也受其他因素如建筑结构、环境温度和消防措施(尤其是灭控火措施)等的影响。

10.2.2.1 火源功率增长方式与火源位置

1) 火源功率增长方式

火灾的热释放速率和火灾增长速率是描述火灾过程的重要参数,也是火灾场景设计时需要确定的重要内容之一。

热释放速率是指单位时间内火源放出的热量,一般用 kW 或 MW 作为其单位。热释放速率是决定火灾发展和火灾危害的主要参数,是采取消防对策的基本依据。一般取初始增长阶段为 t^2 增长火,发展至一定火源功率后稳定燃烧。

t^2 模型热释放速率可以用下式描述:

$$Q_c = \alpha(t - t_0)^2 \tag{10-1}$$

其中:Q_c——火源的热释放速率,kW;

α——火灾增长速率,kW/s^2;

t——时间,s;

t_0——火灾初期的准备时间,s。

工程应用中一般忽略火灾初期的准备时间 t_0,此时热释放速率随时间的变化表达式即简化为:

$$Q_c = \alpha t_0^2 \tag{10-2}$$

可燃物在点火源的作用下会发生燃烧,并且常会产生维持燃烧的热量,随着被引燃的可燃物的增多,热释放速率会随之增大,但受可燃物、氧气或其他条件的限制,火灾的热释放速率不会无止境的增大。一般地,如果室内火灾达到轰燃,则轰燃后整个房间热释放速率很快达到最大值,评估中通常采用简化的办法,认为轰燃后火灾的热释放速率即达到最大值。另一种常见的情况是火灾达不到轰燃或发展到一定时候即被消防系统抑制(比如具有控火型水喷淋系统的情况),此时火灾也算达到了最大值并在一定时间内维持这个最大值。一般情况下,如果氧气充足而没有任何进一步的灭火措施,火灾会维持很长一段时间,而对于人员疏散来说,意义重大的是火灾发生后前几分钟的时间,因此在本书中采用比较保守的假设,忽略了火灾的衰减期,认为火灾以一定的增长速率发展到最大值然后维持这个最大值。

忽略了火灾衰减期的火灾发展曲线——火灾增长速率 α,是以热释放速率表征火灾增长快慢的程度的重要参数,理想的做法是通过实验确定,而在一般的工程计算中可采用表10-1中4种划分方法进行参考设计。

火灾增长速率分类表　　　　　　　　　　　　　　　　　　表 10-1

可燃材料	火灾发展分级	$\alpha(\text{kW/s}^2)$
普通可燃物	缓慢	0.0029
无棉制品、聚酯床垫	中等	0.0117
塑料泡沫、堆积的木板装满邮件的邮袋	快速	0.0469
甲醇,快速燃烧的软垫座椅	极快	0.1876

2）站台列车火灾

由于列车顶部只设有空调器及必要的照明系统,其他列车车载主要设备(如列车驱动系统、控制系统及其他车载的辅助系统等)均位于底部,因此从一般列车本身发生火灾来说,火灾位置主要位于列车底部。地铁列车现阶段计算的列车火灾模拟按每辆车5MW,一次列车火灾规模按每小时烧毁 1 辆车计算,因此计算的火灾规模约为 5MW,火源尺寸 7.5m×1m,本书中列车火灾按快速增长考虑,约400s 达到峰值,如图 10-2 所示。模拟计算按列车中部位置处发生火灾,一定范围的屏蔽门将破裂,假设为 1 辆车厢长度。

3）站台火灾及站厅火灾

由于旅客携带较多的行李,不排除会有旅客行李发生着火的情况,假定行李箱着火,火灾规模取 2MW,火源尺寸 1m×1m,按快速增长火考虑,约 230s 达到峰值后保持稳定燃烧,如图 10-3 所示。

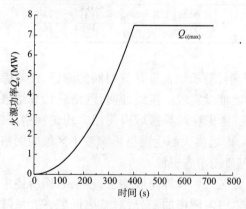

图 10-2　5MW 快速增长火

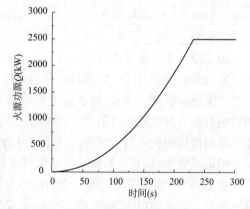

图 10-3　2.0 MW 快速增长火

10.2.2.2　列车情况及站台危险烟气特征高度

根据地铁列车车辆选型,若采用地铁 B 型车,初、近、远期列车编组均采用 6 辆编组(4 动 2 拖),编组形式为:$*T_C—M—M*M—M—T_C*$,其中 T_C 为带司机室拖车,M 为动车, * 为半自动车钩,—为半永久牵引杆,最高运行速度为 80km/h,DC750V,车辆的牵引传动系统采用 VVVF 交流传动。

车体计算长度:19m;车体最大宽度:2.8m;车体最大高度:3.8m;车内净高 2.1m;轨

面到地板高度：1.1m；车辆固定轴距：2.2m；轨距：1.435m。

站台危险高度处的烟气特征高度：当实际的烟气层高度大于烟气安全高度时，则认为是安全的，即 $h \geq H_s$，其中，

H_s 可按公式（10-3）计算。

$$H_s = 1.6 + 0.1H \qquad (10-3)$$

式中：H_s——安全高度；

H——排烟空间的建筑高度。

由地下车站装修后公共区地平面至结构顶板底面净高不少于3m；所以，站台 H_s = 1.6 + 0.1 × 3 = 1.9m，本书文中安全高度均取值1.9m。

10.2.2.3 火灾场景及排烟模式设置

在模拟火灾前，需要对火灾场景进行各种假设，包括模拟工况、火源位置、排烟量、排烟模式等情况进行详细的表述，排烟模式包括主动排烟模式和被动排烟模式等，地铁屏蔽门的处理情况都会影响火灾的状况。本书后面宋家庄地铁站中所模拟的4个典型火灾场景排烟模式设置如表10-2所示。

各火灾场景排烟模式设置表　　　　　　　　　　　　　　表10-2

模拟工况	火源位置	排烟量	排烟模式	备注
亦庄站台着火	A20区域	180	亦庄站台排烟	亦庄站台着火，两侧屏蔽门各打开一半辅助排烟
亦庄线列车着火	A24区域	180	亦庄站台排烟	亦庄线列车着火，两侧屏蔽门打开辅助排烟
五号线列车着火	A11区域	153	五号线站台排烟	五号线列车着火，两侧屏蔽门打开辅助排烟
站厅着火	B12区域	150	站厅排烟	站厅层着火，站厅亦庄防火分区排烟

10.2.2.4 计算区域网络解析

网格划分越细，计算结果越精确，但出于平衡计算机资源和计算时间的考虑，针对综合客运交通枢纽，大空间建筑整体进行网格细化难以实现。实践证明，网格对计算结果的影响会随着与火源距离的增大而减小。对此，考虑在计算区域内使用非均匀网格法，即在受网格影响较大的火源周围网格尺寸较小，而远离火源受网格影响较小区域的网格尺寸可适当放大，从而在确保计算结果精度的基础上节省资源。

在FDS中，实现非均匀网格法的途径有多分区法和拉伸与收缩法，本书后面所述宋家庄地铁站火灾模拟中，将采用多分区法实现非均匀网格的划分，对着火区域、站台、隧道、站厅等区域分别设置Mesh和网格解析大小。各火灾场景的总网格数如表10-3所示。

各火灾场景数值模拟网格数表　　　　　　　　　　　　　表10-3

模拟工况	火源位置	总网格数（个）
亦庄站台着火	A20区域	1082910
亦庄线列车着火	A24区域	800900
五号线列车着火	A11区域	879040
站厅着火	B12区域	504192

10.3 LEGION 基础仿真模型搭建

行人仿真模型搭建,需要对模型中参数进行标定,如图 10-4 所示。本书所使用的 LEGION 行人仿真软件,在进行地铁站行人疏散仿真基本模型搭建中,对地铁站内基础设施配置、设施布局、行人类别、行人行为、行人疏散流量、地铁车辆、服务水平、功能区域划分和地铁火灾组织方案等参数进行了标定。

行人仿真模型搭建前,首先进行前期调研和数据收集,主要包括国内外火灾状况下的行人行为情况、国内外关于火灾状况下行人仿真相关的情况。在对实际地铁站进行现场模拟时,对现场的实际情况进行了实地考察,包括地铁站的基础设施配置、防火设施配置、火灾预案流程、地铁疏散组织流线情况进行充分了解。再利用了解的数据对模型进行参数标定,主要的参数标定情况见表 10-4。模型的校验是计算机模型中常用的方法,有关模型的验证过程,需要同已有可控制的标准进行对比。行人模型主要根据已有的规划、设计标准,综合的同实测数据进行比对。在已有的场景、环境、组成个体,建立尽可能相似的外部输入条件,将输出结果同实际数据比较,通过结果推测运算过程的正确性。

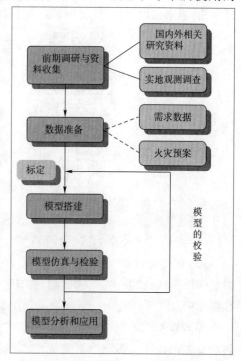

图 10-4 行人仿真模型搭建整体框架图

仿真模型参数标定内容表　　　　表 10-4

参数名称	具体内容
基础设施配置	电梯、楼梯、出入口、售票口、检票口等配置
行人分类	各年龄乘客比例、文化程度比例、性别比例等
人流量	滞留站台、站厅行人总量
行人行为	沿墙特性、群聚行为
划定区域	行进区、等候区、隔离区、危险区
其他	拥挤程度、行人忍耐性等
运营组织方案	地铁应急、火灾组织方案

10.4 火灾环境影响行人行为的网格化标定

为真实、动态化地反映火灾产物对地铁站疏散的动态化影响,同时考虑到标定的可操作性,本书采取分区域、分时段的网格化数据标定方法,具体流程如图 10-5 所示。

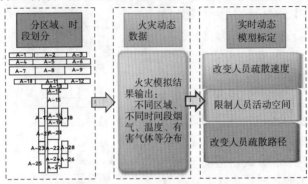

图 10-5 火灾环境的网格化标定流程

(1)综合考虑模型的准确性和复杂性,对需要仿真的区域进行区域划分。

(2)在火灾场景模拟时,对每一个划分的区域在区域中心安装一个检测器,隔一定的周期提取该区域的火灾产物如烟气浓度、温度、有害气体等的分布情况,并保存在输出的数据库中。

(3)将导出的火灾产物数据,利用前面的关于火灾产物对行人行动速度、行为活动空间以及生命特征的影响等研究成果,定量化的计算出每个区域行人的速度改变状况、每个区域的行人生存状况以及行人行为的空间状况,保存在标定的数据库中。

(4)利用计算的结果对行人仿真模型的每个区域进行标定,以真实反映行人的疏散状况以及生存状况。

标定数据库情况如图 10-6 所示。

区域划分的结果和划分时段的选择是网格化参数标定的关键,关系到模型的准确性和复杂性,在进行区域划分时可以根据系统要求,综合考虑到工作量和需要的模型的准确度。同时在区域划分时应尽量考虑如下原则:

(1)将综合客运交通枢纽功能相同的区域尽量划分在同一个区域,例如行进区、排队区由于行人疏散状况大致相同,可以作为一个区域进行标定。

(2)在综合客运交通枢纽可以利用楼梯、出入口等瓶颈设施区域作为区域划分的分界线。

(3)针对靠近火源位置由于火灾的影响比较大,产生的火灾产物比较多,因此在该区域划分的网格区域应尽量细致,同时时间周期可以取得稍微小些。

区域	时间(s)	代表点	高度(m)	CO(kg/kg)	TEM(℃)	visibility(m)	vel(m/s)	减光系数	行走速度(m/s)	是否Block
A20	180	2	1.8	8.37E-17	21	30		0.1	正常速度	否
			2	8.37E-17	21	30		0.1	正常速度	否
		1	1.5	0.00117	211	10.407799		0.288245382	1.2	
			1.8	0.000929	217	9.1021013		0.329594222	1.1	
			2	0.000929	217	9.1021013		0.329594222	1.1	
		2	1.5	1.41E-14	20.9	30		0.1	正常速度	否
			1.8	1.81E-14	21.1	30		0.1	正常速度	否
			2	1.81E-14	21.1	30		0.1	正常速度	否
	210	1	1.5	0.000915	181	12.617066		0.237773188	正常速度	
			1.8	0.000796	205	10.871964		0.275939104	1.2	
			2	0.000796	205	10.871964		0.275939104	1.2	
		2	1.5	6.29E-14	20.8	30		0.1	正常速度	否
			1.8	5.75E-14	20.9	30		0.1	正常速度	否
			2	5.75E-14	20.9	30		0.1	正常速度	否
	240	1	1.5	0.00243	299	7.0350383		0.426436911	0.8	
			1.8	0.00121	262	9.0525985		0.33139656	1.1	
			2	0.00121	262	9.0525985		0.33139656	1.1	
		2	1.5	2.9E-13	20.9	30		0.1	正常速度	否
			1.8	2.76E-13	20.9	30		0.1	正常速度	否
			2	2.76E-13	20.9	30		0.1	正常速度	否
	270	1	1.5	0.00161	243	8.8422865		0.33927876	1.1	
			1.8	0.000943	241	8.3452764		0.359484798	1.05	
			2	0.000943	241	8.3452764		0.359484798	1.05	
		2	1.5	4.9E-15	20.9	30		0.1	正常速度	否
			1.8	4.55E-15	21	30		0.1	正常速度	否
			2	4.55E-15	21	30		0.1	正常速度	否
	300	1	1.5	0.0013	234	8.5168507		0.352242878	1.05	
			1.8	0.000819	232	8.7156919		0.344206752	1.04	
			2	0.000819	232	8.7156919		0.344206752	1.04	
		2	1.5	4.11E-14	20.9	30		0.1	正常速度	否
			1.8	2.57E-14	20.9	30		0.1	正常速度	否
			2	2.57E-14	20.9	30		0.1	正常速度	否

图 10-6 火灾产物对各个区域内行人速度影响表截图

10.5 综合客运交通枢纽火灾疏散综合评价体系研究

10.5.1 综合客运交通枢纽火灾疏散综合评价的原则

在对综合客运交通枢纽火灾疏散预案的评价指标选取和综合评价过程中,在综合考虑通过仿真和实际调查可获取数据量的基础上,应充分考虑以下几点原则。

1)科学性原则

建立的评价指标必须科学合理地反映综合客运交通枢纽在火灾状态下的疏散效率、乘客安全程度,付出代价等方面的特征。

2)可比性原则

评价必须以价值为依据考察不同个体之间、个体与标准之间的相对优劣。因此,必须在平等可比的价值体系下进行,否则无法判断不同城市交通枢纽的相对优劣,同时可比性必须有可测性,没有可测性的指标难以比较,所以评价指标要尽量建立在定量分析基础上。

3)综合性原则

单个指标只能从一个侧面反映系统的特性,而评价指标体系应力求全面反映评价对象的特性功能。综合客运交通枢纽火灾状况下疏散的评价指标体系应可靠地反映综合客运交通枢纽在遇到各种火灾突发情况下，各种预案所产生的系统性能效益与影响，然而由于地铁系统是一个复杂的大系统，特别是在应急的状况下，实现综合评价是相当困难的。

4）可靠性原则

指标必须定义明确，简单实用，具有较高的可靠性，受评价体系以外的因素影响小。

5）协调性原则

综合评价的指标比较多，所有指标应该是彼此相容的，应尽量避免相互矛盾、对立及重复的指标。

10.5.2 评价指标体系的构建

现阶段指标体系的研究方法一般有调查研究法、目标分解法、多元统计法等。

(1) 调查研究法是一种在通过调查研究及广泛收集有关指标的基础上，利用比较归纳法进行归类，并根据评价目标设计评价指标体系，再以问卷的形式把所设计的评价指标体系寄给有关专家填写搜集信息的研究方法。

(2) 目标分解法是通过对研究主体的目标或任务具体分析来构建评价指标体系，对研究对象的分解一般是从总目标出发，按照研究内容的构成进行逐次分解，直到分解出来的指标达到可测的要求。

(3) 多元统计法是通过因子分析和聚类分析等方法，从初步拟定的较多指标中找出关键性指标。

综合上述指标体系构建方法的利弊并结合本书综合评价的特点，本书最终采用目标分解法来构建其评价指标体系。

通过对目标的多层分解，按照一般评级指标的构建理念，至少应当从三个层次对评价目标进行因素分析：第一个层次是总的目标层，它指的是构建评价指标进行评价的最终目标；第二个层次称为因素层，也称中间层（图10-7），它是对最终目标的主要因素分解，是具体评价指标的类综合；第三个层次是指标层，它是反映评价对象的各个方面的统计指标的值，也就是要进行定性和定量计算的层次。

结合指标的构建原则和层次结构，本书采用的具体指标体系构建如下：

1）总目标层

根据研究目的和研究对象，明确本书的评价总目标是综合客运交通枢纽在火灾情况下的疏散预案效果评价。

2）中间层次

本书采取二级指标的方式建立了综合评价指标体系。中间层次指标分别为逃生指数、安全隐患指数、有效性指数、有序性指数等4个方面。

3）指标层

第 10 章　火灾疏散预案仿真评价方法

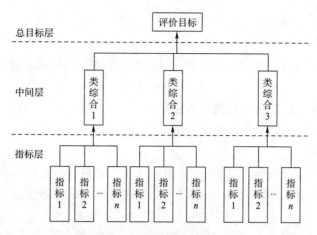

图 10-7　指标体系层次结构图

同时在每个一级指标下由若干个二级指标组织,各级评价指标从各个不同方面综合反映了火灾状况下综合客运交通枢纽的疏散情况,如图 10-8 所示：

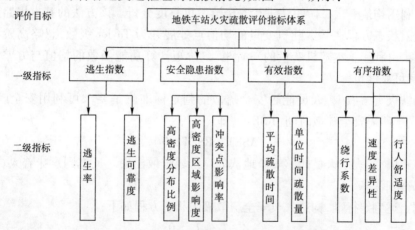

图 10-8　综合客运交通枢纽火灾疏散评价指标体系

10.5.3　评价指标量化

对于上面列出的评价指标,为能够直观的进行评价,需对其含义和量化标准进行说明。

10.5.3.1　逃生指数

在综合客运交通枢纽发生火灾的情况下,逃生指数反映了乘客疏散过程中直接影响生存率和逃生希望的一个评价因素。由于不同综合客运交通枢纽的整体规模和设施布局等因素的不同,用定值的死亡人数或者逃生人数来评价综合客运交通枢纽的疏散情况,往往不能真实的反映实际情况,因此本书主要用乘客的逃生率以及行人的逃生可靠度两个方面来表征,具体含义如下。

1)逃生率 u_{11}

该指标反映了综合客运交通枢纽疏散过程中人员的生还情况。计算公式如下:

$$u_{11} = q/Q \tag{10-4}$$

式中:q——疏散时间内安全疏散的行人总量;

Q——疏散时间内总共进行疏散的行人总量。

2)逃生可靠度

由于行人的疏散过程具有随机性,采用确定性方法即利用定值来描述疏散过程与实际情况是有距离的,因此本书引进逃生即安全疏散可靠度指标来描述行人的疏散过程中行人的逃生情况。

系统在规定时间内,在规定条件下,完成预定功能的概率称为系统可靠度。当前,可靠度理论在建筑工程等领域应用广泛,国内外学者提出了多种可靠度的计算方法,主要包括一次二阶矩法、蒙特卡洛法、响应面法、概率密度演化方法等。

本章利用均值一次二阶矩法进行安全疏散可靠度分析。该方法的基本思路是:首先将系统极限状态方程在基本随机变量的均值点处展开为 Taylor 级数,忽略高阶项,仅保留线性项。再利用基本随机变量的一阶矩、二阶矩计算功能函数的均值与方差,在此基础上,求解可靠度指标。

在地铁火灾疏散中,人员能否安全疏散的判定标准就是要求可利用安全疏散时间(ASET)大于所需安全疏散时间(RSET),即:

$$ASET - RSET > 0 \tag{10-5}$$

若等式成立,表示人员能够安全地从危险区域疏散出去。反之则意味着人员的生命安全难以得到保障。

依据上述判定标准,构造人员安全疏散极限状态方程如下:

$$Z = T_A - T_R > 0 \tag{10-6}$$

式中:T_A、T_R——代表 ASET 与 RSET,s;

T_A——主要受火灾状况影响,通过 FDS 模拟可以得到各个区域的时间;

T_R——根据人员疏散仿真软件 LEGION 获得,已有研究表明,可认为 T_R 服从正态分布。

显然,人员安全疏散功能函数 Z 服从正态分布,其均值 μ_z 与均方差 σ_z 分别为:

$$\begin{aligned} \mu_z &= T_A - \mu_{T_R} \\ \sigma_z &= \sigma_{T_R} \end{aligned} \tag{10-7}$$

式中:μ_{T_R}、σ_{T_R}——T_R 的均值与标准差。

安全疏散可靠度指标 β 可表示为

$$\beta = \frac{\mu_z}{\sigma_z} \tag{10-8}$$

这样,安全疏散可靠概率 u_{12} 为:

$$u_{12} = P(Z>0) = \varphi(\beta) \tag{10-9}$$

式中:$\varphi(\cdot)$——标准正态分布函数。

10.5.3.2 安全隐患指数

在火灾状况下,综合客运交通枢纽除了火灾环境对行人的生命安全会产生直接影响外,在疏散过程中,一些高密度区域及冲突严重的区域也是安全事故高发区域存在较大的安全隐患,在疏散过程中应尽量避免。本书主要通过高密度区域分布比例、高密度区域影响度、冲突点影响率等三个指标来反映综合客运交通枢纽的安全隐患指数。

1) 高密度区域分布比例 u_{21}

该指标反映综合客运交通枢纽内部处于 D 级以下服务水平的乘客比例,可由仿真软件直接计算获得。

2) 高密度区域影响度 u_{22}

高密度区域人群集聚,是枢纽安全运营的重要隐患,该指标反映综合客运交通枢纽内部高密度区域对客流的影响程度,可认为处于 D 级服务水平以下的区域即为高密度区域。本书所涉及的服务水平分级均采用 Fruin 的评价指标标准,计算考虑高密度的持续时间及其所影响的客流量。公式如下:

$$u_{14} = \sum_{i=1}^{l} \sum_{j=1}^{m_i} te_{ij} \cdot qh_{ij} / T_t \cdot q_t \tag{10-10}$$

式中:l——高密度区域个数;

m——高密度区域 i 内高密度持续时间段个数;

T_t——仿真总时长,s;

te_{ij}——高密度区域 i 内,第 j 个持续时间段的长度,s;

qh_{ij}——为高密度区域 i 内,第 j 个持续时间段内通过高密度区域 i 的客流量;

q_t——仿真时段内的总客流量。

3) 冲突点影响率 u_{23}

综合客运交通枢纽内部,两个及两个以上方向客流的交织区定义为冲突点。冲突点影响率是指综合客运交通枢纽内部不同方向的乘客相互干扰的程度,可用受冲突点影响的客流与仿真时段总客流量的比值来表示:

$$u_{11} = \sum_{i=1}^{n} q_i / q_t \tag{10-11}$$

式中:q_i——冲突点 i 影响的客流量;

n——冲突点个数。

10.5.3.3 有效指数

这里的有效性是指综合客运交通枢纽在疏散过程中的执行效率。本书主要从行人疏散的平均时间和疏散平均距离来反映行人疏散的有效性。

1）平均疏散时间 u_{31}

对乘客而言，步行时间是枢纽运营水平最直观的体现，该指标反映的是乘客在枢纽内部的平均步行时间，其计算公式如下：

$$u_{31} = \sum_{i=1}^{q_t} t_i / q_t \tag{10-12}$$

式中：t_i——乘客 i 在枢纽内部消耗的总时间，s；

q_t——仿真时段内的总客流量。

2）单位时间疏散客流量 u_{32}

该指标主要反映综合客运交通枢纽整体的疏散效率，由于疏散开始后，行人疏散量开始增大，随着时间的推移慢慢减小，到达最后可能由于客流的不均衡分布只有部分出口存在疏散。为表征地铁综合客运交通枢纽在刚开始全负荷疏散时的效率情况，本书依据《地铁设计规范》规定的综合客运交通枢纽最长疏散时间不大于 6min 为界限，在规定时间内的单位时间客流疏散量最为疏散效率的表征。其计算公式如下：

$$u_{32} = \begin{cases} Q/T & T<6 \\ Q/6 & T>6 \end{cases} \tag{10-13}$$

式中：Q——疏散内部在 6min 内疏散的客流量；

T——综合客运交通枢纽乘客全部疏散时的时间。

10.5.3.4 有序指数

有序指数主要是反映行人在疏散过程中的秩序程度，良好的秩序可以保证行人在疏散过程中的安全性及舒适度。本书从绕行系数、行人速度差异性及行人舒适度等三个指标来表征行人疏散的有序情况。

1）绕行系数 u_{41}

该指标反映了综合客运交通枢纽内部行人疏散的便利性。其计算公式如下：

$$u_{41} = \sum_{i=1}^{r} \sum_{j=1}^{s} w_{ij} \sum_{k=1}^{qd_{ij}} l_{ijk} / qd_{ij} \cdot lt_{ij} \tag{10-14}$$

式中：qd_{ij}——步行起点 i 到步行终点 j 的客流量；

lt_{ij}——从步行起点 i 到步行终点 j 的最短路距离，m；

w_{ij}——权重系数，其值综合考虑各步行起讫点之间最短路距离、客流量的影响；

l_{ijk}——第 k 个行人从步行起点 i 到步行终点 j 的实际行走距离，m。

2）行人速度差异性 u_{42}

该指标直接反映的是疏散过程中行人的速度差异性，直接表征的是综合客运交通枢纽疏散过程中的秩序性和疏散过程的有序性。其计算公式如下：

$$u_{42} = \sqrt{\frac{\sum_{i=1}^{n}(v_i - \bar{v})^2}{n}} \tag{10-15}$$

式中：v_i——第 i 个仿真统计时段内的行人疏散速度；

n——整个仿真时间内所包含的仿真统计时间段个数；

$\bar{v}$——整个仿真时段内行人疏散速度的平均值。

3）舒适度 u_{43}

该指标主要反映的是行人在疏散过程中由于受到外界拥挤、压迫、等待等因素的影响而自主感觉到的舒适程度。该指标计算处于 D 级以上服务水平的乘客比例，可由仿真软件直接计算获得。

10.5.4 基于 ANP—物元理论综合评价方法

10.5.4.1 APN 法确定权重

网络分析法（ANP）是 AHP 方法的创立者美国著名的运筹学家 T. L. satty 等人于 1996 年在 AHP 方法的基础上，提出的一种适应非独立的递阶层次结构的决策方法，可以弥补 AHP 方法中不足的新的实用决策方法方法。ANP 将系统内各元素的关系用网络结构表示，网络层中的元素可能相互影响、相互支配。因此，ANP 能更准确地描述客观事物之间的联系。ANP 的典型结构是相互影响的网络结构，包括问题目标层、控制层以及网络层组成。利用 APN 法确定权重的步骤如下：

（1）构造 ANP 结构：主要判断元素之间是否存在依赖反馈关系；并按照控制准则层对所有系统元素进行影响与被影响关系的分析，确定准则、元素以及元素之间的相互关系。

（2）构造 ANP 超矩阵：可采用 Satty 提出的九级标度法。此方法将人们区分信息等级的极限能力分为 7 ± 2，对不同指标进行两两比较，构造判断矩阵，此过程将思维判断数量化，有关 9 级标度法及其内容见表 10-5。

9 级 标 度 法　　　　　　　　表 10-5

标度	内　容
1	两个评价指标重要性相等
3	一个指标比另一个稍微重要
5	一个指标比另一个稍微重要
7	一个指标比另一个强烈重要
9	一个指标比另一个极端重要
2,4,6,8	表示上述相邻判断的中间值
倒数	标度 $W(i)$ 与 $W(j)$ 相比等于一个标度，则标度 $W(j)W(i)$ 相比等于该数值的倒数标度

然后由特征根法得到排序向量 $[w_{i1}^{(jk)}, w_{i1}^{(jk)}, \cdots, w_{in}^{(jk)}]^T$，如通过一致性检验，则可得到局部的权重向量矩阵：

$$W_{ij} = \begin{bmatrix} w_{i1}^{(j1)} & w_{i1}^{(j1)} & \cdots & w_{i1}^{(jn)} \\ w_{i2}^{(j1)} & w_{i2}^{(j2)} & \cdots & w_{i2}^{(jn)} \\ . & . & & . \\ . & . & & . \\ w_{in}^{(j1)} & w_{in}^{(j2)} & \cdots & w_{in}^{(jn)} \end{bmatrix} \quad (10\text{-}16)$$

W_{ij} 的列向量就是 U_i 中元素 $u_{i1}, w_{i2}, \cdots, w_{in}$ 对 U_i 中元素 $u_{j1}, w_{j2}, \cdots, w_{jn}$ 的重要度排序向量。对于 $i=1,2,\cdots,N, j=1,2,\cdots,N$，重复上述步骤，最终可以得到一个在控制元素 P_s 下的超矩阵：

$$W = \begin{bmatrix} w_{11} & w_{12} & \cdots & w_{1N} \\ w_{21} & w_{22} & \cdots & w_{2N} \\ . & . & & . \\ . & . & & . \\ w_{N1} & w_{N2} & \cdots & w_{NN} \end{bmatrix} \quad (10\text{-}17)$$

(3) 计算加权超矩阵。

为了方便计算，要将超矩阵归一化。先对超矩阵 W 的元素加权，得到加权超矩阵 $\overline{W}$，其中的元素 $\overline{W}_{ij} = a_{ij} \cdot W_{ij}, a_{ij}$ 为加权因子，W_{ij} 为 a_{ij} 的权重值，由相应准则下各元素重要性两两比较的判断矩阵获得。

(4) 计算极限超矩阵。

计算每个超矩阵的极限相对排序向量：

$$W^{\infty} = \lim_{k \to \infty} \left(\frac{1}{N} \right) \sum_{k=1}^{N} \overline{W}^k \quad (10\text{-}18)$$

如果这个极限收敛且唯一，则原矩阵对应行的值为评价指标的稳定权重。

10.5.4.2　物元综合评价方法步骤

(1) 决策矩阵标准化。

假设对某综合客运交通枢纽在火灾状况下有 n 个火灾疏散预案进行评估。记为 $S = \{S_1, S_2, \cdots, S_n\}$，二级评价指标集记为 $P = \{P_1, P_2, \cdots, P_m\}$，$\{w = w_1, w_2 \cdots w_m\}$ 为各评价指标权重，则统计时间 S_i 的决策矩阵用物元分析矩阵表示为，

$$Y_i = \begin{bmatrix} A_i & P_1 & y_{i1} \\ & P_2 & y_{i2} \\ & \vdots & \vdots \\ & P_{10} & y_{im} \end{bmatrix} \begin{matrix} w_1 \\ w_2 \\ \vdots \\ w_m \end{matrix}, \; i=1,2,\cdots,n \quad (10\text{-}19)$$

由于 m 个评价指标量纲各异，应先对其进行标准化处理，令 $P^+ = \{$越大越好型指标$\}$，$P^- = \{$越小越好型指标$\}$，则有，

$$r_{ij} = (y_{ij} - \min_{1 \le i \le n} y_{ij})/(\max_{1 \le i \le n} y_{ij} - \min_{1 \le i \le n} y_{ij}), \quad i = 1, 2, \cdots, n, j \in P^+ \quad (10\text{-}20)$$

$$r_{ij} = (\max_{1 \le i \le n} y_{ij} - y_{ij})/(\max_{1 \le i \le n} y_{ij} - \min_{1 \le i \le n} y_{ij}), \quad i = 1, 2, \cdots, n, j \in P^- \quad (10\text{-}21)$$

则标准化处理后的统计时间 S_i 标准指标决策矩阵为：

$$R_i = \begin{bmatrix} A_i & P_1 & r_{i1} \\ & P_2 & r_{i2} \\ & \vdots & \vdots \\ & P_m & r_{im} \end{bmatrix} \begin{matrix} w_1 \\ w_2 \\ \vdots \\ w_m \end{matrix}, \quad i = 1, 2, \cdots, n \quad (10\text{-}22)$$

(2) 理想方案指标矩阵的确定。

令 $r_j^+ = \begin{cases} \max_{1 \le i \le n} r_{ij}, j \in P^+ \\ \min_{1 \le i \le n} r_{ij}, j \in P^- \end{cases}$, $r_j^- = \begin{cases} \min_{1 \le i \le n} r_{ij}, j \in P^+ \\ \max_{1 \le i \le n} r_{ij}, j \in P^- \end{cases}$，则疏散状况评价正、负理想疏散状况指

标矩阵为：

$$R^+ = \begin{bmatrix} A_i & P_1 & r_1^+ \\ & P_2 & r_2^+ \\ & \vdots & \vdots \\ & P_{10} & r_{10}^+ \end{bmatrix} \begin{matrix} w_1 \\ w_2 \\ \vdots \\ w_{10} \end{matrix}, \quad R^- = \begin{bmatrix} A_i & P_1 & r_1^- \\ & P_2 & r_2^- \\ & \vdots & \vdots \\ & P_{10} & r_{10}^- \end{bmatrix} \begin{matrix} w_1 \\ w_2 \\ \vdots \\ w_{10} \end{matrix} \quad (10\text{-}23)$$

(3) 权重的确定。

利用前面所讲的 APN 法确认各因素的权重。

(4) 计算距离和相对贴近度。

令方案 $i(i = 1, 2, \cdots, n)$ 到正理想方案的距离为 S_i^+，到负理想方案的距离为 S_i^-，则：

$$S_i^+ = \sqrt{\sum_{j=1}^m \omega_j^2 (r_{ij} - R^+)^2} \quad (10\text{-}24)$$

$$S_i^- = \sqrt{\sum_{j=1}^m \omega_j^2 (r_{ij} - R^-)^2} \quad (10\text{-}25)$$

则方案 $i(i = 1, 2, \cdots, n)$ 到理想方案的贴近度为：

$$e_i = \frac{S_i^-}{S_i^+ + S_i^-} \quad (10\text{-}26)$$

可知 $0 < e_i < 1$，当 e_i 接近 0 时，S_i^- 越接近 0，疏散方案越靠近负理想疏散方案，该疏散方案越劣；当 e_i 接近 1 时，S_i^+ 越接近 0，疏散方案越靠近正理想疏散方案，该疏散方案越优。

第 11 章 宋家庄地铁站火灾疏散仿真评价

本章以宋家庄地铁站为例,制定火灾应急疏散预案,构建行人火灾条件下的疏散仿真模型,进行仿真实验。主要工作是在疏散客流预测、火灾场景搭建、火灾对行人特性影响分析、枢纽行人疏散组织和仿真背景资料准备的基础上,建立综合枢纽行人疏散微观仿真模型,进行火灾事件下的地铁行人疏散状态分析,再根据前文建立的综合客运交通枢纽火灾疏散仿真评价体系,利用 APN - 物元理论对疏散预案进行综合评价。

11.1 宋家庄站火灾模拟计算

11.1.1 模拟搭建概况

宋家庄站为换乘枢纽站,车站位于规划石榴庄路和宋家庄路相交十字路口。5 号线,10 号线二期和亦庄线在此站换乘,为三线双岛车站形式,5 号线 10 号线与宋家庄站形成"T"形换乘。其站台层 FDS 模型如图 11-1 所示。

宋家庄站厅层 FDS 模型如图 11-2 所示。

在站厅站台划分很多区域,在每个区域放测点,测温度、CO 浓度、可见度、速度等,用测得的数据来指导疏散,区域划分如图 11-3、图 11-4 所示。

第 11 章　宋家庄地铁站火灾疏散仿真评价

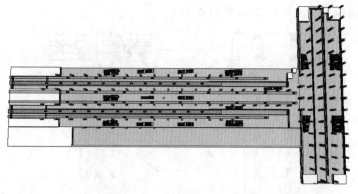

图 11-1　宋家庄站台层 FDS 模型

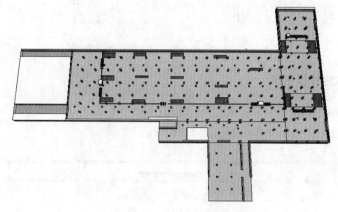

图 11-2　宋家庄站厅层 FDS 模型

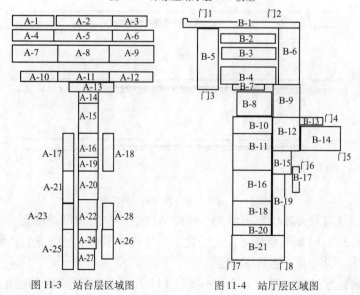

图 11-3　站台层区域图　　　　图 11-4　站厅层区域图

不同火灾模拟工况火源位置如图11-5所示。

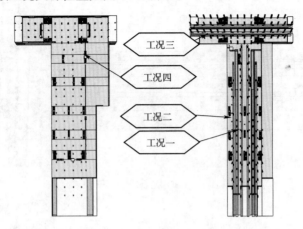

图11-5 不同火灾模拟工况火源位置示意图

11.1.2 车站模拟结果

1)工况一:亦庄站台着火(着火位于A20区域)

其站台—站厅烟气运动模式图如图11-6所示。

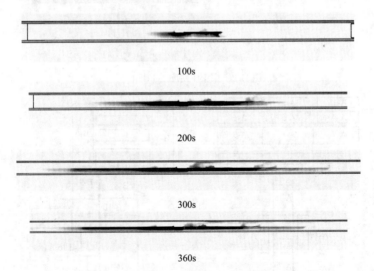

图11-6 站台—站厅烟气运动模式图

(1)站台烟气随着火源功率的增大不断向站台上部空间及两端蔓延,200s后烟气运动渐趋稳定,至360s时烟气蔓延无太大变化。烟气热压作用不足以克服机械排烟在楼梯口处产生的负压,烟气未蔓延至站厅层。

(2)由站台站厅及楼梯截面温度分布图(图11-7)可得出,随着时间的推移,高温区域主要集中在站台顶部中间两个楼梯开口之间区域,中间两楼梯以外区域温度基本维持在40℃以下,站厅层保持常温。

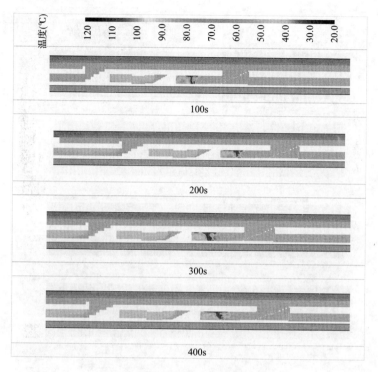

图11-7 站台—站厅截面温度分布图

(3)根据站台站厅及楼梯纵截面流速分布图(图11-8)可以看出,楼梯开口处流速范围整体上可保持在1.5m/s以上,满足规范不小于1.5m/s的要求。

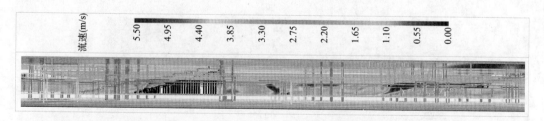

图11-8 360s站台站厅及楼梯纵截面流速分布图

(4)360s时刻各楼梯口横截面流速图(图11-9)可以看出,各楼梯口横截面流速均维持在1.5m/s以上,均满足规范不小于1.5m/s的要求。

(5)温度和可见度变化区域主要集中在站台层中间两楼梯口之间区域,此区域2m高处温度值基本维持在70℃以上,局部近火源小范围内温度可达110℃;可见度近火源区域约10m(图11-10)。

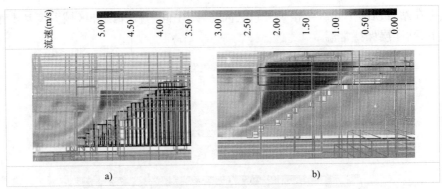

图 11-9　楼梯口横截面速度分布图
a）左 1；b）左 2

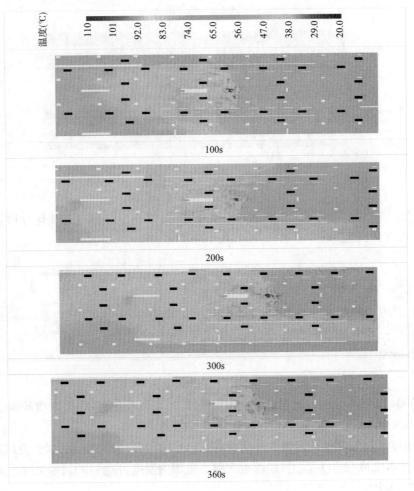

图 11-10　站台层 1.9m 高处温度分布图

(6)站台中间两楼梯口以外的站台区域 2m 高处温度基本维持在 38℃ 以下,可见度维持在 30m,这说明站台中间两楼梯口以外区域烟气各状态数据未达到危险值。

站台层 1.9m 高处温度;可见度分布如图 11-11、图 11-12 所示。

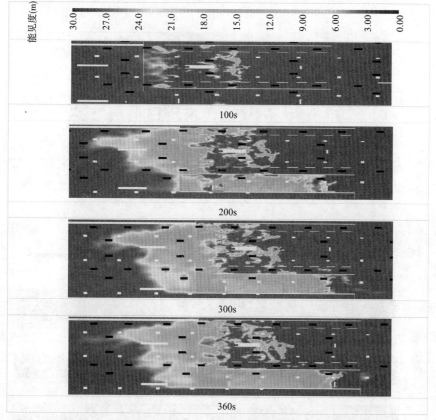

图 11-11 站台层 1.9m 高处可见度分布图

2)工况二:亦庄线列车着火(着火位于 A24 区域)

其站台烟气运动模式图如图 11-12 所示。

(1)亦庄线站台烟气随着火源功率的增大不断向亦庄线端蔓延,由于五号线站台排烟风机没有启动,巨大的负压作用使空气向亦庄线运动,200s 后烟气运动渐趋稳定,至 360s 时烟气蔓延无太大变化。烟气控制在五号线站台,无烟气扩散到站厅层。

(2)由亦庄线列车着火截面温度分布图(图 11-13)可以看出,随着时间的推移,高温区域主要集中在火源附近的顶棚区域,由于排烟系统的启动,温度向站台内快速降低,顶棚烟气在火源附近区域达到 300℃ 以上。

温度和 CO 浓度变化区域主要集中在亦庄站台区域如图 11-14、图 11-15 所示,此区域 2m 温度值基本维持在 40℃ 以上,由于屏蔽门的作用和排烟风机的综合作用,烟气没有沉降到人员安全高度附近,在着火列车顶棚区域烟气温度最高,其他区域温度在 40℃ 以下,CO 浓度在 3×10^{-5} 以下,没达到人员危险浓度。

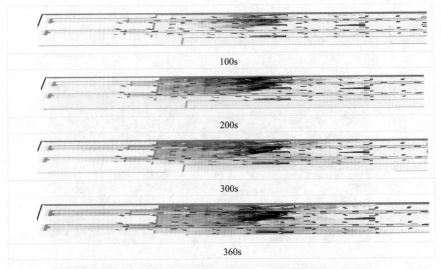

图 11-12 亦庄线站台烟气运动模式图

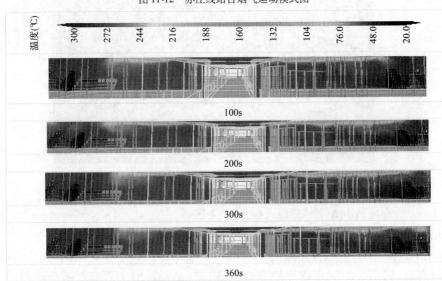

图 11-13 亦庄列车着火截面温度分布图

3)工况三:五号线列车着火(着火位于 A11 区域)

其站台烟气模式图如图 11-16 所示。

(1)五号线站台烟气随着火源功率的增大不断向站厅两端蔓延,60s 后紧邻火源处屏蔽门被烧坏,200s 后烟气运动渐趋稳定,至 360s 时烟气蔓延无太大变化。由于站台处排烟系统的启动,烟气向站台两侧扩散。由于亦庄站台风机没启动,烟气控制在五号线站台,无烟气扩散到站厅层。

第 11 章 宋家庄地铁站火灾疏散仿真评价

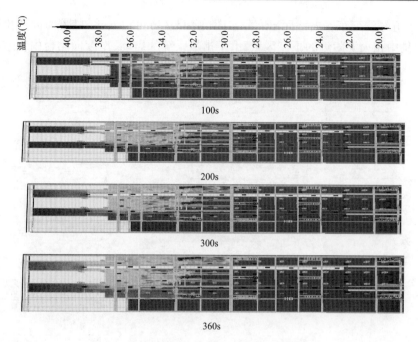

图 11-14 亦庄线列车着火 2m 高处温度分布图

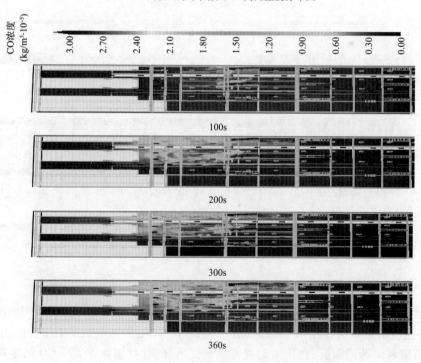

图 11-15 亦庄线列车着火 2m 高处 CO 浓度分布图

(2)由五号线列车着火截面温度分布图(图11-17)可以看出,随着时间的推移,高温区域主要集中在火源附近的顶棚区域,由于排烟系统的启动,温度向站台内快速降低,顶棚烟气在火源附近区域达到300℃以上。

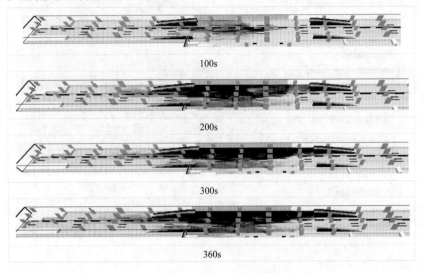

图11-16 五号线站台烟气运动模式图

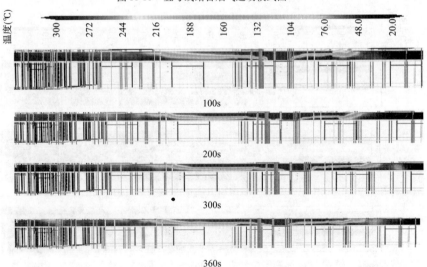

图11-17 五号线站台截面温度分布图

温度和CO浓度变化区域主要集中在边墙附近区域,如图11-18、图11-19所示。此区域2m温度值基本维持在40℃以上,由于屏蔽门的作用和排烟风机的综合作用,烟气没有发生沉降在屏蔽门附近,在边墙附近发生烟气沉降,此处温度最高。CO浓度在边墙沉降区域浓度最高为0.3×10^{-4}。

第11章 宋家庄地铁站火灾疏散仿真评价

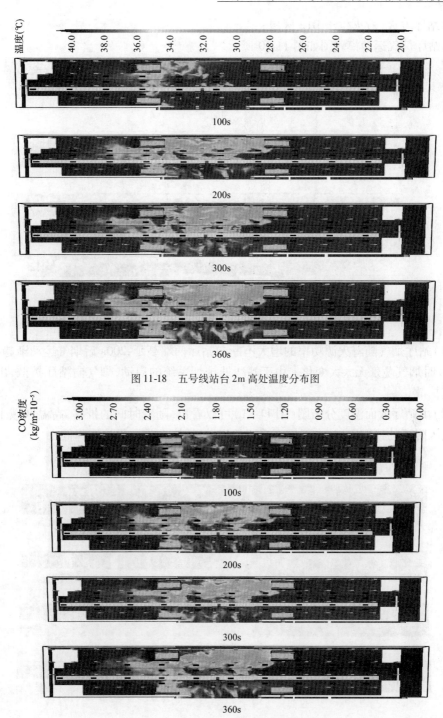

图 11-18　五号线站台 2m 高处温度分布图

图 11-19　五号线站台 2m 高处 CO 浓度分布图

4）站厅着火（着火位于 B12 区域）

其站厅烟气运动模式图如图 11-20 所示。

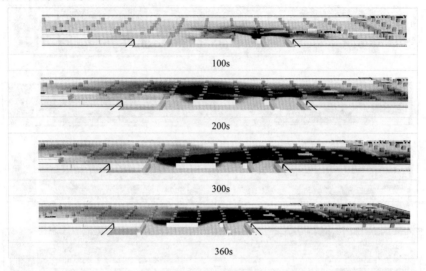

图 11-20　站厅烟气运动模式图

（1）站厅烟气随着火源功率的增大不断向站厅两端蔓延，200s 后烟气运动渐趋稳定，至 360s 时烟气蔓延无太大变化。由于站厅处排烟系统的启动，烟气向站厅扩散，出口处无烟气扩散。

（2）由站厅截面温度分布图（图 11-21）可以看出，随着时间的推移，高温区域主要集中在火源附近的顶棚区域，由于排烟系统的启动，温度向站厅内快速降低。

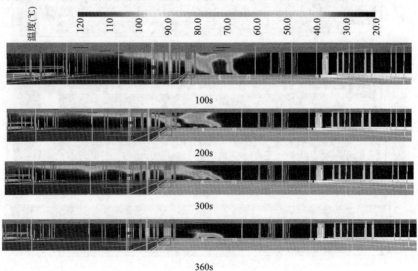

图 11-21　站厅截面温度分布图

(3)温度和CO浓度变化区域主要集中在站厅层火源附近区域,如图11-22、图11-23所示。此区域2m高处温度值基本维持在70℃以上,局部近火源小范围内温度可达100℃;CO浓度近火源区域约为4.5×10^{-4}。

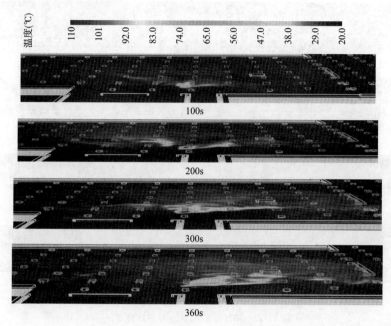

图11-22 站厅层2m高处温度分布图

(4)站厅中B12区域以外区域2m高处温度基本维持在30℃以下,CO浓度维持在1.35×10^{-4}以下,这说明站台中间两楼梯口以外区域烟气各状态数据未达到危险值。

11.1.3 模拟计算总结

1)列车火灾

(1)五号线站台烟气随着火源功率的增大不断向站厅两端蔓延,60s后紧邻火源处屏蔽门被烧坏,200s后烟气运动渐趋稳定,至360s时烟气蔓延无太大变化。由于站台处排烟系统的启动,烟气向站台两侧扩散,由于亦庄站台风机没启动,烟气控制在五号线站台,无烟气扩散到站厅层。

(2)亦庄线站台烟气随着火源功率的增大不断向亦庄线端蔓延,由于五号线站台排烟风机没有启动,巨大的负压作用使空气向亦庄线运动,200s后烟气运动渐趋稳定,至360s时烟气蔓延无太大变化。烟气控制在五号线站台,无烟气扩散到站厅层。

(3)从站台与上层站厅层的开口处的纵向流场分布以及横截面流场分布来看,两端扶梯开口与中间楼梯开口处的流速竖直向下分量均可达到2.4m/s以上的自然补风,满足规范要求。

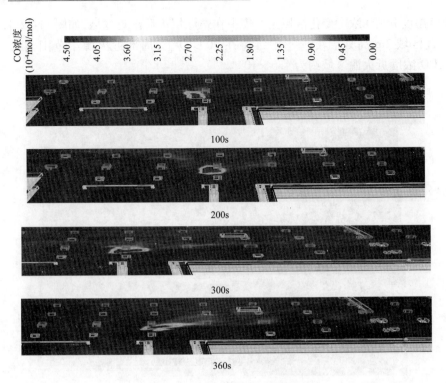

图 11-23　站厅层 2m 高处 CO 浓度分布图

(4) 温度和 CO 浓度变化区域主要集中在边墙附近区域,此区域 2m 温度值基本维持在 40℃ 以上,由于屏蔽门的作用和排烟风机的综合作用,烟气没有发生沉降在屏蔽门附近,在边墙附近发生烟气沉降,此处温度最高。CO 浓度在边墙沉降区域浓度最高为 0.3×10^{-4}。

2) 站台火灾

(1) 站台烟气随着火源功率的增大不断向站台上部空间及两端蔓延,200s 后烟气运动渐趋稳定,至 360s 时烟气蔓延无太大变化。烟气热压作用不足以克服机械排烟在楼梯口处产生的负压,烟气未蔓延至站厅层。

(2) 由站台站厅及楼梯截面温度图可以看出,随着时间的推移,高温区域主要集中在站台顶部中间两个楼梯开口之间区域,中间两楼梯以外区域温度基本维持在 40℃ 以下,站厅层保持常温。

(3) 根据站台站厅及楼梯纵截面流速分布图可以看出,楼梯开口处流速范围整体上可保持在 1.5m/s 以上,满足规范不小于 1.5m/s 的要求。

(4) 温度和可见度变化区域主要集中在站台层中间两楼梯口之间区域,此区域 2m 高处温度值基本维持在 70℃ 以上,局部近火源小范围内温度可达 110℃;可见度近火源区域约 10m;站台中间两楼梯口以外的站台区域 2m 高处温度基本维持在 38℃ 以下,可见度维持在30m,这说明站台中间两楼梯口以外区域烟气各状态数据未达到危险值。

3)站厅火灾

(1)站厅烟气随着火源功率的增大不断向站厅两端蔓延,200s后烟气运动渐趋稳定,至360s时烟气蔓延无太大变化。由于站厅处排烟系统的启动,烟气向站厅扩散,出口处无烟气扩散。

(2)由站厅截面温度图可以看出,随着时间的推移,高温区域主要集中在火源附近的顶棚区域,由于排烟系统的启动,温度向站厅内快速降低。

(3)温度和CO浓度变化区域主要集中在站厅层火源附近区域,此区域2m高处温度值基本维持在70℃以上,局部近火源小范围内温度可达100℃;CO浓度近火源区域约4.5×10^{-4}。

(4)站厅中B12区域以外区域2m高处温度基本维持在30℃以下,CO浓度维持在1.35×10^{-4}以下,这说明站台中间两楼梯口以外区域烟气各状态数据未达到危险值。

11.2 综合客运交通枢纽疏散预案

为测试在各种工况火灾状况下,宋家庄综合客运交通枢纽不同的疏散预案的疏散效果,制定了两套不同的疏散预案。

方案一:根据综合客运交通枢纽的布局和客流预测,采取客流从最近的出口疏散到安全地点的方式。但是该方案容易造成部分出口人员聚集,而部分出口得不到充分利用,如图11-24所示。

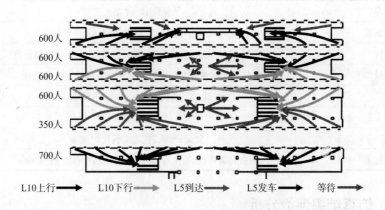

图11-24 5号与10号线站台区域疏散流线

方案二:根据方案一的不足,调整部分客流不从自己最近的出口,而转移到其他出口进行疏散的方案。具体为转移10号线下行站台部分客流到10号线上行站台(L10-1)、5号线与10号线公用站台(即L5+10)两个站台,如图11-25所示。

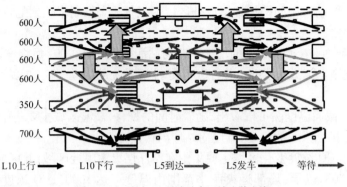

图 11-25　5 号与 10 号线站台区域疏散流线

11.3　仿真模型标定

利用宋家庄枢纽设计 CAD 图作为仿真底图，清图完成后，即可导入仿真模型构建平台 LEGION model builder 作为底图，利用前面所述的内容，结合宋家庄地铁相关的设计指标，对正常情况下的仿真模型进行初步参数标定，构建晚高峰 17:30～18:00 的枢纽行人疏散仿真模型。

同时根据 4 个工况的火灾场景的火灾环境状况，利用火灾仿真结果对行人速度特性、路径选择、生命特征进行了定量化的分析计算，并以此对火灾状况下的行人疏散模型进行了标定。主要标定参数如表 11-1 所示。

仿真模型参数标定内容表　　　　　　　　表 11-1

参数名称	具 体 内 容
基础设施配置	电梯、楼梯、出入口、售票口、检票口、安检设施等
乘客特性	类别、组成比例、速度分布、是否携带行李、单位时间价值
乘客流量	仿真时间内各类交通方式乘客疏散流量及时间分布
车辆	地铁、公交、长途车辆进站、停靠站时间
疏散组织方案	各类人员换乘流线和组织方式
运营组织方案	公交、地铁、长途运营组织方案
火灾环境标定	火灾行为特性、人员速度折减、人员路径选择、生命特征

11.4　仿真结果评价分析

根据仿真输出结果，利用前面介绍的综合评价体系，对每个工况状况下的疏散方案进行综合评价。将多目标决策归结为单目标决策，并能以定量的数值简洁明确地表明决策结果。

1) 工况一的结果评价分析

首先采用前面介绍的ANP方法确定权重,结果见表11-2。工况一下不同方案的评价指标值见表11-3。

火灾状况下综合客运交通枢纽疏散状况底层评价指标权重　　　表11-2

目标层	权重	准则层	权重	指标层	最终权重
火灾状况下综合客运交通枢纽疏散预案评价	0.6812	逃生指数	0.612	逃生率(u_{11})	0.0298
			0.388	逃生可靠度(u_{12})	0.1583
	0.2244	安全隐患指数	0.2339	高密度区域分布比例(u_{21})	0.0749
			0.4429	高密度区域影响度(u_{22})	0.0998
			0.3232	冲突点影响率(u_{23})	0.0276
	0.0344	有效指数	0.6321	平均疏散时间(u_{31})	0.0172
			0.3679	单位时间疏散客流量(u_{32})	0.0172
	0.3689	有序指数	0.2562	绕行系数(u_{41})	0.1844
			0.5231	行人速度差异性(u_{42})	0.1844
			0.2207	舒适度(u_{43})	0.1844

工况一下不同方案的评价指标值　　　表11-3

评价指标	方案1(S_1)	方案2(S_2)
逃生率u_{11}(%)	99.25	99.57
逃生可靠度u_{12}	0.907	0.942
高密度区域分布比例u_{21}	0.499	0.447
高密度区域影响度u_{22}	0.813	0.783
冲突点影响率u_{23}	0.689	0.623
平均疏散时间u_{31}(s)	278	221
单位时间疏散客流量u_{32}(s)	678	741
绕行系数u_{41}(s)	1.41	1.32
行人速度差异性u_{42}(m/s)	0.18	0.14
舒适度u_{43}(%)	45.3	54.2
评价结果(贴近度e)	0.653	0.689

2) 工况二的结果评价分析

工况二下不同方案的评价指标值见表11-4。

3) 工况三的结果评价分析

工况三下不同方案的评价指标值见表11-5。

4) 工况四的结果评价分析

工况四下不同方案的评价指标值见表11-6。

工况二下不同方案的评价指标值　　　　　　表 11-4

评价指标	方案 1(S_1)	方案 2(S_2)
逃生率 u_{11}	99.12	99.52
逃生可靠度 u_{12}	0.901	0.933
高密度区域分布比例 u_{21}	0.525	0.467
高密度区域影响度 u_{22}	0.885	0.813
冲突点影响率 u_{23}	0.71	0.63
平均疏散时间 u_{31}(s)	289	231
单位时间疏散客流量 u_{32}(s)	667	714
绕行系数 u_{41}(s)	1.45	1.35
行人速度差异性 u_{42}(m/s)	0.17	0.14
舒适度 u_{43}(%)	42.3	50.2
评价结果(贴近度 e)	0.613	0.649

工况三下不同方案的评价指标值　　　　　　表 11-5

评价指标	方案 1(S_1)	方案 2(S_2)
逃生率 u_{11}	97.25	99.17
逃生可靠度 u_{12}	0.872	0.932
高密度区域分布比例 u_{21}	0.579	0.517
高密度区域影响度 u_{22}	0.819	0.789
冲突点影响率 u_{23}	0.755	0.676
平均疏散时间 u_{31}(s)	301	277
单位时间疏散客流量 u_{32}(s)	601	688
绕行系数 u_{41}(s)	1.48	1.51
行人速度差异性 u_{42}(m/s)	0.21	0.19
舒适度 u_{43}(%)	34.3	41.2
评价结果(贴近度 e)	0.453	0.619

工况四下不同方案的评价指标值　　　　　　表 11-6

评价指标	方案 1(S_1)	方案 2(S_2)
逃生率 u_{11}	100	100
逃生可靠度 u_{12}	0.9999	0.9999
高密度区域分布比例 u_{21}	0.454	0.414
高密度区域影响度 u_{22}	0.782	0.723
冲突点影响率 u_{23}	0.659	0.624

续上表

评价指标	方案1(S_1)	方案2(S_2)
平均疏散时间 u_{31}(s)	271	216
单位时间疏散客流量 u_{32}(s)	681	741
绕行系数 u_{41}(s)	1.42	1.32
行人速度差异性 u_{42}(m/s)	0.16	0.13
舒适度 u_{43}(%)	61.3	69.2
评价结果(贴近度 e)	0.895	0.906

根据评价方法可知,当 e_i 越大时,对该疏散方案的评价度就越高,该疏散方案就是所要选择的更好的方案,即该疏散方案更优。从前面的评价结果可知,在工况一即(亦庄站台着火)时,$e_2 > e_1$,说明该情况下方案2比方案1更好,从而应该选择方案2作为备选疏散预案;在工况二即(亦庄线列车着火)时,$e_2 > e_1$,说明该情况下方案2比方案1更好,从而应该选择方案2作为备选疏散预案;在工况三即(五号线列车着火)时,$e_2 > e_1$,说明该情况下方案2比方案1更好,从而应该选择方案2作为备选疏散预案;在工况四即(站厅着火)时,$e_2 > e_1$,说明该情况下方案2比方案1更好,从而应该选择方案2作为备选疏散预案;

同时根据不同火灾情况的贴近度的比较可知,工况四即(站厅着火)情况下疏散的状况最理想,火灾对疏散的影响最小,工况三即(五号线列车着火)情况下疏散的状况最不理想,火灾对疏散的影响最大。

第 12 章 客流监测系统设计

12.1 综合客运交通枢纽客流监测系统设计原则

根据交通枢纽日常监测业务的实际监测需要和系统建设的目标,系统建设应遵循以下原则:

1)易用性原则

系统应提供直观易用、友好的用户操作界面,同时应提供直观的图形提示帮助用户快速掌握软件的安装和使用。

2)可扩展性原则

为适应交通委新发展观要求和系统自身建设的需要,本系统的设计要充分考虑系统应用动态变化因素。系统要可以适应各运营单位不同业务的不同情况,要在统一的业务标准规范的前提下有不同的操作模式。

3)成熟性原则

应该尽量的采用经过市场证实的成熟技术,减少技术风险。

4)标准化和规范化原则

严格遵循国家及地方的有关法律法规和技术规范的要求,从业务、技术、运行管理等方面对项目的整体建设和实施进行初步设计,充分体现标准化和规范化。

5)安全性原则

严格遵循国家及地方的有关信息系统安全保密的有关政策、标准和规范的要求,使信息系统的在网络、应用、数据信息等多层面获得有力的安全保障。并且采用业界成熟的应用安全技术,切实保证系统安全和数据保密。

6) 开放性原则

采用的技术均为开放技术、利于移植,这样有利于降低采购价格,保证服务质量。

12.2 综合客运交通枢纽客流监测系统总体要求

综合客运交通枢纽客流监测系统在系统建设时必须满足以下要求:

(1)系统建设符合总体规划,分期建设的思想,满足统一的身份认证及权限管理的要求,实现单点登录。

(2)各应用系统建设时,必须充分考虑应用系统之间的数据共享和数据交换要求。

(3)用户界面友好,各应用子系统采用统一的界面风格。

(4)用户权限管理需要实现细粒度的权限配置与控制,在各种安全控制措施(如防火墙、PKI 认证等)的基础上,有效管理用户身份。主要功能包括:通用用户身份管理、用户分级和分布式管理、用户通信录等。

(5)系统建设必须适合交通枢纽业务发展的需要,系统采用模块化设计,便于系统的扩展,并需要考虑其他应用系统的接口。

(6)系统设计采用三层架构体系,支持 C/S 架构和 B/S 两种架构。只要在系统中用一台机器作为 Web 服务器,并对其进行相应配置,网内用户就可以通过浏览器方式实现远程监控和管理。

12.3 综合客运交通枢纽客流监测系统总体功能要求

综合客运交通枢纽客流监测系统的总体功能为对交通枢纽公共区域进行全方位、无死角的监测,同时对交通枢纽内各种设备设施的运行状态进行监测,实现对安全隐患的分析和预测,以满足公众安全出行的需要。需要监测的内容包括以下方面。

(1)客流量监测:实时监测枢纽主要通道、出入口的客流量,并在客流量超过危险值时给出报警信息。

(2)客流密度监测:实时监测枢纽主要通道、出入口的客流密度,并在客流密度超过危险值时给出报警信息。

(3)特殊行为分析:实现对交通枢纽主要区域的人员特殊行为分析,特殊行为包括禁区闯入、人员聚集、非法逆行、物品遗留、人员滞留几种情况。

(4)换乘客流量监测:实时监测换乘通道的客流量、掌握换乘信息,对换乘过程中出现的安全隐患及时预警。

（5）车辆监测：实施对轨道车辆、公共汽车的运行状态、车内人员拥挤状况、到发车状况进行检测，实时掌握车辆的安全状况及达到系统换乘的目标。

（6）通过与消防、门禁、楼宇自控系统的数据接口，实现对消防设施、门禁系统和楼宇自控设备的监测。

（7）预留与交通枢纽其他业务系统的数据接口，实现枢纽内公交汽车和轨道交通等运行方式业务的协调联动，实现与其他业务系统之间的协调联动。

（8）火灾报警监测：与交通枢纽内消防系统对接，实现对消防设施的监测，并且在火灾发生时，系统可以给出报警信息。

（9）非法闯入监测：与门禁系统、楼宇自控系统对接，实现对交通枢纽内各种设备运行状态的监测。在出现电梯故障或门禁非法闯入时给出报警信息。

所有设备设施的实时监测信息，可以通过数据列表或电子地图的方式进行显示。设备设施的运行状况实时更新（间隔不大于1min），所有设备设施的运行状态信息应记录、备份，其在应用系统中的保存周期不应小于7天，备份保存15天历史记录。

12.4 综合客运交通枢纽客流监测系统技术方案

12.4.1 功能设计

（1）系统实现对交通枢纽区域全方位、无死角的安全监测，对实现对视频数据的监视、记录、捕捉、回放、备份等功能。

①远程控制：系统可以对重点部位的摄像机进行远程控制，转换监控视角，调整焦距。

②视频捕捉：系统实现对动态视频监测影像的视频或图片进行捕捉；可以使用热键或鼠标进行操作；可全屏捕捉或指定区域捕捉；具备调色板功能，并能够设置分辨率。

③视频回放：实现对视频数据的查询检索，可以方便地查看某一时间的某一监控设备的视频监控数据。

④选择备份：业务人员可以设置对某一时间段、某一设备的监控视频进行自动备份。

⑤自动轮巡：系统可以自动对各监控点的时时视频信息在监控中心的屏幕上轮换显示，业务人员可以设置自动轮巡的时间间隔。

⑥手工切换：业务人员可以手工控制查看某一监控点的时时视频信息。

（2）实现与消防系统的数据接口，消防设备在交通枢纽电子地图上的定位展示，标识消防设施的运行状态。业务人员可以方便地查看各消防设施相关信息，并可以查看设施的周边信息。当消防设施状态发生改变时，消防系统及时将状态信息通过数据接口转发给本系统,消防设施状态随之改变。当消防设施发生故障或报警时,在交通枢纽电子地图上闪烁显示。

当火灾发生时,系统接收火灾报警系统、手动报警按钮、自动触发装置的火灾报警信息。报警方式包括弹出窗口、短信、声音提示三种方式:

①弹出窗口:监控中心系统接收到火灾报警信息时,自动弹出报警窗口,并在交通枢纽电子地图上定位闪烁显示,并显示报警时间、地点等信息。

②声音提示:报警窗口弹出的同时,发出声音提示。业务人员可以设置报警提示声音。

③手机短信:报警的同时,系统自动向相关部门和人员发送火灾报警短消息,包括火灾地点、时间等信息。业务人员可以设置短消息接收人和发送顺序。

(3)实现与交通枢纽门禁系统的数据接口,门禁系统设备在交通枢纽电子地图上定位展示,并标识门禁系统设备运行状态。业务人员可以方便地查看各设备相关信息,并可以查看设备的周边信息。当门禁系统设备发生故障或者有人非法闯入报警时,门禁系统将相关信息通过数据接口发送给本系统,设备状态随之改变。当设备发生故障或报警时,在交通枢纽电子地图上闪烁显示。

非法闯入报警方式包括弹出窗口、短信、声音提示三种方式,具体要求同火灾报警。

(4)实现与交通枢纽楼宇自控系统的数据接口,电力系统、电梯等设备在交通枢纽电子地图上定位展示,并标识设备的运行状态。业务人员可以方便地查看各设备相关信息,并可以查看设备的周边信息。当设备发生故障时,楼宇自控系统将信息发送给本系统,设备状态随之改变,同时系统给出报警信息。报警方式包括弹出窗口、短信、声音提示三种方式,具体要求同火灾报警。

(5)视频质量分析:系统与视频图像检测系统对接,对视频图像出现的雪花、滚屏、模糊、偏色、画面冻结、增益失衡等常见摄像机故障的进行判断,并给出报警信息。信息以弹出窗口的方式通知值班业务人员。

(6)故障记录:当某一设备发生故障时,系统自动记录故障信息,包括:发生时间、设备设施种类、设备设施类型、区域、位置、故障类型、是否误报等信息。

系统记录并维护设备厂商及运营维护人员的相关信息,当设备发生故障时,可以通过手机短信通知设备维护的相关人员,保障设备设施故障的及时维修。

(7)系统实现对交通枢纽内部及交通枢纽外各主要通道处各种情况的智能分析,包括客流密度分析、客流量分析、人员特殊行为分析。

①客流密度分析:可以对交通枢纽各主要区域的客流密度进行分析,记录客流密度、分析时间、分析区域。

②客流量分析:可以对交通枢纽内各通道的客流量进行分析,记录客流量、分析时间、分析区域。

③特殊行为分析:可以对交通枢纽内部及各主要通道处人员特殊行为的分析,包括禁区闯入、人员聚集、非法逆行、物品遗留、人员滞留等。

④信息报警:系统可以设置客流密度、客流量的报警阈值,当客流密度或客流量超过报警阈值时,系统给出报警信息;对于特殊行为分析,一旦发现则系统立即报警。报警方式包括弹出窗口、报警声音、短信三种方式,实现要求同火灾报警。当报警发生时,系统可以迅速调看发生报警区域的视频图像,并在交通枢纽平面图中定位显示。

(8)实现对视频监测信息、客流密度信息、客流量信息、设备运行状态监控、故障信息、报警信息、业务调度信息等信息的查询。可以按照时间、区域等多种条件进行信息查询。

(9)实现对客流密度信息、客流量信息、故障信息、报警信息、业务调度信息等信息的查询统计,统计报表可以输出打印,并可以导出存成 Excel 文件。实现对客流密度信息、客流量信息、故障信息、报警信息、业务调度信息等信息的分析,可以按照时间、区域等多种条件进行统计分析,可以生成饼图、直方图或折线图。

①客流密度信息查询:可以根据区域、时间等条件查询客流密度信息。

②客流量信息查询:可以根据区域、时间等条件查询客流量信息。

③故障信息查询:可以根据故障报警时间、设备设施位置、所属区域、设备设施种类、类型、故障类型等要求进行查询。

④报警信息查询:可以根据报警类型、报警时间、区域等条件查询报警信息。

⑤业务调度信息查询:可以根据调度时间、调度人员等条件查询业务调度信息。

⑥设备故障信息统计分析:对消防、门禁、楼宇自控系统的设备故障信息进行后期处理,生成设备故障统计日、月、年报表,可以统计各种设备发生故障的次数、确认故障次数、误报故障次数、发生原因,并计算误报率。并可以生成故障数量折线图、不同类型设备故障发生次数/比例饼图、不同区域设备故障发生次数/比例饼图、发生原因饼图或直方图。

⑦客流量统计分析:系统提供灵活的统计报表,可以生成高峰时段客流量报表,客流量日报、周报、月报、年报统计表,黄金周客流量报表,并生成客流量统计折线图。

⑧客流密度统计分析:系统提供灵活的统计报表,可以生成高峰时段客流密度报表,客流量日报、周报、月报、年报统计表,黄金周客流密度报表,并生成客流密度统计折线图。

⑨拥堵程度统计分析:以单位面积站立人数为主要指标,对拥堵程度进行等级划分,可分为:严重拥堵、非常拥堵、一般拥堵、不拥堵4个等级。拥堵程度等级划分的阈值应在对客流密度进行深入分析、研究的基础上确定,并依据对实际拥堵情况的感性判断进行适当调整。可以按区域生成拥堵程度日、月、年报表和黄金周报表,并可以生成饼图。

(10)实现系统日志管理。对业务人员登录系统、业务操作等信息进行日志记录,并且可以根据多种条件进行系统日志查询。

（11）系统预留与交通枢纽其他业务系统的数据接口,实现东直门枢纽内公共电汽车和轨道交通两种运输方式、多家运营企业（公交集团、地铁运营公司）在日常运营时的协调调度,实现监控数据和报警信息到安全疏散诱导与应急管理系统的数据接口,实现与其他业务系统的联动。

12.4.2 操作界面设计

1）用户界面方式

（1）采用菜单/窗口方式,多窗口,下拉式,弹出式,多窗口动态切换。

（2）下拉菜单级数一般不超过三级。

（3）具有剪切、拷贝、粘贴、拖放等功能。

2）画面设计原则

分成系统的主控程序类、用户注册类、数据处理类、错误信息类、联机帮助信息类、数据汇总类、视频图像类等类别,应力求美观、大方、直接。

3）屏幕数据输入

（1）对于常用不变的数据项、重复数据项、可枚举的数据项、自动产生的数据项,应设置为缺省值或自动提供,以减少录入的工作量。并可激活选项。

（2）具有"确认"、"取消"、"重试"等警告窗口。

4）输入失误处理

（1）光标只限在屏幕的可输入区活动。

（2）对输入数据进行有效性和合法性检查,拒绝接受无效数据。

（3）出错时可清晰显示对应的错误说明及处理办法。

5）屏幕输出

（1）查询数据为只读方式。

（2）根据不同用户的使用权限,显示不同的数据范围。

12.5 综合客运交通枢纽客流监测原型系统

依据客运枢纽客流运行状态监测系统的设计原则、总体要求和功能要求,结合监控关键技术研究,依托东直门综合交通枢纽相关基础设施布局、客流交通组织方案等实际枢纽运营管理现状,开发了客流运行状态监测原型系统。

12.5.1 主程序界面及功能分区

图 12-1 为原型系统主窗体界面及功能分区。主窗体主要包括实时状态显示区、视频

数据显示区、客流交通流参数显示区 3 个部分。

实时状态显示能够依据一定的服务水平分级或者综合性的客流拥挤指数显示当前枢纽不同区域、不同枢纽的客流拥挤状态，为管理者提供直观、精确的客流运行状态。

视频显示区连接客流视频监测设备，通过监控人员的选择，显示热点区域的视频监控图像。

客流交通流参数显示区依据监测及融合数据，定量化地显示当前数据不同区域、不同时段的行人交通流参数变化趋势。

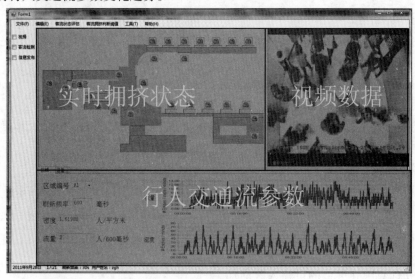

图 12-1　原型系统主窗体界面及功能分区

12.5.2　不同设施服务水平设置

服务水平是判定当前客流运行状态的重要依据。通过点击菜单栏"客流状态评估"，打开服务水平设置对话框，设置不同服务水平分级阈值，同时选择不同区域或设施使用的服务水平分级标准，如图 12-2 所示。

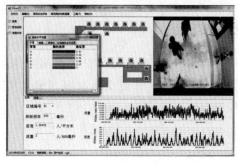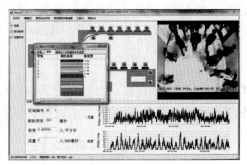

图　12-2

第 12 章 客流监测系统设计

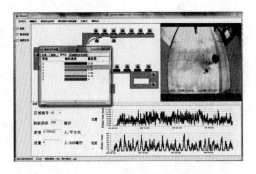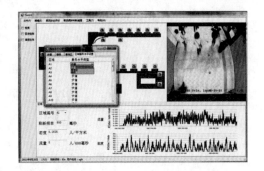

图 12-2 服务水平分级阈值设置

12.5.3 客流拥挤判定阈值设置

客运枢纽不同监控分区设施类型不同,相应的判定拥挤的主要阈值应进行针对性设置。点击菜单栏"客流拥挤判定阈值",打开设置窗体,针对不同监测分区的客流特性及历史经验的积累,设置相应的拥挤判定阈值,如图 12-3 所示。

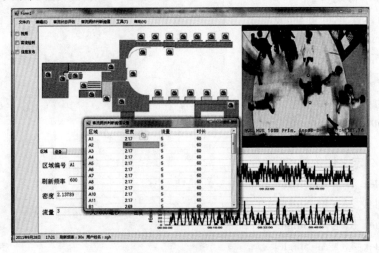

图 12-3 拥挤判定阈值设置

附 录

附录A 监测备选节点重要度计算程序(VBA)

```
Option Explicit
/////数据定义


////////'常规变量
Dim i,j,k,l,n,mAs Integer
Dim filename As String
Dim aFile As Variant
Dim wb As Workbook
Dim finalrow As Integer
Dimtemp( ) As Variant

////////定义评价指标数组
Dim index_1( ) As Single
Dim index_2( ) As Single
Dim index_3( ) As Single
Dim index_4( ) As Single

////////用于指标计算的数据定义
Dim index_2_temp(1 To 60) As Integer
Dimscore(1 To 6) As Single
Dim score_total,total_count As Single
Dim index_2_f_total,index_2_p_total,index_2_f_p_total As Single
Dim best_value As Single
Dim best_no As Integer
```

'''''权重计算数据
```
Dim variation_weight() As Variant
Dim Max_index_1, Max_index_2, Max_index_3, Max_index_4  As Single
Dim Min_index_1, Min_index_2, Min_index_3, Min_index_4  As Single
Dim average_index_1, average_index_2, average_index_3, average_index_4 As Single
Dimdistance() As Variant
Dim average_index(1 To 4) As Single
Dim variation_index(1 To 4) As Single
Dim variation_index_temp As Single
Dim variation_coefficient_index(1 To 4) As Single
Dim variation_coefficient_weight(1 To 4) As Single
Dim variation_weight_temp As Single
Dim distance_p, distance_n As Single
Private Sub ComboBox1_Change()
n = ComboBox1.ListIndex
If ComboBox2.ListCount = 0 Then
    Exit Sub
Else
    ComboBox2.Text = ComboBox2.List(n)
    Label2.Caption = ComboBox2.List(n)
End If
```

''''新增计算文件
```
Dim fileOpenName
fileOpenName = Application.GetOpenFilename("Excel 文件(*.xls),*.xls")
If fileOpenName <> False Then
    aFile = Split(fileOpenName, "\")
    filename = aFile(UBound(aFile))
    MsgBox "add" & filename
    ComboBox1.AddItem filename
    ComboBox1.Text = ComboBox1.List(0)
    ComboBox2.AddItem fileOpenName
    ComboBox2.Text = ComboBox2.List(0)
    Label2.Caption = fileOpenName
```

End If

////计算模块
If ComboBox1.ListCount = 0 Then
　　MsgBox " no files" ,vbInformation
　　Exit Sub
Else
　　m = ComboBox1.ListCount

////////打开表
For i = 1 To m
　　Worksheets.Add after：= Sheets(i)
　　Sheets(i + 1).Name = ComboBox1.List(i - 1)
　　Sheets(i + 1).Cells(2,1) = "客流影响率"
　　Sheets(i + 1).Cells(3,1) = "客流时间不均衡度"
　　Sheets(i + 1).Cells(4,1) = "高密度分布比例"
　　Sheets(i + 1).Cells(5,1) = "高密度影响度"
If wbIs Nothing Then
Workbooks.Open(ComboBox2.List(i - 1))
Set wb = Workbooks(ComboBox1.List(i - 1))
　　Windows(ComboBox1.List(i - 1)).Activate
End If
n = wb.Sheets.Count
ProgressBar1.Max = n
ReDim index_1(1 To n) As Single
ReDim index_2(1 To n) As Single
ReDim index_3(1 To n) As Single
ReDim index_4(1 To n) As Single
ReDimtemp(1 To n,1 To 5)

////////开始计算指标值
　　For j = 1 To n
　　　　ProgressBar1.Value = j
　　　　finalrow = wb.Sheets(j).Cells(65536,2).End(xlUp).Row

```
///////////指标 1
    index_1(j) = wb. Sheets(j). Cells(finalrow,3)

///////////指标 2
    index_2_temp(1) = wb. Sheets(j). Cells(112,3)
    For k = 2 To 59
      index_2_temp(k) = wb. Sheets(j). Cells(112 + (k - 1) * 100,3) - wb. Sheets(j).
Cells(112 + (k - 2) * 100,3)
    Next k
      index_2_temp(60) = wb. Sheets(j). Cells(6011,3) - wb. Sheets(j). Cells(112 +
58 * 100,3)

///////////排序
    For k = 1 To 59
      best_value = index_2_temp(k)
      best_no = k
      For l = k + 1 To 60
        If index_2_temp(l) > best_value Then
          best_value = index_2_temp(l)
          best_no = l
        End If
      Next l
      index_2_temp(best_no) = index_2_temp(k)
      index_2_temp(k) = best_value
    Next k
    index_2_f_total = 0
    index_2_p_total = 0
    index_2_f_p_total = 0
    For k = 1 To 59
      index_2_f_total = k/60 + index_2_f_total
      index_2_p_total = index_2_temp(k)/index_1(j) + index_2_p_total
      index_2_f_p_total = index_2_f_p_total + Abs(index_2_p_total - k/60)
    Next k
    index_2(j) = index_2_f_p_total/index_2_f_total
```

///////////指标3
  index_3(j) = wb.Sheets(j).Cells(15,18) + wb.Sheets(j).Cells(16,18)
///////////指标4
  score_total = 0
  total_count = 0
  For k = 1 To 6
   score(k) = wb.Sheets(j).Cells(k+10,16)
   total_count = total_count + wb.Sheets(j).Cells(k+10,17)
  Next k
  For k = 12 To finalrow
   If wb.Sheets(j).Cells(k,10) < score(1) Then
    score_total = score_total + wb.Sheets(j).Cells(k,23)
   ElseIf wb.Sheets(j).Cells(k,10) < score(2) Then
    score_total = score_total + wb.Sheets(j).Cells(k,23) * 2
   ElseIf wb.Sheets(j).Cells(k,10) < score(3) Then
    score_total = score_total + wb.Sheets(j).Cells(k,23) * 4
   ElseIf wb.Sheets(j).Cells(k,10) < score(4) Then
    score_total = score_total + wb.Sheets(j).Cells(k,23) * 6
   ElseIf wb.Sheets(j).Cells(k,10) < score(5) Then
    score_total = score_total + wb.Sheets(j).Cells(k,23) * 8
   Else
    score_total = score_total + wb.Sheets(j).Cells(k,23) * 10
   End If
  Next k
  index_4(j) = score_total/total_count

////////指标计算完成
  temp(j,1) = wb.Sheets(j).Name
  temp(j,2) = index_1(j)
  temp(j,3) = index_2(j)
  temp(j,4) = index_3(j)
  temp(j,5) = index_4(j)
  Next j
  wb.Close

```
    Set wb = Nothing
```

////////计算贴近度

////////////原始数据
```
    For j = 1 To n
        Sheets(i+1).Cells(1,j+1) = temp(j,1)
        Sheets(i+1).Cells(2,j+1) = temp(j,2)
        Sheets(i+1).Cells(3,j+1) = temp(j,3)
        Sheets(i+1).Cells(4,j+1) = temp(j,4)
        Sheets(i+1).Cells(5,j+1) = temp(j,5)
    Next j
```

////////////最值计算
```
        Max_index_1 = Application.WorksheetFunction.Max(Range(Sheets(i+1).Cells(2,2),Sheets(i+1).Cells(2,1+n)))
        Max_index_2 = Application.WorksheetFunction.Max(Range(Sheets(i+1).Cells(3,2),Sheets(i+1).Cells(3,1+n)))
        Max_index_3 = Application.WorksheetFunction.Max(Range(Sheets(i+1).Cells(4,2),Sheets(i+1).Cells(4,1+n)))
        Max_index_4 = Application.WorksheetFunction.Max(Range(Sheets(i+1).Cells(5,2),Sheets(i+1).Cells(5,1+n)))
        Min_index_1 = Application.WorksheetFunction.Min(Range(Sheets(i+1).Cells(2,2),Sheets(i+1).Cells(2,1+n)))
        Min_index_2 = Application.WorksheetFunction.Min(Range(Sheets(i+1).Cells(3,2),Sheets(i+1).Cells(3,1+n)))
        Min_index_3 = Application.WorksheetFunction.Min(Range(Sheets(i+1).Cells(4,2),Sheets(i+1).Cells(4,1+n)))
        Min_index_4 = Application.WorksheetFunction.Min(Range(Sheets(i+1).Cells(5,2),Sheets(i+1).Cells(5,1+n)))
        Sheets(i+1).Cells(7,1) = "最值"
        Sheets(i+1).Cells(7,2) = "最大值"
        Sheets(i+1).Cells(7,3) = "最小值"
        Sheets(i+1).Cells(8,2) = Max_index_1
```

Sheets(i + 1).Cells(8,3) = Min_index_1
Sheets(i + 1).Cells(9,2) = Max_index_2
Sheets(i + 1).Cells(9,3) = Min_index_2
Sheets(i + 1).Cells(10,2) = Max_index_3
Sheets(i + 1).Cells(10,3) = Min_index_3
Sheets(i + 1).Cells(11,2) = Max_index_4
Sheets(i + 1).Cells(11,3) = Min_index_4

//////////标准化
  Sheets(i + 1).Cells(13,1) = "标准值"
  For k = 1 To n
    temp(k,2) = (temp(k,2) - Min_index_1)/(Max_index_1 - Min_index_1)
    temp(k,3) = (temp(k,3) - Min_index_2)/(Max_index_2 - Min_index_2)
    temp(k,4) = (temp(k,4) - Min_index_3)/(Max_index_3 - Min_index_3)
    temp(k,5) = (temp(k,5) - Min_index_4)/(Max_index_4 - Min_index_4)
    Sheets(i + 1).Cells(13,k + 1) = temp(k,2)
    Sheets(i + 1).Cells(14,k + 1) = temp(k,3)
    Sheets(i + 1).Cells(15,k + 1) = temp(k,4)
    Sheets(i + 1).Cells(16,k + 1) = temp(k,5)
  Next k

//////////与最优方案关联系数
  Sheets(i + 1).Cells(18,1) = "正关联系数"
  For k = 1 To n
    Sheets(i + 1).Cells(18,k + 1) = 0.5/(1.5 - temp(k,2))
    Sheets(i + 1).Cells(19,k + 1) = 0.5/(1.5 - temp(k,3))
    Sheets(i + 1).Cells(20,k + 1) = 0.5/(1.5 - temp(k,4))
    Sheets(i + 1).Cells(21,k + 1) = 0.5/(1.5 - temp(k,5))
  Next k

//////////与最次方案关联系数
  Sheets(i + 1).Cells(23,1) = "负关联系数"
  For k = 1 To n
    Sheets(i + 1).Cells(23,k + 1) = 0.5/(0.5 + temp(k,2))

```
        Sheets(i + 1).Cells(24,k + 1) = 0.5/(0.5 + temp(k,3))
        Sheets(i + 1).Cells(25,k + 1) = 0.5/(0.5 + temp(k,4))
        Sheets(i + 1).Cells(26,k + 1) = 0.5/(0.5 + temp(k,5))
    Next k

'////////采用变异系数法确定固定权重
    Sheets(i + 1).Cells(28,1) = "固定权重"
    For k = 1 To 4
     average_index(k) = Application.WorksheetFunction.Average(Range(Sheets(i + 1).Cells(k + 12,2),Sheets(i + 1).Cells(k + 12,1 + n)))
    Next k
    For k = 1 To 4
      variation_index(k) = 0
    Next k
    For l = 1 To 4
     variation_index_temp = 0
     For k = 1 To n
       variation_index_temp = variation_index_temp + (temp(k,1 + l) - average_index(l))^2
     Next k
     variation_index(l) = variation_index_temp
    Next l
    For k = 1 To 4
       variation_coefficient_index(k) = (variation_index(k)/n)^0.5/average_index(k)
    Next k
       variation_index_temp = 0
    For k = 1 To 4
       variation_index_temp = variation_index_temp + variation_coefficient_index(k)
    Next k
    For k = 1 To 4
    variation_coefficient_weight(k) = variation_coefficient_index(k)/variation_index_temp
    Next k
    For k = 1 To 4
```

```
        Sheets(i + 1).Cells(27 + k,2) = variation_coefficient_weight(k)
    Next k
    ReDim variation_weight(1 To n,1 To 4)
    For l = 1 To n
        For k = 1 To 4
            variation_weight(l,k) = Exp(2 * (temp(l,k + 1) - 1)) * variation_coefficient_weight(k)
        Next k
    Next l
    variation_weight_temp = 0
    For l = 1 To n
        For k = 1 To 4
            variation_weight_temp = variation_weight_temp + variation_weight(l,k)
        Next k
        For k = 1 To 4
            variation_weight(l,k) = variation_weight(l,k)/variation_weight_temp
        Next k
    Next l
    ReDimdistance(1 To n)
    For l = 1 To n
     distance_p = 0
     distance_n = 0
     For k = 1 To 4
         distance_p = distance_p + (0.5/(1.5 - temp(l,k + 1))) * variation_weight(l,k)
         distance_n = distance_n + (0.5/(0.5 + temp(l,k + 1))) * variation_weight(l,k)
     Next k
         distance(l) = distance_p/(distance_p + distance_n)
    Next l
    Sheets(i + 1).Cells(33,1) = "贴近度"
    For k = 1 To n
        Sheets(i + 1).Cells(33,k + 1) = distance(k)
    Next k
```

////////贴近度排序

```
    Dim temp_name As Variant
    For k = 1 To n
     best_value = distance(k)
     best_no = k
     For l = k + 1 To n
      If distance(l) > best_value Then
       best_value = distance(l)
       best_no = l
      End If
     Next l
distance(best_no) = distance(k)
distance(k) = best_value
    temp_name = temp(k,1)
temp(k,1) = temp(best_no,1)
temp(best_no,1) = temp_name
    Next k
    Sheets(i + 1).Cells(34,1) = "贴近度排序"
    For k = 1 To n
Sheets(i + 1).Cells(34,k + 1) = temp(k,1)
Sheets(i + 1).Cells(35,k + 1) = distance(k)
    Next k
    Next i
End If
```

附录B 宋家庄综合客运交通枢纽监测备选节点重要度计算算例

1. 监测备选节点重要度(贴近度)

依据仿真结果,计算各监测备选节点的评价指标如下表所示。

节点编号	客流影响率	客流时间不均衡度	高密度分布比例	高密度影响度
1	6563	0.475348353	0	1.526198387
2	6396	0.313644141	0.517527997	1.200404048
3	11473	0.094853565	0	1.561303139
4	12617	0.513937891	33.77059937	6.156178951
5	10824	0.378612131	0.0209744	3.767883301
6	5969	0.763660252	12.66020012	5.204305649
7	5965	0.763950527	8.553139687	4.945960522
8	2352	0.297114462	0	4.816995144
9	2083	0.341594934	80.04429626	7.59001255
10	3045	0.242247388	0	5.333704472
11	2985	0.186542615	84.99152374	7.744086266
12	1565	0.129257664	8.180933952	4.368298054
13	1565	0.131640181	0	1.076643109
14	1852	0.133085445	13.01653671	4.839900017
15	1853	0.130644858	0	1.151177883
16	2250	0.456708044	0.083486401	4.81059742
17	2117	0.393225163	72.65409851	7.571195126
18	2250	0.456708044	0.083486401	4.81059742
19	2117	0.393225163	72.65409851	7.571195126
20	4206	0.126179531	0	1.224543095
21	2194	0.292863399	0	4.097045898
22	1919	0.305976778	66.8662796	7.185561657
23	2730	0.216477722	0	3.653917789
24	1838	0.318456024	64.24033356	7.091450691
25	2568	0.152278468	0	1.721668124
26	2554	0.159736484	19.66038704	5.161596298
27	3521	0.186748743	0	1.150946498
28	3188	0.177455664	0	2.398015022

续上表

节点编号	客流影响率	客流时间不均衡度	高密度分布比例	高密度影响度
29	3022	0.158723086	30.17617607	5.889153481
30	4496	0.124049917	0	1.38821876
31	632	0.770006418	0	3.324764252
32	434	0.782785177	52.82600021	6.891392708
33	712	0.770281792	0	2.820399046
34	438	0.776255667	49.64805984	6.771937847
35	2548	0.119681947	28.0394249	5.895555496
36	3600	0.093484238	0	1.408237576
37	2640	0.128543854	28.54034996	5.88906908
38	4452	0.082735881	0	2.115358591
39	2250	0.184888825	0	1.338802338
40	2255	0.189386979	1.86552	3.372839451
41	3508	0.184691593	0	1.079954505
42	2665	0.183502272	0	1.397724748
43	2672	0.188457951	4.580949783	4.216120243
44	3271	0.218152344	0	1.308259726
45	1968	0.531555414	0	1.958830714
46	1548	0.545110464	21.1657753	5.20392561
47	1510	0.544011593	0	3.275800705
48	1497	0.544105053	58.38441849	6.876311302
49	1901	0.541115761	0	1.858959436
50	1274	0.545778751	15.06589985	4.807099342
51	1304	0.546922028	0	3.587555647
52	1291	0.547217369	64.32415771	7.067742825
53	1886	0.163200617	0	1.17815721
54	1285	0.195990354	0	1.155141354
55	1301	0.212001219	0	1.068545938
56	1101	0.18677929	0	1.059441566
57	2384	0.137214199	0	1.252147317
58	2266	0.144928038	0	1.65819943
59	2373	0.146885768	0.339964986	1.705237985
60	2247	0.144682512	0	3.493353128

续上表

节点编号	客流影响率	客流时间不均衡度	高密度分布比例	高密度影响度
61	2337	0.160882577	1.405150056	2.046838522
62	2332	0.152556881	0	3.561876059
63	2707	0.13802892	0.056106199	1.362820268
64	2263	0.141098186	0	1.511317849
65	485	0.775152862	0	3.480876446
66	485	0.775152862	60.31999969	7.152959824
67	328	0.776043773	0	1.168763876
68	326	0.776541591	15.00629997	4.68978548
69	1233	0.767742991	0	5.231082916
70	1223	0.767313	76.07426	7.450265
71	1333	0.765484	0.009664	5.420371
72	1327	0.765624	79.89381	7.572402
73	1218	0.741839	0	5.493932
74	1202	0.715728	84.81678	7.764015
75	1257	0.759368	0.10166	5.521292
76	1140	0.728308	84.0847	7.731021
77	325	0.781277	0	1.047266
78	325	0.781277	1.85449	3.762482
79	567	0.774609	0	3.957491
80	566	0.774271	67.2088	7.327033
81	1038	0.766239	0	4.744035
82	1029	0.766303	70.75419	7.182097
83	1589	0.765933	0	5.522542
84	1571	0.765754	83.8815	7.814195
85	1014	0.769264	0	4.641901
86	946	0.756799	76.18753	7.387084
87	1335	0.698394	0.011105	5.584009
88	1323	0.664143	87.03814	7.823584
89	34381	0.085542	1.368443	2.157019
90	523	0.120459	0	1
91	4249	0.112078	0	1.020738
92	391	0.17595	0	1

续上表

节点编号	客流影响率	客流时间不均衡度	高密度分布比例	高密度影响度
93	3970	0.111327	0	1.000355
94	4470	0.16347	0	2.576848
95	277	0.209692	0	1
96	243	0.280463	0	1
97	212	0.262232	0	1
98	2004	0.166159	0	1
99	246	0.307289	0	1
100	2846	0.193969	0	1.002376
101	4861	0.348289	0	2.388212
102	3554	0.202541	0	1.614017
103	159	0.626052	0	1
104	159	0.696194	0	1
105	20143	0.108247	0.832243	3.075237
106	352	0.153506	0	1.024752
107	363	0.193911	0	1.04189
108	1200	0.128955	0	1.311677
109	1206	0.136999	0	1.32545
110	360	0.17533	0	1.027273
111	378	0.198099	0	1.040929
112	358	0.207745	0	1.032081
113	330	0.262352	0	1
114	330	0.275398	0.228484	1.638233
115	2057	0.097517	14.9736	5.167617
116	2065	0.097698	0	1.072823
117	1365	0.120929	0	1
118	1352	0.1292	0	1.140362
119	2866	0.084864	0	1.000172
120	1756	0.128528	0.153944	1.514896
121	2369	0.088695	17.4182	5.450876
122	2373	0.089917	0	1.078566
123	2380	0.080644	21.4521	5.64222
124	2386	0.082742	0	1.05215

续上表

节点编号	客流影响率	客流时间不均衡度	高密度分布比例	高密度影响度
125	1233	0.358626	9.911921	4.531408
126	1235	0.352309	0	1.010526
127	11181	0.010819	8.140794	4.123842
128	1571	0.198006	0	1
129	1547	0.200508	0.014471	1.396749
130	4131	0.13636	0	1.065335
131	2213	0.165302	0	1.127213
132	2210	0.16101	20.60805	5.279903
133	2669	0.18832	0	1.497968
134	2658	0.180906	35.7594	6.326795
135	2727	0.169324	0	1.235661
136	2541	0.171019	32.40334	6.182989
137	11012	0.119155	0.687224	5.200682

2. 基于变权理论确定指标权重

采用因指数型状态变权向量,计算各监测备选节点可变权重,结果如下表所示。

节点编号	客流影响率	客流时间不均衡度	高密度分布比例	高密度影响度
1	0.283547443	0.325233676	0.24429851	0.146920341
2	0.320732933	0.244347643	0.282385173	0.152534223
3	0.423582059	0.136071578	0.273912515	0.166433817
4	0.216586049	0.192736149	0.284629202	0.306048614
5	0.317748622	0.221136696	0.213520502	0.24759415
6	0.159332506	0.399345439	0.190115301	0.251206707
7	0.165103176	0.414216984	0.179301372	0.241378465
8	0.209854918	0.194010821	0.231256353	0.364877871
9	0.076458906	0.080576836	0.538548291	0.30441594
10	0.209593644	0.161421507	0.221801045	0.407183836
11	0.076295849	0.051042277	0.571181594	0.301480307
12	0.216669661	0.135772961	0.301709056	0.345848348
13	0.29475738	0.185849157	0.34010582	0.179287621
14	0.201818997	0.125602927	0.308833483	0.363744564
15	0.297238649	0.183811024	0.337244538	0.181705842
16	0.19001328	0.267207483	0.211047631	0.331731581

续上表

节点编号	客流影响率	客流时间不均衡度	高密度分布比例	高密度影响度
17	0.082742185	0.099480659	0.49080708	0.326970117
18	0.19001328	0.267207483	0.211047631	0.331731581
19	0.082742185	0.099480659	0.49080708	0.326970117
20	0.32616618	0.17376386	0.322520299	0.17754964
21	0.22441337	0.207101185	0.249593601	0.318891807
22	0.092642801	0.089883509	0.486700679	0.330773007
23	0.248684921	0.182487303	0.268058728	0.300769055
24	0.095547784	0.096202426	0.47481166	0.333438125
25	0.293389352	0.184036754	0.319254164	0.203319709
26	0.190405193	0.12186692	0.325780689	0.361947194
27	0.309365168	0.200691163	0.318401814	0.171541831
28	0.284896521	0.183966869	0.298980691	0.2321559
29	0.165829263	0.10300295	0.351536754	0.379630999
30	0.327372689	0.170532169	0.318273205	0.183821986
31	0.144082042	0.501479442	0.175565718	0.178872777
32	0.080894525	0.294419147	0.335696299	0.288990068
33	0.148248199	0.513939577	0.179799634	0.158012549
34	0.084153616	0.301072722	0.324552325	0.290221358
35	0.16638497	0.096029681	0.345247665	0.392337733
36	0.319819048	0.162187796	0.327644849	0.190348293
37	0.166221624	0.097637121	0.347030831	0.389110361
38	0.318408013	0.149409959	0.310354742	0.221827317
39	0.291119769	0.20243942	0.322726837	0.183713963
40	0.24967172	0.175601005	0.288816908	0.285910373
41	0.31063192	0.200594138	0.319948554	0.168825452
42	0.295424349	0.199791246	0.319651357	0.185133066
43	0.231626205	0.158604734	0.27832707	0.331441948
44	0.29871895	0.213304036	0.311969507	0.176007578
45	0.215892012	0.374691869	0.243308568	0.166107504
46	0.147886813	0.27244499	0.277799958	0.301868216
47	0.193752274	0.356717368	0.224280823	0.225249562
48	0.094192595	0.173591845	0.417382163	0.314833385

续上表

节点编号	客流影响率	客流时间不均衡度	高密度分布比例	高密度影响度
49	0.214242568	0.382649322	0.242396933	0.160711188
50	0.156720308	0.293887412	0.260021503	0.289370808
51	0.187325001	0.351703261	0.21946717	0.241504593
52	0.086212745	0.162111709	0.443192248	0.308483317
53	0.292491293	0.196413901	0.331218827	0.179875999
54	0.28068117	0.21253007	0.329207209	0.177581541
55	0.279597959	0.220470183	0.327630226	0.172301685
56	0.281315311	0.210235776	0.333518198	0.174930761
57	0.301191421	0.183663621	0.331287406	0.183857556
58	0.291861571	0.18282339	0.323246777	0.202068236
59	0.291332411	0.182276484	0.323163998	0.203227184
60	0.254949897	0.159777516	0.282679535	0.302593043
61	0.280745873	0.18252302	0.319809367	0.216921768
62	0.253506639	0.161343968	0.279686484	0.305462908
63	0.303106692	0.181758487	0.327581746	0.187553062
64	0.294868454	0.182915321	0.326634266	0.195581905
65	0.140894854	0.501256495	0.173163358	0.184685314
66	0.075085141	0.267127673	0.369039335	0.288747856
67	0.153589574	0.552731044	0.190505458	0.103173913
68	0.121348725	0.43731888	0.212513063	0.228819329
69	0.131355174	0.43882337	0.154533648	0.275287859
70	0.066144	0.220853	0.447194	0.265809
71	0.130308	0.430261	0.152442	0.28699
72	0.063369	0.209388	0.464903	0.26234
73	0.132106	0.413046	0.155553	0.299296
74	0.0602	0.176076	0.498174	0.26555
75	0.129523	0.422822	0.152521	0.295134
76	0.060299	0.18287	0.492449	0.264382
77	0.152965	0.558095	0.189764	0.099177
78	0.1355	0.494376	0.175416	0.194708
79	0.137761	0.487078	0.168503	0.206658
80	0.069973	0.247198	0.400994	0.281835

续上表

节点编号	客流影响率	客流时间不均衡度	高密度分布比例	高密度影响度
81	0.135252	0.455243	0.160942	0.248563
82	0.070539	0.23759	0.426842	0.26503
83	0.130812	0.42601	0.150726	0.292451
84	0.060364	0.196701	0.478481	0.264454
85	0.135597	0.46064	0.161578	0.242186
86	0.065786	0.217245	0.453213	0.263756
87	0.137839	0.382468	0.161239	0.318454
88	0.060077	0.15265	0.519501	0.267773
89	0.724734	0.05958	0.126789	0.088896
90	0.284952	0.185496	0.349437	0.180115
91	0.332205	0.170204	0.327667	0.169923
92	0.275465	0.208649	0.340419	0.175466
93	0.329042	0.171021	0.329883	0.170053
94	0.298666	0.172569	0.290806	0.23796
95	0.269001	0.223853	0.334652	0.172494
96	0.257026	0.25744	0.320391	0.165143
97	0.259767	0.248632	0.324395	0.167207
98	0.296179	0.199043	0.33309	0.171689
99	0.252383	0.270937	0.314548	0.162132
100	0.302077	0.207697	0.32341	0.166816
101	0.277767	0.253213	0.264347	0.204674
102	0.299795	0.202214	0.307957	0.190034
103	0.186479	0.459521	0.233595	0.120405
104	0.170835	0.504863	0.213999	0.110304
105	0.508532	0.101898	0.20195	0.187621
106	0.277933	0.199079	0.344253	0.178734
107	0.271846	0.216069	0.336497	0.175587
108	0.287022	0.183592	0.338321	0.191066
109	0.285768	0.186574	0.336725	0.190934
110	0.274809	0.208194	0.340224	0.176773
111	0.271394	0.217871	0.335642	0.175092
112	0.269797	0.222331	0.334058	0.173814

续上表

节点编号	客流影响率	客流时间不均衡度	高密度分布比例	高密度影响度
113	0.261075	0.248244	0.323787	0.166894
114	0.249935	0.245822	0.311604	0.192639
115	0.195971	0.109902	0.309943	0.384184
116	0.30567	0.171422	0.34254	0.180369
117	0.295018	0.18305	0.344409	0.177523
118	0.29153	0.184944	0.340596	0.182931
119	0.318648	0.164951	0.340753	0.175648
120	0.290062	0.179406	0.332145	0.198387
121	0.18966	0.102081	0.31156	0.396699
122	0.310465	0.167593	0.341708	0.180234
123	0.180545	0.095108	0.325184	0.399162
124	0.312025	0.165207	0.343163	0.179605
125	0.187194	0.216677	0.276556	0.319573
126	0.254901	0.290223	0.299845	0.15503
127	0.344474	0.090541	0.273201	0.291785
128	0.285998	0.214082	0.329884	0.170036
129	0.279431	0.210821	0.322868	0.18688
130	0.326331	0.179282	0.324101	0.170285
131	0.296932	0.19669	0.329883	0.176495
132	0.183576	0.120278	0.32753	0.368615
133	0.293119	0.200676	0.317083	0.189122
134	0.147222	0.098937	0.362442	0.391399
135	0.300927	0.195463	0.324428	0.179183
136	0.153359	0.101144	0.351927	0.393569
137	0.312571	0.109856	0.210951	0.366622

附录 C 宋家庄综合客运交通枢纽 1 小时不同监测节点客流拥挤指数(SC)

节点 时刻	88	84	74	76	72	11	70	86	9	82
1	0.00	0.00	0.71	0.63	0.21	0.66	0.29	0.00	0.55	0.00
2	0.00	0.00	0.20	0.00	0.00	0.27	0.00	0.00	0.00	0.00
3	0.72	0.38	0.00	0.00	0.00	0.53	0.00	0.35	0.32	0.20
4	0.36	0.00	0.00	0.00	0.00	0.38	0.00	0.00	0.17	0.00
5	0.00	0.00	0.69	0.55	0.47	0.67	0.37	0.00	0.46	0.00
6	0.00	0.00	0.06	0.00	0.00	0.25	0.00	0.00	0.00	0.00
7	0.68	0.37	0.00	0.00	0.00	0.41	0.00	0.40	0.18	0.19
8	0.18	0.00	0.00	0.00	0.00	0.37	0.00	0.00	0.28	0.00
9	0.00	0.00	0.67	0.68	0.38	0.55	0.28	0.00	0.48	0.00
10	0.00	0.00	0.00	0.00	0.00	0.34	0.00	0.00	0.00	0.00
11	0.55	0.47	0.00	0.00	0.00	0.35	0.00	0.56	0.18	0.20
12	0.19	0.00	0.00	0.00	0.00	0.37	0.00	0.00	0.19	0.00
13	0.00	0.00	0.47	0.68	0.36	0.65	0.35	0.00	0.55	0.00
14	0.00	0.00	0.00	0.12	0.00	0.26	0.00	0.00	0.00	0.00
15	0.72	0.36	0.00	0.00	0.00	0.44	0.00	0.21	0.26	0.32
16	0.15	0.00	0.00	0.00	0.00	0.38	0.00	0.00	0.19	0.00
17	0.00	0.00	0.65	0.66	0.38	0.51	0.38	0.00	0.55	0.00
18	0.00	0.00	0.24	0.00	0.00	0.38	0.00	0.00	0.00	0.00
19	0.70	0.50	0.00	0.00	0.00	0.40	0.00	0.37	0.29	0.21
20	0.15	0.00	0.00	0.00	0.00	0.36	0.00	0.00	0.18	0.00
21	0.00	0.00	0.66	0.30	0.45	0.71	0.28	0.00	0.56	0.00
22	0.00	0.00	0.23	0.00	0.00	0.29	0.00	0.00	0.00	0.00
23	0.72	0.38	0.00	0.00	0.00	0.37	0.00	0.71	0.28	0.21
24	0.06	0.00	0.00	0.00	0.00	0.31	0.00	0.00	0.18	0.00
25	0.00	0.00	0.69	0.51	0.36	0.53	0.38	0.00	0.43	0.00
26	0.00	0.00	0.18	0.00	0.00	0.34	0.00	0.00	0.00	0.00
27	0.70	0.38	0.00	0.00	0.00	0.38	0.00	0.38	0.29	0.22
28	0.18	0.00	0.00	0.00	0.00	0.35	0.00	0.00	0.31	0.00
29	0.00	0.00	0.72	0.41	0.44	0.65	0.14	0.00	0.60	0.00

续上表

节点 时刻	88	84	74	76	72	11	70	86	9	82
30	0.00	0.00	0.00	0.15	0.00	0.28	0.00	0.00	0.00	0.00
31	0.69	0.37	0.00	0.00	0.00	0.36	0.00	0.05	0.28	0.18
32	0.22	0.00	0.00	0.00	0.00	0.57	0.00	0.00	0.47	0.00
33	0.00	0.00	0.66	0.66	0.38	0.71	0.39	0.00	0.55	0.00
34	0.00	0.00	0.00	0.05	0.00	0.27	0.00	0.00	0.00	0.00
35	0.73	0.39	0.00	0.00	0.00	0.49	0.00	0.33	0.31	0.19
36	0.16	0.00	0.00	0.00	0.00	0.39	0.00	0.08	0.30	0.00
37	0.00	0.00	0.70	0.21	0.37	0.67	0.24	0.00	0.61	0.00
38	0.00	0.00	0.09	0.14	0.00	0.14	0.00	0.00	0.00	0.00
39	0.72	0.39	0.00	0.00	0.00	0.35	0.00	0.61	0.27	0.20
40	0.26	0.00	0.00	0.00	0.00	0.36	0.00	0.00	0.18	0.00
41	0.00	0.00	0.70	0.42	0.38	0.69	0.36	0.00	0.61	0.00
42	0.00	0.00	0.19	0.00	0.00	0.36	0.00	0.00	0.00	0.00
43	0.72	0.47	0.00	0.00	0.00	0.41	0.00	0.63	0.26	0.21
44	0.17	0.00	0.00	0.00	0.00	0.45	0.00	0.00	0.28	0.00
45	0.00	0.00	0.68	0.64	0.37	0.69	0.14	0.00	0.53	0.00
46	0.00	0.00	0.00	0.05	0.00	0.22	0.00	0.00	0.00	0.00
47	0.68	0.47	0.00	0.00	0.00	0.46	0.00	0.42	0.30	0.22
48	0.30	0.00	0.00	0.00	0.00	0.53	0.00	0.00	0.30	0.00
49	0.00	0.00	0.65	0.19	0.44	0.69	0.37	0.00	0.62	0.00
50	0.00	0.00	0.13	0.00	0.00	0.19	0.00	0.00	0.00	0.00
51	0.68	0.50	0.00	0.00	0.00	0.40	0.00	0.09	0.28	0.21
52	0.15	0.00	0.00	0.00	0.00	0.41	0.00	0.00	0.28	0.00
53	0.00	0.00	0.69	0.50	0.48	0.54	0.21	0.00	0.70	0.00
54	0.00	0.00	0.00	0.07	0.00	0.33	0.00	0.00	0.00	0.00
55	0.70	0.40	0.00	0.00	0.00	0.34	0.00	0.54	0.28	0.21
56	0.07	0.00	0.00	0.00	0.00	0.36	0.00	0.00	0.29	0.00
57	0.00	0.00	0.50	0.45	0.37	0.67	0.26	0.00	0.55	0.00
58	0.00	0.00	0.10	0.06	0.00	0.22	0.00	0.00	0.00	0.00
59	0.71	0.36	0.00	0.00	0.00	0.50	0.00	0.25	0.31	0.20
60	0.14	0.00	0.00	0.00	0.00	0.37	0.00	0.00	0.31	0.00
1 小时拥挤指数	0.29	0.10	0.28	0.23	0.10	0.47	0.07	0.18	0.30	0.05

附录D 卡尔曼滤波预测模型程序(MATLAB)

```matlab
p = eye(6) * 2;
q = eye(6) * 10;
r(1) = 1;
n = 138;          %%%%%% n 为预测变量个数
    for i = 1:n
        p = p;
        y(i,1) = a(i,:) * x(i,:)';
        temp(i,1) = y(i,1) - y1(i,1);
        k(i,:) = p * a(i,:)'/(a(i,:) * p * a(i,:)' + 0.2);
        x(i+1,:) = x(i,:) + k(i,:) * (y1(i,1) - a(i,:) * x(i,:)');
        p = (eye(6) - k(i,:)' * a(i,:)) * p;
        r(i,1) = std(temp);
        r(i,1) = r(i,1).^2;
    end
t = 1:n;
plot(t,y,'r',t,y1,'g');
```

附录 E 非参数回归预测模型程序(VBA)

仅以 5min 统计间隔计算为例。

////新建状态向量分类存放表格

```
Worksheets. Add after: = Sheets(2)
Sheets(3). Name = "database - cluster"
Sheets(3). Cells(1,1) = "label_no"
Sheets(3). Cells(1,2) = "total"
Sheets(3). Cells(1,3) = "accumulative total"
Sheets(3). Cells(1,4) = "data"
Sheets(3). Cells(1,5) = "time"
Sheets(3). Cells(1,6) = "label"
Sheets(3). Cells(1,7) = "no"
```

////计算状态向量趋势标签

```
Dim database_cluster(0 To 26) As database
For i = 2 To 4889
label(i) = 0
For j = 1 To 3
   If Sheets(2). Cells(i,3 + j) = Sheets(2). Cells(i,4 + j) Then
    label_temp(j) = 0
   Else If Sheets(2). Cells(i,3 + j) < Sheets(2). Cells(i,4 + j) Then
    label_temp(j) = 1
   Else
    label_temp(j) = 2
   End If
label(i) = label(i) + 3 ^(3 - j) * label_temp(j)
Next j
Next i
```

////不同趋势标签的状态向量分类存储

```
Dim label_cluster_temp(0 To 26) As Integer
```

```
For i = 0 To 26
    label_cluster_no(i) = 0
    label_cluster_temp(i) = 0
Next i
For i = 2 To 4889
    label_cluster_no(label(i)) = label_cluster_no(label(i)) + 1
Next i
For i = 0 To 26
database_cluster(i).cluster_total = label_cluster_no(i)
If label_cluster_no(i) = 0 Then
    GoTo jump
Else
    ReDim database_cluster(i).cluster_location(1 To label_cluster_no(i))
    ReDim database_cluster(i).cluster_data(1 To label_cluster_no(i))
    ReDim database_cluster(i).cluster_time(1 To label_cluster_no(i))
End If
jump:
Next i
For i = 2 To 4889
label_cluster_temp(label(i)) = label_cluster_temp(label(i)) + 1
database_cluster(label(i)).cluster_location(label_cluster_temp(label(i))) = i
database_cluster(label(i)).cluster_data(label_cluster_temp(label(i))) = Sheets(2).Cells(i,2)
database_cluster(label(i)).cluster_time(label_cluster_temp(label(i))) = Sheets(2).Cells(i,3)
Next i
count_total = 0
count = 0
For i = 0 To 26
Sheets(3).Cells(i + 2, 1) = i
Sheets(3).Cells(i + 2, 2) = database_cluster(i).cluster_total
count_total = count_total + database_cluster(i).cluster_total
Sheets(3).Cells(i + 2, 3) = count_total
For j = 1 To database_cluster(i).cluster_total
```

```
Sheets(3).Cells(2 + count,4) = database_cluster(i).cluster_data(j)
Sheets(3).Cells(2 + count,5) = database_cluster(i).cluster_time(j)
Sheets(3).Cells(2 + count,6) = i
Sheets(3).Cells(2 + count,7) = database_cluster(i).cluster_location(j)
count = count + 1
Next j
Next i
```

////新建预测结果表格

```
Worksheets.Add after: = Sheets(3)
Sheets(4).Name = "预测结果"
Worksheets.Add after: = Sheets(4)
Sheets(5).Name = "校核"
Sheets(4).Cells(1,2) = "time"
Sheets(4).Cells(1,3) = "original"
Sheets(4).Cells(1,4) = "prediction"
Sheets(4).Cells(1,5) = "label"
For j = 1 To 6
    Sheets(4).Cells(1,5 + j) = j
Next j
For i = 1 To 180
    Sheets(4).Cells(i + 1,2) = Sheets(2).Cells(i + 1,3)
    Sheets(4).Cells(i + 1,3) = Sheets(2).Cells(4889 + i,8)
Next i
Dim predic_label As Integer
ProgressBar1.Max = 180
```

////逐个预测

```
For i = 1 To 180
```

////////计算状态向量标签

```
predic_label = 0
For j = 1 To 3
    If Sheets(2).Cells(4889 + i,3 + j) = Sheets(2).Cells(4889 + i,4 + j) Then
```

```
            label_temp(j) = 0
        ElseIf Sheets(2).Cells(4889 + i,3 + j) < Sheets(2).Cells(4889 + i,4 + j) Then
            label_temp(j) = 1
        Else
            label_temp(j) = 2
        End If
        predic_label = predic_label + 3 ^(3 - j) * label_temp(j)
    Next j
    Sheets(4).Cells(i + 1,5) = predic_label

    ////////搜索最优近邻
    If database_cluster(predic_label).cluster_total < 5 Then
        limit = 4888
        For j = 1 To limit
            distance(j) = (((Sheets(2).Cells(4889 + i,4) - Sheets(2).Cells(j + 1,4)) ^ 2 + (Sheets(2).Cells(4889 + i,5) - Sheets(2).Cells(j + 1,5)) ^ 2 + (Sheets(2).Cells(4889 + i,6) - Sheets(2).Cells(j + 1,6)) ^ 2 + (Sheets(2).Cells(4889 + i,7) - Sheets(2).Cells(j + 1,7)) ^ 2)/4) ^ 0.5
        Next j
    Else
        limit = database_cluster(predic_label).cluster_total
        For j = 1 To limit
            distance(j) = (((Sheets(2).Cells(4889 + i,4) - Sheets(2).Cells(database_cluster(predic_label).cluster_location(j),4)) ^ 2 + (Sheets(2).Cells(4889 + i,5) - Sheets(2).Cells(database_cluster(predic_label).cluster_location(j),5)) ^ 2 + (Sheets(2).Cells(4889 + i,6) - Sheets(2).Cells(database_cluster(predic_label).cluster_location(j),6)) ^ 2 + (Sheets(2).Cells(4889 + i,7) - Sheets(2).Cells(database_cluster(predic_label).cluster_location(j),7)) ^ 2)/4) ^ 0.5
        Next j
    End If
    For j = 1 To limit
            distance_temp(j) = distance(j)
            distance_no(j) = j
    Next j
```

```
    For j = 1 To limit - 1
      For k = j + 1 To limit
        If distance_temp(j) > distance_temp(k) Then
          temp = distance_temp(j)
          distance_temp(j) = distance_temp(k)
          distance_temp(k) = temp
          temp_no = distance_no(j)
          distance_no(j) = distance_no(k)
          distance_no(k) = temp_no
        End If
      Next k
    Next j
    distance_total = 0
    For j = 1 To 5
        distance_total = distance_total + distance(distance_no(j))
    Next j
    predict = 0
    Dim average_predict As Single
    Dim average_original(1 To 8) As Single
    average_predict = 0
    For j = 1 To 5
        average_original(j) = 0
    Next j
    For j = 1 To 5
      For k = 1 To 4
        average_original(j) = average_original(j) + Sheets(2).Cells(database_cluster
(predic_label).cluster_location(distance_no(j)),3 + k)/4
      Next k
    Next j
    For j = 1 To 4
        average_predict = average_predict + Sheets(2).Cells(4889 + i,3 + j)/4
    Next j

    ////////预测结果
```

```
For j = 1 To 5
predict = predict + Sheets(2).Cells(database_cluster(predic_label).cluster_location(distance_no(j)),8) * average_predict * distance(distance_no(j))/(average_original(j) * distance_total)
Next j

////////写入预测结果
Sheets(4).Cells(i + 1,4) = predict
For j = 2 To 6
Sheets(4).Cells(i + 1,4 + j) = Sheets(2).Cells(4889 + i,2 + j)
Next j
For j = 2 To 6
Sheets(4).Cells(i + 1,9 + j) = Sheets(2).Cells(database_cluster(predic_label).cluster_location(distance_no(1)),2 + j)
Next j
Sheets(4).Cells(i + 1,17) = database_cluster(predic_label).cluster_location(distance_no(1))
For j = 2 To 6
Sheets(5).Cells((i - 1) * 8 + 2,j) = Sheets(2).Cells(4889 + i,2 + j)
    For k = 1 To 5
Sheets(5).Cells((i - 1) * 8 + 2 + k,j) = Sheets(2).Cells(database_cluster(predic_label).cluster_location(distance_no(k)),2 + j)
    Next k
Sheets(5).Cells((i - 1) * 8 + 9,j) = "    "
Next j
ProgressBar1.Value = i
Next i
MsgBox "finished"
```

参 考 文 献

[1] 戴帅.大城市公共交通一体化关键技术研究[D].北京:北京工业大学建筑工程学院,2008.
[2] 韩艳.提高城市公共交通出行比例方法研究[D].北京:北京工业大学建筑工程学院,2011.
[3] 陆锡明.大都市一体化交通[M].上海:上海科学技术出版社,2003.
[4] 刘灿齐.现代交通规划学[M].北京:人民交通出版社,2001.
[5] 赵岩.城市客运综合客运交通枢纽换乘效率分析及对策研究[D].成都:西南交通大学交通运输学院,2008.
[6] Transportation Research Board. Highway Capacity Manual. TRB, National Research Council, Washington DC, 2000.
[7] 吴德仓,陈艳艳,张广厚.综合客运交通枢纽行人速度特性分析[C]//第六届中国交通高层论坛论文集.北京,2010.
[8] 张晓东.动态交通信息采集系统关键技术研究[D].长春:吉林大学交通学院,2004.
[9] 覃频频,牙韩高,黄大明.基于数据挖掘的固定型交通检测器配置优化[J].交通与计算机,2005(5):17-21.
[10] 李琳,金双泉.确定城市干道检测器最佳布设位置的仿真研究[J].湖南交通科技,2005,31(3):54-57.
[11] 杨晓光,蔡润林,庄斌.基于车牌自动识别系统的城市道路行程时间预测算法[J].交通与计算机,2005,23(3):29-32.
[12] 储浩,杨晓光,李克平,等.基于行程时间估计的快速路检测器布设密度优化方法研究[J].公路交通科技,2006,23(5):84-87.
[13] 伍建国,王峰.城市道路交通数据采集系统检测器优化布点研究[J].公路交通科技,2004,21(2):88-91.
[14] 张若旗.数据融合技术在动态交通信息研究中的应用[D].长春:吉林大学交通学院,2002.
[15] 张赫,杨兆升,李贻武.无检测器交叉口交通流量预测方法综合研究[J].公路交通科技,2002,19(1):91-95.
[16] Bianco Lucio, Confessor Giuseppr, Pierfrancesco Reverberi. A network based model for traffic sensor location with implications on O/D matrix estimates[J]. Transportation science,2001,35(1):50-60.

[17] Hu Shou-Ren, Peeta Srinivas, Chu Chun-Hsiao. Identification of vehicle sensor location for link-based network traffic application[J]. Transportation Research Part B:Methodological,2009,43(8/9):873-894.

[18] 王殿海,徐程,祁宏生,等.基于路段流量相关性的检测器优化布设[J].华南理工大学学报(自然科学版),2011,39(3):107-113.

[19] 周晶,盛昭瀚,何建敏,等.通检测点分布规则及其数学模型[J].东南大学学报,1998,28(6):59-63.

[20] Yang Hai, Yang Chao, Gan Li-ping. Models and algorithms for screen-line based traffic-counting location problems[J]. Computer & Operations Research, 2006, 33(3):836-858.

[21] Minguez R, Sancheez Cambronero S, Castillo E, et al. Optimal traffic plate scanning location for OD trip matrix and route estimation in road network[J]. Transportation Research Part B:Methodological,2010,44(2):282-298.

[22] 张琦.动态 OD 估计的交通检测器优化布置研究[D].长春:吉林大学交通学院,2005.

[23] Transportation Research Board. Transit Capacity and Quality of Service Manual(2nd Edition)[M]. TCRP REPORT 100, Washington DC, 2003.

[24] Hutton B, Charles P S. Sensitivity analysis of additive mint-attribute value models[J]. Operations Research,1988,36(1):122-127.

[25] 黄菊文,李光明,王华,等.层次分析法评价固体废弃物的资源化利用[J].同济大学学报(自然科学版),2007,35(8):1090-1094.

[26] 何方国,齐欢.基于主成分分析与神经网络的非线性评价模型[J].武汉理工大学学报,2007,29(8):183-186.

[27] 孙立山.城市客运交通枢纽换乘效率研究[D].北京:北京工业大学建筑工程学院,2008.

[28] 张晓慧,冯英浚.一种非线性模糊综合评价模型[J].系统工程理论与实践,2005,29(10):54-59.

[29] 孔键,束昱,马仕,等.地铁车站服务标志系统功效综合评价[J].同济大学学报(自然科学版),2007,35(8):1064-1068.

[30] 陆明生.多目标决策中的权系数[J].系统工程理论与实践,1986,6(4):77-78.

[31] 杨德伟,赵小明,张爱艳.灰色关联法在集输站库系统效能评价中的应用[J].中国石油大学学报(自然科学版),2007,31(4):98-101.

[32] 杨宝臣,陈跃.基于变权和 TOPSIS 方法的灰色关联决策模型[J].系统工程,2011,(6):106-112.

[33] J. Fruin. Pedestrian Planning and Design[M]. Metropolitan Association of Urban Designers and Environmental Planners,1971.

[34] Transportation Research Board. Highway Capacity Manual[M]. TRB,National Research Council,Washington DC,2000.

[35] Transportation Research Board. Transit Capacity and Quality of Service Manual(2nd Edition)[M]. TCRP REPORT 100,Washington DC,2003.

[36] George E Gray and Lester A Hoel. Public Transportation(Second Edition)[M]. Prentice Hall, inc. ,New Jersey,1992.

[37] 黎韦利. 人行道服务水准评估之研究[D]. 台北:台湾交通大学交通运输研究所,1995.

[38] 史建港. 大型活动行人交通特性研究[D]. 北京:北京工业大学建筑工程学院,2007.

[39] 张霖. 北京城市轨道交通大客流辨识与安全状态评估技术及系统[D]. 北京:北京交通大学交通运输学院,2011.

[40] 黄洪超. 铁路综合综合客运交通枢纽客流安全状态评价研究[D]. 北京:北京交通大学交通运输学院,2011.

[41] 王会会. 综合客运交通枢纽内部客流拥堵机理研究[D]. 北京:北京交通大学交通运输学院,2011.

[42] 高艺. 基于一次拥堵的城市交通拥堵综合评价方法研究[D]. 北京:北京交通大学交通运输学院,2011.

[43] Turner S M,Lomax T J,Levinson H S. Measuring and Estimating Congestion Using Travel Time-Based Procedures[J]. Transportation Research Record,1996(1564):11-19.

[44] 饭田恭敬. 交通工程学[M]. 北京:人民交通出版社,1994.

[45] 公安部和建设部.《城市道路交通管理评价指标体系》(2002年版)各类城市评价指标明细表[J]. 道路交通管理,2002,(06):45-46.

[46] Lindley J. Urban Freeway Congestion：Quantification of the Problem and Effectiveness of Potential Solution[J]. ITE Journal,1987:27-32.

[47] Ishimaru J M,Hallenbeck M E. Weekend Freeway Performance and the Use of HOV Lanes on Weekends[R]. Washington State Transportation Center(TRAC),2000.

[48] Levinson H S,Lomax T J. Developing a Travel Time Congestion Index[M]. Transportation Research Board,1996.

[49] U. S. Department of Transportation and Federal Highway Administration. Monitoring Urban Freeways in 2003：Current Conditions and Trends from Archived Operations Data [R]. U. S. Department of Transportation,Federal Highway Administration,2004.

[50] Washburn S S,Kirschner D S Rural. Freeway Level of Service Based on Traveler Percep-

tion[M]. Transportation Research Board, 2006:31-37.

[51] Taylor M. Exploring the Nature of Urban Traffic Congestion: Concepts, Parameters, Theories and Models[C]. In Proceedings of the 16th Australian Road Research Board, 1992.

[52] Deste G M, Zito R, Taylor M A. Using GPS to Measure Traffic System Performance[M]. Blackwell Publishing, 1999:255-265.

[53] Pisarki A. Summary of the Recommendations of the Workshop on National Urban Congestion Monitoring[R]. U. S. Department of Transportation, Federal Highway Administration, Office of Highway Information Management, 1990.

[54] Boarnet M Q, Kim E J, Parkany E. Measuring Traffic Congestion[J]. Transportation Research Record 1634, 1998:93-99.

[55] Schrank D, Lomax T. 2001 Urban Mobility Report[M]. Texas Transportation Institute, 2001.

[56] Schrank D, Turner S, Lomax T. Estimates of Urban Roadway Congestion-1990[R]. Texas Transportation Institute, 1993.

[57] Lomax T J, Schrank D L. The 2005 Urban Mobility Report[M]. Texas Transportation Institute, 2005, 91.

[58] Epps A, May A D. Developing a Methodology for Quantifying Non-Recurring Freeway Congestion Delay: Phase II Working Paper: Initial Analysis for Non-Recurring Freeway Congestion Delay Methodologies[M]. Institute of Transportation Studies, California Department of Transportation, 1993.

[59] Lomax T, Turner S, Hallenbeck M, et al. Traffic Congestion and Travel Reliability: How Bad Is The Situation and What Is Being Done About It? [M]. Federal Highway Administration; American Association of State Highway and Transportation Officials; American Public Transportation Association; ITS America; Institute of Transportation Engineers, 2001.

[60] 全永燊,郭继孚,温慧敏,等. 城市道路网运行实时动态评价理论和技术研究[J]. 中国工程科学,2011,(1):43-48.

[61] 温惠英,工晓巍,荣利利,等. 基于模糊神经网络的公交客流时段预测[J]. 微计算机信息,2009,25(4):225-226.

[62] 杨冉. 城市轨道交通客流预测及运营调度方法研究[D]. 北京:北京交通大学,2010.

[63] 张春辉,宋瑞,孙杨. 基于卡尔曼滤波的公交站点短时客流预测[J]. 交通运输系统工程与信息,2011,11(4):154-159.

[64] 刘凯,李文权,赵锦焕. 短时公交客流小波预测方法研究[J]. 交通运输工程与信息学报,2010,8(2):111-117.

[65] 任崇岭,曹成兹,李静,等. 基于小波神经网络的短时客流量预测研究[J]. 科学技术

与土程,2011,11(21):5099-5110.

[66] 史文雯.城市轨道交通短时客流预测与最优客运能力调配问题的研究[D].北京:北京交通大学,2011.

[67] 潘罗敏.地铁短时客流量预测预警研究[D].北京:首都经济贸易大学,2011.

[68] Dieter Wild. Short-term forecasting based on a transformation acid classification of traffic volume time series[J]. International Journal of Forecasting,1997,13(1):63-72.

[69] Williams B M, Durvasula P K, Brown D E. Urban freeway traffic flow prediction: application of seasonal autoregressive integrated moving average and exponential smoothing models[J]. Transportation Research Record 1644,1998:132-141.

[70] Sangsoo Lee, Daniel B, Fambro. Application of the Subset ARIMA Model for Short-Term Freeway Traffic Volume Forecasting[J]. Transportation Research Record 1678,1999:179-188.

[71] Lingras Pawan, Sharma Satish C, Osbome Phil, et al. Traffic volume time-series analysis according to the type of road use[J]. Computer-Aided Civil and Infrastructure Engineering,2000,15(5):365-373.

[72] 朱顺应,王红,李关寿.路段上短时间区段内交通量预测ARIMA模型[J].重庆交通学院学报,2003,22(1):76-77.

[73] 韩超,宋苏,王成红.基于ARIMA模型的短时交通流实时自适应预测[J].系统仿真学报,2004,16(7):1530-1535.

[74] 谭国贤,翁小雄,姚树申,等.城市交叉路口的短时交通流建模预测[J].交通与计算机,2005,23(1):26.

[75] Cetin Mecit, Convert Gurcan. Short-term traffic flow prediction with regime-switching models[J]. Transportation Research Record 1965,2006:23-31.

[76] 杨兆升,朱中.基于卡尔曼滤波理论的交通流量实时预测模型[J].中国公路学报,1999,12(3):63-67.

[77] 杭明升,杨晓光,彭国雄.基于卡尔曼滤波的高速道路行程时间动态预测[J].同济大学学报,2002,30(9):1068-1072.

[78] 邵春福,张魁麟,谷远利.基于实时数据的网状城市快速路行驶时间预测方法研究[J].土木工程学报,2003,36(1):16-20.

[79] Yang F, Yin Z, Liu H X, et al. Online recursive algorithm for short-term traffic prediction[J]. Transportation Research Record 1879,2004:1-8.

[80] 杨勇虎,钟骏杰,范世东,等.模糊数据挖掘技术在交通量预测中的应用[J].计机工程,2003,9(9):78-79.

[81] Sun HY, Liu HX, Xiao H, et al. Use of local linear regression model for short-term traffic

forecasting[J]. Transportation Research Record 1783,2003:143-150.

[82] 邓志龙,李全,陈茜.基于灰色系统理论的短时交通流预测[J].公路交通技术, 2006,(1):117-119.

[83] 王晓原,刘海红.基于投影寻踪自回归的短时交通流预测[J].系统工程,2006,24 (3):20-24.

[84] 王殿海,曲大义.一种实时动态交通量的预测方法研究[J].中国公路学报,1998,11 (增刊):102-107.

[85] 尹宏宾,徐建闽,周其节.城市交通网络交通量自适应模糊预测方法[J].公路交通科技,1998,15(3):34-36.

[86] A. G. Hobeika, Chang kyun Kim. Traffic-flow-prediction systems based on upstream traffic[C]. Proceedings of the 1994 Vehicle Navigation and Information Systems Conference, Yokohama, Japan, 1994:345-350.

[87] 贺国光,李宇,马寿峰.基于数学模型的短时交通流预测方法探讨[J].系统工程理论与实践,2000,(12):51-56.

[88] 贺国光,马寿峰,李宇.基于小波分解与重构的交通流短时预测法[J].系统工程理论与实践,2002,(9):101-106.

[89] Xiao H, Sun H, Ran B. Fuzzy-neural network traffic prediction framework with wavelet decomposition[J]. Transportation Research Record 1836,2003:16-20.

[90] 王晓原,吴磊,张开旺,等.非参数小波算法的交通流预测方法[J].系统工程,2005, 23(10):44-47.

[91] 陈淑燕,王炜,瞿高峰.短时交通量时间序列的小波分析—模糊马尔柯夫预测方法[J].东南大学学报(自然科学版),2005,35(4):637-640.

[92] Chen S Y, Wang W. Traffic volume forecasting based on wavelet transform and neural networks[C]. 3rd International Symposium on Neural Networks, Chengdu, China, 2006: 1-7.

[93] Pushkar A, Hall F L, Acha-Daza J A. Estimation of speeds from single-loop freeway flow and occupancy data using cusp catastrophe theory model[J]. Transportation Research Record 1457,1994:149-157.

[94] 张亚平,张起森.尖点突变理论在交通流预测中的应用[J].系统工程学报,2000,15 (3):272-276.

[95] 唐铁桥,黄海军.用燕尾突变理论来讨论交通流预测[J].数学研究,2005,38(1): 112-116.

[96] Huang Kun, Chen Senfa, Zhou Zhenguo, et al. Qi Xia. Research on a non-linear chaotic prediction model for urban traffic flow[J]. Journal of Southeast University(English Edi-

tion),2003,19(4):411-413.

[97] 朱顺应,王红,向红艳,等. 交通流参数及交通事件动态预测方法[M]. 南京:东南大学出版社,2008.

[98] 许伦辉,傅惠. 交通信息智能预测理论及方法[M]. 北京:科学出版社,2009.

[99] M. S. Doughetry, M. R. Cobbett. Short-term inter-urban traffic forecasts using neural networks[J]. International Journal of Forecasting,1997,13(1):21-31.

[100] Corinne Ledoux. An urban traffic flow model integrating neural networks[J]. Transportation Research Part C: Emerging Technologies,1997,5(S):287-300.

[101] Park B,Messer C J,Urbanik II Thomas. Short-term freeway traffic volume forecasting using radial basis function neural network[J]. Transportation Research Record 1651, 1998,39-41.

[102] 朱中,杨兆升. 实时交通流量人工神经网络预测模型[J]. 中国公路学报,1998,11(4):89-92.

[103] Chang E C. Traffic estimation for proactive freeway traffic control[J]. Transportation Research Record 1679,1999:81-86.

[104] Yuan Zhenzhou,Li Weiyi,Liu Haidong. Forecast of dynamic traffic flow[C]. Proceedings of 2nd International Conference on Traffic and Transportation Studies, Beijing, 2000:507-512.

[105] Haibo Chen,Susan Grant-Muller. Use of sequential learning for short-term traffic flow forecasting[J]. Transportation Research Part C: Emerging Technologies,2001,9(5): 319-336.

[106] Hongbin Yin,S C Wong,Jianmin Xu,et al. Urban traffic flow prediction using a fuzzy-neural approach[J]. Transportation Research Part C,2002,10(2):85-98.

[107] 裴玉龙,张宇. 城市道路路网节点短时段交通量预测模型研究[J]. 土木工程学报, 2003,36(1):12-15.

[108] Ishak S,Kotha P,Alecsandru C. Optimization of dynamic neural network performance for short-term traffic prediction[J]. Transportation Research Record 1836,2003:45-56.

[109] 况爱武,黄中祥. 基于RBF神经网络的短时交通流预测[J]. 系统工程,2004,22(2):63-65.

[110] Eleni I Vlahogianni,Matthew G Karlaftis,John C. Golias. Optimized and Meta-optimize neural networks for short-term traffic flow prediction: A genetic approach[J]. Transportation Research Part C:Emerging Technologies,2005,13(3):211-234.

[111] Brian L Smith,Billy M Williams,R Keith Oswald. Comparison of parametric and non-parametric models for traffic flow forecasting[J]. Transportation Research Part C:Emer-

ging Technologies,2002,10(4):303-321.

[112] Stephen Clark. Traffic prediction using multivariate nonparametric regression[J]. Journal of Transportation Engineering,2003,129(2):161-168.

[113] 宫晓燕,汤淑明.基于非参数回归的短时交通流量预测与事件检测综合算法[J].中国公路学报,2003,16(1):82-86.

[114] 杨胜,李莉,胡福乔,等.基于决策树的城市短时交通流预测[J].计算机工程,2005,31(8):35-36.

[115] 王晓原,张敬磊,张开旺,等.基于非参数样条拟合的交通流预测方法研究[J],计算机工程与应用,2006,(26):218-220.

[116] 张晓利,贺国光,陆化普.基于K–邻域非参数回归短时交通流预测方法[J].系统工程学报,2009,24(2):178-183.

[117] Lelitha Vanajakshi, Laurence R Rilett. A comparison of the performance of artificial neural networks and support vector machines for the prediction of traffic speed[C]. 2004 IEEE Intelligent Vehicles Symposium,Parma,Italy,2004:194-199.

[118] 殷英,张朝元,胡光华,等.基于SVM的实时交通流模拟与预测系统设计[J].计算机工程与应用,2005,(10):197-199.

[119] 徐启华,杨瑞.支持向量机在交通流量实时预测中的应用[J].公路交通科技,2005,22(12):131-134.

[120] 姚智胜,邵春福,高永亮.基于支持向量回归机的交通状态短时预测方法研究[J].北京交通大学学报(自然科学版),2006,30(3):19-22.

[121] 蒋刚,肖建.基于核机器方法的城市交通流量实时预测[J].计算机工程,2006,32(17):48-51.

[122] 杨兆升,王媛,管青.基于支持向量机方法的短时交通流量预测方法[J].吉林大学学报(工学版),2006,36(6):881-884.

[123] Park B. Hybrid neuro-fuzzy application in short-term freeway traffic volume forecasting[J]. Transportation Research Record 1802,2002,190-196.

[124] 杨世坚,贺国光.基于模糊C均值聚类和神经网络的短时交通流预测方法[J].系统工程,2004,22(8):83-86.

[125] 窦慧丽,刘好德,吴志周,等.基于小波分析和ARIMA模型的交通流预测方法[J].同济大学学报(自然科学版),2009,37(4):486-494.

[126] 张敬磊,王晓原.基于非线性组合模型的交通流预测方法[J].计算机工程,2010,36(5):202-204.

[127] Kalman R E. A New Approach to Linear Filtering and Prediction Problems[J]. Transaction of the ASME-Journal of Basic Engineering,960,35-45.

[128] Cortes, V Vapnik. Support vector networks[J]. Machine Learning, 1995:273-297.

[129] 马毅林. 基于非参数回归的路网短时交通状态预测[D]. 北京:北京交通大学硕士论文, 2008.

[130] 翁剑成. 面向车载导航应用的短时交通预测关键技术研究[D]. 北京:北京工业大学建筑工程学院, 2007.

[131] 刘伟铭. 高速公路系统控制方法[M]. 北京:人民交通出版社, 1998.

[132] Cook A R, Cleveland D E. Detection of freeway capacity-reducing incidents by traffic stream measurements[J]. Transportation Research Record 495, 1974, 1-11.

[133] H J Payne, S C Tignor, Freeway incident detection algorithms based on decision trees with states[J]. Transportation Research Record 682, 1978, 61-71.

[134] Hounsell N B, McDonald M, Wong, C F S. Traffic incidents and route guidance in a SCOOT network[C]. In Planning and Transport Research and Computation Summer Annual Meeting, Bath, GB, 1988.

[135] Bell M G H, Thancanamootoo B. Automatic incident detection within urban traffic control systems[C]. In: Proceedings of the Roads and Traffic 2000 Conference, Berlin, 1988:4(2).

[136] Persaud, Bhagwant N, Hall Fred L, et al. Congestion Identification Aspects of the Mc-Master Incident Detection Algorithm[J]. Transportation Research Record 1287, 1990, 167-175.

[137] Bretherton, Bowen. Incident detection and traffic monitoring in urban areas[C]. Proceedings of the DRIVE Conference, Brussels, Belgium, 1990.

[138] Antoniades, Charalambos N, Stephanedes, et al. Single-Station Incident Detection Algorithm(SSID) for Sparsely Instrumented Freeway Sites[J]. Transportation Engineering, 1996.

[139] 庄斌, 杨晓光, 李克平. 道路交通拥挤事件判别准则与检测算法[J]. 中国公路学报, 2006, 3(19):82-86.

[140] 杨兆升, 杨庆芳, 冯金巧. 基于模糊综合推理的道路交通事件识别算法[J]. 公路交通科技, 2003, 20(4):92-94.

[141] 姜紫峰, 刘小坤. 基于神经网络的交通事件检测算法[J]. 西安公路交通大学学报, 2000, 20(3):67-69.

[142] 姜桂艳. 道路交通状态判别技术与应用[M]. 北京:人民交通出版社, 2004.

[143] 吴新燕. 城市地震灾害风险分析与应急能力准备评价指标体系的研究[D]. 中国地震局地球物理研究所, 2006.

[144] 王飞跃. 事故应急救援预案[R]. 长沙科锐安全工程技术评价有限公司, 2006.

[145] British Standards Institution, Draft British Standard BS DD240 fire safety engineering in buildings, Part1: guide to the application of fire safety engineering principles[M]. British Standards Institution, 1997.

[146] Jin T, Yamada T. Irritating effects of fire smoke on visibility[J]. Fire Science and Technology 1985:5(1):79-90.

[147] Milke J A. Evaluating the early development of smokehazard from fires in large spaces [J]. ASHRAE Transactions 2000:106(2):627-636.

[148] 陈涛. 火灾情况下人员疏散模型及应用研究[D]. 合肥:中国科学技术大学,2004.

[149] 北京城建设计研究总院. GB 50157—2003 地铁设计规范[S]. 北京:中国计划出版社,2003.

[150] 李国强,黄宏伟,郑步全. 工程结构荷载与可靠度设计原理[M]. 北京:中国建筑工业出版社,1999.

[151] 吴世伟. 结构可靠度分析[M]. 北京:人民交通出版社,1990.

[152] 张新培. 建筑结构可靠度分析与设计[M]. 北京:科学出版社,2001.

[153] 李杰. 随机结构系统—分析与建模[M]. 北京:科学出版社,1996.

[154] 王永菲,王成国. 响应面法的理论与应用[J]. 中央民族大学学报,2005,14(3):236-24.

[155] 李杰,陈建兵. 随机动力系统中的广义密度演化方程[J]. 自然科学进展,2006,16(6):712-719.

[156] Jie Li. The PrinciPle of Preservation of Probability and the Generalized Density Evolution Equation[J]. Structural Safety(2006), doi:10.1016/j.strusafe.2006.08.001.

[157] Jie Li, Jian-bing Chen, Wen-liang Fan. the Equivalent Extreme-value Event and Evaluation of the Structural System Reliability[J]. Structural Safety,2007,29(2):112-131.

[158] S. E. Magnusson, H. Frantzich, B. Karlsson, S. Sardqvist. Determination of safety Faetors in Design Based on Performanee[C]. Fire Safety Science Proceedings of the 4th International Sym PIAFSS. Galthersburg,1994,937-948.

[159] J. Lord, B. Meaeham, A. Moore, R. Fahy, G. Proulx. Guide for Evaluating the Predietive Capabilities of Computer Egress Models[C]. NIST GCR 06-886, Deeember,2005.

[160] 王庆娇,方正,张铮. 虚拟现实技术在火灾人员疏散行为调查中的应用[J]. 测绘信息与工程,2003,28(4):45-47.